Verena Kast (Hg.)

Inspirationen für ein gutes Leben

Verena Kast (Hg.)

Inspirationen für ein gutes Leben

Heil sein – heil werden

HERDER

FREIBURG · BASEL · WIEN

Gedruckt auf umweltfreundlichem, chlorfrei gebleichtem Papier

www.herder.de
Satz: Rudolf Kempf, Emmendingen
Herstellung: fgb · freiburger graphische betriebe 2005
www.fgb.de
ISBN 3-451-28560-6

Inhalt

FÜR INGRID RIEDEL
ZUM 70. GEBURTSTAG

VERENA KAST

Inspirationen für ein gutes Leben – Einleitung

Seit alters denken die Menschen über das Glück und das gute Leben nach. Die Suche des einzelnen Menschen nach einem guten Leben, nach Lebenskunst, wird in unserer Gesellschaft, in der es kaum noch Systeme gibt, die verbindlich sagen würden, wie denn das gute Leben zu sein hat, immer bedeutsamer. Wie muss mein Leben gelebt werden, dass ich es bejahen kann – als Ganzes? Das Ganze setzt sich zusammen aus den einzelnen Erfahrungen, aus Glücken und Scheitern. Für die Erfahrungen, die wir wählen, und damit für die unendlich vielen, die wir damit verpassen, brauchen wir einen Maßstab, und der ist nicht mehr einfach vorgegeben. Allerdings: Maßstab für ein gutes Leben war und ist wohl auch noch immer, dass es von dem, der es lebt, bejaht werden kann. Auch wenn der einzelne Mensch sich heute um ein gutes Leben kümmert, so werden die Ideen zu diesem guten Leben berücksichtigen müssen, dass wir mit anderen Menschen zusammenleben. Alleine könnten wir nicht überleben. Ist aber nur unser Leben allein bejahenswert, ist es das unserer Nächsten nicht notwendigerweise auch. So mahnt Annemarie Pieper an, dass das Streben des Einzelnen nach Glück mit dem Glücksbedürfnis der Mitmenschen vereinbart werden muss und dass für die Entscheidungen, die man für das gute Leben trifft, Verantwortung zu übernehmen ist.[1]

Alle Menschen, bewusst oder weniger bewusst, versuchen, ein gutes Leben zu haben. Alle Menschen entwickeln eine Lebenskunst – manchmal nur für sich selbst. Sie erzählen kaum davon, wissen vielleicht gar nicht, dass es eine Kunst ist, ein Können, das hilft, besser mit dem Leben umzugehen. Lebenskunst: trotz aller Hindernisse, aller Schicksalsschläge, das zu verwirklichen im Leben, was uns wirklich wichtig ist, für uns selbst, aber auch für andere. Lebenskunst: immer wieder spüren, was denn noch fehlt zu einem guten Leben, was noch aussteht – und dieses Fehlende beharrlich ins Leben hereinholen.

Mit der Lebenskunst der Mitmenschen kommen wir dann in Kontakt, wenn sie von Erfahrungen sprechen, die ihnen eigentliche Herzensangelegenheiten sind: Dann spürt man die Inspiration. Und diese Inspiration vermag auch andere Menschen anzuregen. In der Resonanz auf diese Erfahrungen blitzen Ideen auf, wie diese – wahrscheinlich in veränderter Form – im eigenen Leben umgesetzt werden könnten. Oder zumindest wird in uns das Begehren wach, eine ähnliche Form der Leidenschaft zu erleben. Inspiriertsein ist mehr, als eine gute Idee zu haben, wie denn unser Leben auch noch sein könnte, was wir beachten könnten, damit wir mehr zu uns selbst kommen, mehr heil werden. Sind wir inspiriert, begeistert, dann bejahen wir unser Dasein nicht nur, sondern wir spüren, dass Leben eine Dimension hat, die über uns hinausgeht, dass wir uns emporschwingen können über den Alltag, dass wir nicht in unserem Ich eingekerkert bleiben müssen. Einen inspirierten Zustand können wir nicht herstellen, auch wenn wir vielleicht recht gut wissen, welche Wege uns dahin führen können; ein inspirierter Zustand ereignet sich, wenn wir uns ergreifen lassen. Ein guter Weg dahin ist es, der eigenen Sehnsucht, der eigenen Freude zu folgen, ist Inspiration doch eine gesteigerte Freude. Ein Leben ohne Inspiration, ohne Träume, ohne Sehnsüchte ließe uns im Banalen verkümmern, uns unlebendig werden. Um immer wieder heil zu werden, um heil zu sein, brauchen wir immer wieder neu packende Ideen, die in uns eine Resonanz finden, wie wir denn unser Leben zu einem bejahenswerten Leben machen können.

Heil werden – heil sein

Heil im ursprünglichen Sinn meint „vollständig“, „unversehrt“, „gesund an Leib und Seele“. Heil ist aber auch das althochdeutsche Wort für Glück,[2] wieder ganz werden, nichts soll fehlen, was jeweils in einer bestimmten Spanne unseres Lebens zu uns gehört, so dass wir das Leben sinnvoll erleben können. Heil sein könnte also heißen, dass wir immer schon als Ganzheit angelegt sind; heil werden, dass wir immer wieder uns auch um diese Ganzheit kümmern müssen. Die Psychologie von C. G. Jung geht davon aus, dass Menschen auf eine potentielle Ganzheit hin angelegt sind, dass sie, entfernen sie sich zu weit von dem, was wirklich zu ihnen gehört, sogar krank werden können, dass sie gezwungen sind, zu entwickeln, was zur jeweiligen Ganzheit fehlt. So sagt Jung etwa, hinter Depressionen in der Lebensmitte stehe Leben, das auch gelebt werden könne. Er geht davon aus, dass im lebendigen Menschen ein Zentrum der Selbstorganisation und der Selbstzentrierung wirkt, das zu große Einseitigkeiten ausbalanciert, wie wir das auch vom Körper her kennen.

Nur was zerstörbar ist, kann auch wieder heil werden. Das Heil steht dem Unheil, der Zerstörung, der Bedrohung gegenüber. Auch wenn wir große Angst vor der Zerstörung und letztlich vor dem Tod haben: Wir wissen, dass vieles, das in dieser Welt zerstört wird, wieder heil werden kann, dass tiefe Wunden auch wieder heilen. Den Begriff „heilen" brauchen wir für „gesund machen" sowie für „gesund werden", genesen. Dabei ist das Heilen nicht nur menschliche Arbeit – der Prozess der Heilung geschieht, widerfährt uns besonders dann, wenn wir die Kräfte, die im Menschen die Heilung bewirken, ansprechen können. Es sind vor allem die Selbstheilungskräfte im Menschen, in der Natur, die etwas wieder heil werden lassen. Zu diesen Selbstheilungskräften haben wir leichter oder weniger leicht Zugang. Wir können etwas tun, um unsere Selbstheilungskräfte zu stimulieren. Das ist aber nicht nur eine persönliche Aufgabe. Wir wissen heute, dass menschliche Beziehungen, in denen wir uns in der Regel wohl fühlen, die uns mit Freude erfüllen, unsere Selbstheilungskräfte stimulieren.

Menschliches Leben ist gefährdet, ganz bestimmt, doch es ist auch geborgen. Leben kann immer wieder aus dem Gleichgewicht geraten, kann aber auch immer wieder zu einem Gleichgewicht finden. Das Leben kann sich auf mehr Ganzheit hin verändern.

In einem Leben, das letztlich zum Tod führt, das Krankheit kennt, Zerstörung, gibt es auch die Kräfte der Heilung, gibt es das Glück, das mit der Heilung verbunden ist. Diese Erfahrung korrespondiert mit der Hoffnung, von der die Menschen bis an ihr Grab getragen werden, mit der Hoffnung, dass es doch „irgendwie" besser werden wird, besser werden muss,[3] und damit auch, dass, was immer wieder aus der Ordnung gerät, auch wieder in die Ordnung kommen kann oder in Ordnung gebracht werden kann. Und darüber hinaus, dass aus dem menschlichen Leben trotz allem ein gutes Leben werden kann.

Dass wir Menschen auf eine mögliche Ganzheit hin angelegt sind, erfahren wir in der Hoffnung, aber auch in der alltäglichen Freude. Trotz allem können wir uns immer wieder freuen, und wenn wir uns freuen, dann sind wir zumindest für Momente einverstanden mit uns, mit unserem Leben, mit unseren Mitmenschen – mit der Welt. Wir können unser Leben bejahen – wir bejahen unser Leben in der Freude. Das bedeutet nicht, dass wir das Schwierige ausblenden würden, dass wir meinten, wir würden in einer heilen Welt leben – trotz des Unheilen, des Bedrohlichen, des Unangenehmen können wir uns auch freuen. Gerade weil wir auch das Dunklere, Schwierige als zum Leben gehörend akzeptieren, es annehmen als zur Ganzheit gehörend, uns damit versöhnen, können wir uns auch freuen und hoffen, also Ganzheit, Heilsein, Wieder-Heilwerden erleben.

Es besteht die Gefahr, das Heil von außen zu erwarten: Jemand sollte uns endlich gesund machen. Fände man die richtigen Politiker, die richtige Politik, dann wären viele Probleme, die das menschliche Zusammenleben so schwierig machen, zu lösen! Ein solches Denken führt zu einer Versorgungsmentalität; dieses Begehren nach Versorgung ist unstillbar, wird immer mehr, je weniger die Wünsche erfüllt werden. Das Bedürfnis, das hinter diesem Begehren steht, ist es, heil zu werden, mit sich selber einverstanden zu sein, vielleicht auch, von sich selber absehen zu können, um sich einem anderen Menschen, den anderen Menschen oder dem ganz Anderen verbinden zu können. Wird uns unser wirkliches Bedürfnis bewusst, das sich oft hinter einem ultimativen Begehren versteckt, wird es möglich, die Versorgungsmentalität einzudämmen. Unser eigenes Streben, die Verwirklichung von grundlegenden Wünschen aus eigener Kraft und mit anderen Menschen zusammen, die Selbstwirksamkeit in der Verbindung mit anderen Menschen, lassen uns Sinn und die Würde der Selbstsorge in diesem Leben erleben. Wir spüren dann: Wir sind nicht Opfer dieses einen Lebens, nicht Opfer der Umstände, wir können unser Leben auch gestalten – trotz aller Widrigkeiten, trotz aller Hindernisse. Wir alle haben Sehnsüchte, Wünsche, Ziele für unser Leben, die wir mit großer Entschlossenheit und beachtlicher Kreativität verfolgen. Ein so gestaltetes Leben ist für uns bejahenswert. Wir sind als Menschen so ausgestattet, dass wir mit allen Sinnen eine schöne, spannende, uns anregende oder auch aufregende Welt wahrnehmen können. Es braucht so etwas wie einen experimentellen Umgang mit sich selbst, mit den Mitmenschen, mit der Welt, in dem man den Freuden und den Interessen nachgeht. Das ist wohl die beste Möglichkeit, wirklich das eigene Leben zu leben in der Beziehung mit anderen Menschen und dieses Leben als geglückt zu verstehen. Indem man das Leben gestaltet, gestaltet man sich selbst, gestaltet man Beziehungen. Die Quelle des Glücks, des Heilseins, liegt in uns selber. „Heilen heißt nichts anderes als den Geschmack am Leben zu wecken. – Jeden Tag, den wir erleben, sind wir neu eingeladen, uns miteinander an den Tisch des Lebens zu setzen und unbefangen von dem zu nehmen, zu kosten, was es für uns bereithält …", schreibt Ingrid Riedel[4].

VERENA KAST

Das Beste wünschen – sich befreunden

Ist es nicht besser, sich Freundinnen und Freunde zu machen im Leben als nur Feinde? Sich zu freuen mit Freunden statt sich wehren zu müssen gegen Feinde?

Sich mit anderen Menschen zu befreunden, gibt dem Leben eine große Geborgenheit. Ohne sich befreunden zu können, fehlte einem die Luft zum Leben!

Ähnlich dachte schon Aristoteles, der sich umfassende, anregende Gedanken über die Freundschaft gemacht hat. „Denn ohne Freunde würde niemand leben wollen, auch wenn er alle anderen Güter besäße", sagte er vor mehr als zweitausend Jahren.[1]

Sich befreunden – eine Beziehungsform und zugleich eine Lebensform, bei der man sich fragt, welchen Menschen man freiwillig mit Wohlwollen begegnet und wie man dieses Wohlwollen auch so ausdrückt, dass es für den Freund oder die Freundin sichtbar und erlebbar wird. Vermag unser Wohlwollen nicht auch beim anderen Menschen Wohlwollen zu wecken, dann können wir uns nicht mit ihm oder ihr befreunden. Um sich zu befreunden, braucht es ein wechselseitiges Wohlwollen, das wir zeigen müssen, das wir annehmen müssen und das wir uns auch bis zum Ende einer Freundschaft erhalten müssen.

Das Wohlwollen zeigt sich darin, dass man dem Freund, der Freundin nur das Beste wünscht und man sich auch dafür einsetzt, dass dieses „Beste", wann immer möglich, erreichbar wird. Vom Freund, von der Freundin erwartet man aber auch nur das Beste, ohne es anzumahnen, sonst verliert die Freundschaft ihren emotionalen Kern. Mehr noch: Man erwartet sogar, dass er oder sie weiß, was im Moment das Beste ist – und weil man befreundet ist, artet das nicht etwa in große Anstrengung aus; man weiß es eben.

Und was hat man von einer Freundschaft? Die Erfahrung, dass es unter den Menschen verlässlich solche gibt, die uns wohl wollen und denen wir wohl wollen, auch angesichts von Meinungsverschiedenheiten, Kränkungen, Enttäuschungen. Auch die Erfahrung, dass man mit diesen Menschen sich geborgen fühlen und auch angeregt und herausgefordert werden kann. Freunde sind immer gut für eine Inspiration zum guten Leben. Freundschaftsbeziehungen sind die Oasen im gelegentlich etwas dornigen Gestrüpp der menschlichen Beziehungen, sie sind auch ein Netz, das trägt, wenn man einmal ins Leere abzustürzen droht. Mit diesen existentiell so wichtigen Freundschaftsbeziehungen meint man natürlich nicht die Nutzfreundschaften, nicht einmal die Lustfreundschaften, auch wenn in jeder Freundschaft natürlich auch Nutzen und Lust ist, sondern man meint die „Seelenfreundschaften".

Eine Freundschaft muss wachsen: Freunde und Freundinnen sind Menschen, die uns ansprechen, die uns gefallen, auf die wir neugierig sind. Diese Neugier mündet dann in ein nachhaltiges Interesse. Sie müssen etwas mitbringen, was wir für unser Leben als Bestätigung und als Herausforderung, auf jeden Fall als Bereicherung verstehen, auf welcher menschlichen Ebene auch immer. Freunde und Freundinnen bereichern das Leben, sie fordern uns nicht selten heraus, noch brachliegende Aspekte unserer Persönlichkeit zu entwickeln, ganz besonders zu Beginn einer neuen Freundschaft, aber auch, wenn sie selber Entwicklungssprünge machen.

Sich befreunden kann man sich nur mit Menschen, die sich im Laufe der Zeit als vertrauenswürdig erweisen. Bei einer Befragung nach dem Wesen der besten Freundin sagten Frauen, es sei die Freundin, bei der sich am wenigsten Vertrauensbrüche ereignet hätten oder bei der diese Vertrauensbrüche gut wieder verarbeitet werden konnten und man wieder neues Vertrauen riskieren konnte. Eigentlich kann man sich erst wirklich befreunden, wenn man einander vertrauen kann. Deshalb ist es auch schwer zu sagen, wann genau man sich befreundet hat. Man weiß, wann man sich zum ersten Mal gesehen hat. Aber wann die Freundschaft begonnen hat, das wissen wir meistens nicht wirklich. Sich zu befreunden als Haltung, etwa im Gegensatz zu sich abzuschotten oder sich zu verfeinden, heißt auch, sich zum Vertrauen zu entschließen – und sich als vertrauenswürdig erweisen zu wollen. Natürlich wird man nicht einfach naiv vertrauen, aber Vertrauen ist bei Menschen, die sich befreunden, eine Kategorie im Leben, die vor dem Misstrauen kommt. Wo man vertraut, da kann man sich auch zeigen, wie man ist, kann man über Stärken und Schwächen sprechen, ohne Neid oder Scham und Abwertung befürchten zu müssen. Ganz abgesehen davon, dass der Ort des Vertrauens auch ein Vertrautsein ermöglicht: eine gute Nähe, ein Gefühl, dass wir uns auch in geheimen Regungen diesem Menschen zeigen dürfen, dass wir uns aber auch an diesen Menschen wenden können, wenn wir in irgendeiner Weise bedürftig sind, wenn wir emotional belastende Probleme haben.

Freundschaft hat auch etwas mit Freundlichkeit zu tun, aber sie ist viel mehr als Freundlichkeit. Unter Freunden ist man im Grunde genommen freundlich gesinnt, auch wenn man gerade recht unfreundlich miteinander umgeht. Freundlichkeit ist ein großes Gut. Man kann sich in einer Freundschaft auf die grundlegende Freundlichkeit verlassen, und sonst kann man nicht wirklich befreundet sein.

Freundschaft – eine Beziehung, die man als freier Mensch freiwillig eingeht, nicht aus Abhängigkeit – ist auch eine Beziehung, die frei macht. In der Freundschaftsbeziehung werden wichtige Beziehungswerte gelebt, ohne dass die meisten lange darüber nachdenken. In einer Studie über die Beziehung von Frauen zu ihrer besten Freundin[2] habe ich Beziehungsqualitäten dieser Freundschaftsbeziehung heraus destilliert. Diese könnten auch Beziehungsqualitäten einer Beziehungskultur sein, wenn es uns denn wichtig wäre, eine Beziehungskultur zu haben.

Zentral wichtig in diesen Freundschaftsbeziehung ist Achtsamkeit. Damit ist gemeint, dass die Frauen einander sehen, einander wahrnehmen, einander anerkennen, sich wirklich interessieren füreinander. Gefühle müssen wahrgenommen werden: die der Freundin, aber auch die eigenen. Es geht bei diesem Gesehenwerden nicht nur um Akzeptanz, sondern auch um Herausforderung, um ernsthafte Fragen an die andere. Einen anderen Menschen achtsam wahrnehmen können wir nur, wenn wir uns in ihn oder sie hineinversetzen können, auch und besonders dann, wenn sie etwas macht, denkt, vorschlägt, was die Freundin eigentlich nicht verstehen kann. Achtsamkeit steht der Haltung des Dominierenwollens entgegen und geht davon aus, dass jeder Mensch ein Du braucht, um immer wieder auch zu sich selber zu finden.

Achtsamkeit ist auch den eigenen Gefühlen in der Freundschaftsbeziehung gegenüber wichtig, besonders den Gefühlen des Ärgers. Unser Ärger reguliert die Abgrenzung zu anderen Menschen. Wenn wir uns ärgern, heißt das, dass unsere Grenzen, die uns auch als Persönlichkeit ausmachen, von einem anderen Menschen in unzulässiger Weise nicht akzeptiert oder überschritten werden, oder aber, dass wir in einer Weise in die Schranken gewiesen werden, die uns missfällt. Den Ärger wahrzunehmen bedeutet, diese Grenzschwierigkeiten wahrzunehmen und sie ansprechen zu können. Gerade in einer Beziehung, in der man sich sehr nah ist, ist es auch wichtig, ein eigenständiger Mensch zu bleiben, dem anderen mitzuteilen, wenn die Grenzen überschritten werden. Durch das Wahrnehmen des Ärgers, der auf neue Grenzziehungen oder auf neue Sensibilisierung auf Grenzen hinweist, ist es möglich, Nähe und Distanz in diesen Freundschaften immer wieder neu so zu bestimmen, wie es für die Beteiligten notwendig ist.

Sind wir in einer Freundschaftsbeziehung achtsam, können wir auch dort wohlwollend sein, wo der andere Mensch es auch wirklich braucht – oder einfach, wo es besondere Freude macht. Achtsam können wir nur dann sein, wenn wir mit Enttäuschungen umgehen können, wenn wir akzeptieren, dass der Freund, die Freundin ein anderer Mensch ist, mit eigenen Vorstellungen, mit einem eigenen Leben und deshalb sich immer einmal nicht so verhält, wie wir es uns wünschen würden. Befreundet bleiben können eigentlich nur Menschen mit einem großen Herzen, die auch fähig sind, vieles zu verzeihen und sich immer wieder miteinander zu versöhnen. Vielleicht aber zeichnet sich gerade die Freundschaftsbeziehung dadurch aus, dass man sich auch bei Streitereien und Enttäuschungen, die natürlich vorkommen, wieder versöhnen kann. Um sich versöhnen zu können, muss man empathisch sein mit dem anderen Menschen, muss sich in ihn oder sie hineinversetzen können, mildernde Umstände finden und das Vertrauen riskieren, dass trotz der Enttäuschung, die wieder vorkommen wird, man doch die Nähe immer wieder finden wird.

Ein weiterer Beziehungswert in der Frauenfreundschaft ist die Verfügbarkeit: Freundinnen können auf ein emotional belastendes Problem hin, auf eine Hilfeleistung hin angesprochen werden. Man kann dazu stehen, dass man jetzt Hilfe braucht. Man kann sich einander zumuten, ohne eine Zumutung zu sein. Das ist ein wichtiger Aspekt von Freundschaft. Sich einander zuzumuten, ohne letztlich eine Zumutung zu sein, ist allerdings nur dann möglich, wenn man sich der Grenzen der Zumutbarkeit, die immer einmal verschieden sind, bewusst ist, wenn man diese so formulieren kann, dass die Freundin nicht oder nur vorübergehend verärgert ist. In diesem Zusammenhang ist die Wechselseitigkeit der Freundschaft nicht aus den Augen zu verlieren: Eine Freundschaft, in der eine immer gibt, die andere immer nur nimmt, ist keine Freundschaft. Wechselseitigkeit muss jedoch nicht ständig und in jeder Situation erfolgen, und es geht auch nicht darum, dass man dasselbe oder im gleichen Maße zurückgibt. Freundschaft kann durchaus über eine gewisse Zeitspanne Einseitigkeit vertragen, wenn es denn das Leben fordert, aber irgendwann und irgendwie muss auch wieder ausgeglichen werden.

Achtsamkeit und Verfügbarkeit werden in einer Beziehung erst zu Werten, wenn man sich darauf verlassen kann, dass diese Werte auch gelebt werden. Verlässlichkeit ist der Wille zur Kontinuität dieser Beziehung, auch wenn Schwierigkeiten auftauchen. Dieser Wille zur Kontinuität und damit auch zur Fortdauer der Beziehung, zum Wachsen einer Beziehung, wird in der punktuellen Verlässlichkeit erlebt und auch gewertet als Bekenntnis zu dieser Freundschaft.

Diese Werte der Achtsamkeit, Verfügbarkeit und Verlässlichkeit werden in einer Atmosphäre von Freundlichkeit, Zärtlichkeit und von Freude gelebt. Zärtlichkeit ist eine Haltung, die das Zarte im anderen und in sich selbst begreift, es aus dem anderen Menschen auch herausliebt. Im Zarten zeigt sich oft das, was gerade neu am Werden ist. Damit Zärtlichkeit nicht zu einem Verzärteln wird, muss dem anderen Menschen auch das Wilde, Harte zugemutet werden können. Die Freude ist die Grundemotion in der Freundschaft: Man erlebt miteinander Freude, kann die Freude teilen, freut sich aneinander und aufeinander. Wenn wir uns freuen, sind wir einverstanden mit uns selbst und mit der Mitwelt. Wir erleben ein gutes Selbstwertgefühl – und wir sind geborgen im Leben. Können wir Freude miteinander teilen, so wird die Freude mehr. Natürlich verderben sich auch Freunde und Freundinnen gelegentlich die Freude – aber selten. Es gehört zur Freundschaft, dass man sich mit dem befreundeten Menschen mitfreuen kann, dass wenig Neid zu erleben ist – oder dass man, tritt er denn auf, miteinander über den Neid sprechen kann. Menschen, die sehr neidisch sind, missgünstig – auch bei ihren besten Freunden und Freundinnen –, können sich nicht wirklich befreunden. Sie werden eher Nutzfreundschaften eingehen, die dann auch wieder beendet sind, wenn kein Nutzen mehr zu erwarten ist. Freundschaften helfen uns aber auch, mit dem Neid umzugehen. Gerade weil man dem Freund, der Freundin wohl will – und das aus freien Stücken – ist es leichter, gönnend zu sein als bei Menschen, die einem gleichgültiger sind. Und weil man sich mit ihnen verbunden fühlt, hat man an der Gunst des guten Schicksals, das sie ereilt, auch etwas teil. Ja, man denkt doch oft, man sei in gewissem Sinne sogar daran beteiligt. Also kein Grund, missgünstig zu sein.

Sich zu befreunden heißt natürlich nicht, den anderen Menschen zu idealisieren, in ihm oder in ihr nur die angenehmen Seiten zu sehen. Würde man das tun, man wäre rasch enttäuscht und ernüchtert. In einer Freundschaft sieht man gut, aber mit wohlwollenden Augen. Man sieht die Schattenseiten des Freundes oder der Freundin, man sieht gut, was schwierig zu akzeptieren ist. Aber gerade weil es der Freund oder die Freundin ist, die diese lästigen Persönlichkeitszüge haben, werden sie ihm oder ihr verziehen. Man rechnet mit ihnen, so wie man auch vom Freunde erwartet, dass er mit unseren für ihn schwierigen Seiten rechnet. Man muss einander nichts vormachen, man kann einander aber auch nichts vormachen. Das bedeutet nicht, dass man diese schwierigen Seiten nicht anspricht und immer auch einmal Besserung anmahnt. Dieses Anmahnen ist aber großzügig und rechnet nicht wirklich mit Besserung, sondern eher damit, dass Menschen sich nicht so leicht verändern. Die Freundschaft beruht letztlich auf Freiwilligkeit. Und auch wenn Freundschaften oft lange dauern, eine beachtliche Kontinuität aufweisen, die Basis ihrer Freiwilligkeit macht sie auch im Handhaben der Schwierigkeiten freier als andere Beziehungsformen. Gewiss, viele Probleme werden reguliert, indem man sich weniger sieht, die Freundschaften eigentlich gar nicht mehr wirkliche Freundschaften sind, die aber relativ rasch wieder belebt werden können, wenn es die Umstände erfordern.

Wie kommt man zu dieser Haltung des Sich-Befreundens? Um sich mit anderen Menschen befreunden zu können, muss man sich mit sich selber befreunden – meinte Aristoteles. Was heißt das? Zunächst einmal, sich selber mit Wohlwollen betrachten – und dies auch immer einmal zum Ausdruck bringen, sich selber gegenüber. Mit der Freiwilligkeit ist es natürlich nicht so weit her. Ich bin nicht frei, mein Leben mit mir zu verbringen, aber ich kann lernen, gut mit mir auszukommen. Betrachtet man die Beziehungswerte, die in einer Freundschaftsbeziehung liegen, so wird von Anfang an deutlich, dass die Freundschaft eine reziproke Beziehung ist. Wir können nicht achtsam den anderen Menschen gegenüber sein, wenn wir nicht achtsam unsere Gefühle wahrnehmen, die uns immer wieder darüber orientieren, wie wir uns zu verhalten haben. Wir können nicht zuverlässig sein, wenn wir uns nicht auch zuverlässig um uns selbst kümmern, wenn wir nicht auch zugeben, dass unser Leben Ansprüche an uns stellt, dass unser Körper Ansprüche an uns stellt. Haben wir nur unseren Griesgram kultiviert, werden wir bei Freunden kaum unsere freudige, freundliche Seite leben können. Aber: Indem wir uns mit anderen Menschen befreunden, sind wir herausgefordert, und ist es für uns auch leichter, uns immer wieder neu mit uns selbst zu befreunden. Immer wieder neu – das ist dabei wichtig.

Das Hemmnis bei dem Befreunden mit sich selbst ist dasselbe, das uns auch bei den Freunden und Freundinnen Kummer macht: die Aspekte unserer Persönlichkeit, die unserem Bild von uns selbst widersprechen, der Schatten[3], bewirkt, dass wir immer einmal wieder mit uns zerfallen sind. Aber gerade in diesem Zusammenhang kann der Freund, die Freundin helfen: Sie finden für schattenhaftes Verhalten mildernde Umstände, begegnen ihm mit Wohlwollen, ohne die Situation zu verharmlosen. Damit ist viel getan für die Selbstbefreundung, auch mit schwierigeren Aspekten unserer Persönlichkeit. Und wir wissen: Erst dann, wenn wir unsere Schwierigkeiten wohlwollend als zu bearbeitende Schwierigkeiten annehmen können, können wir sie auch verändern. Gelegentlich haben wir Sehnsucht nach einem anderen Selbst, wir spüren, dass etwas anderes in unserem Leben noch möglich wäre oder ansteht. Der Freund, die Freundin sieht das manchmal rascher, als wir es selbst sehen – und fordert zur Entwicklung heraus. Oder aber umgekehrt: Der Freund, die Freundin behaftet uns mit unserem alten Selbst, um selber nicht herausgefordert zu werden oder um nicht in Gefahr zu kommen, die Freundschaftsbeziehung zu verlieren. Freundschaften verändern sich, wenn wichtige neue Lebensthemen der einen oder des anderen gelebt werden. Die eine beginnt ein Studium, die andere gründet eine Familie mit Kindern; der eine macht Karriere, der andere versucht sich gerade als Aussteiger ...

Freundschaften werden freiwillig eingegangen, doch sie haben keinen Beliebigkeitscharakter. Denn viele Freundschaften haben eine große Kontinuität, überleben viele Stürme im Leben. Kontinuität ist wichtig für die Erfahrung der Identität. Manchmal sind Freunde und Freundinnen unser Gedächtnis: Sie wissen besser als wir selbst, was uns in einem bestimmten Lebensabschnitt als Persönlichkeiten auszeichnete, was uns interessierte, wie ein Schicksalsschlag auf uns gewirkt hat, wie wir eine gewisse Entscheidung getroffen haben und vieles mehr. Gemeinsam kann man an der Erinnerung arbeiten. „Weißt du noch ...?" So etwas schweißt zusammen.

Aber bei allem Willen zur Kontinuität: Freundschaftsbeziehungen verändern sich – manche sind noch „historische" Freundschaften, die nicht mehr aktuell gelebt werden, die aber immer noch aus der Erinnerung an einen gemeinsamen Lebensabschnitt leben und sich speisen können und aus dem ursprünglichen Wohlwollen, das man einander entgegengebracht hat und das in einem gewissen Maße immer noch vorhanden ist.

Sich zu befreunden heißt, sich selber und anderen Menschen freiwillig mit Wohlwollen zu begegnen, eher zu vertrauen als zu misstrauen, auch wenn man weiß, dass Vertrauensbrüche vorkommen können. Man ist bereit, zu verzeihen und sich zu versöhnen. Diese Haltung ist eine Haltung, die sich auch Menschen gegenüber zeigt, die nicht im engeren Sinne mit uns befreundet sind, ja man kann sie sogar Lebensumständen gegenüber einnehmen. Man hat einfach eher die Tendenz, sich mit allem Möglichen anzufreunden und sich nicht gleich zu verfeinden.

Freundschaften könnten uns Anregung geben, wie menschliche Beziehungen heiler werden könnten.

HANS-GEORG WIEDEMANN

Mit sich selbst gut auskommen – einsam, gemeinsam, allein

„Ach, ich fühle mich so allein."
„Ich lebe gern allein."
„Ab und zu brauche ich das Alleinsein."

Drei Stimmen mit demselben Wort. Und doch meint jede etwas anderes.

Die erste Stimme spricht von der negativ empfundenen Einsamkeit: „Ich fühle mich einsam, ausgeschlossen, isoliert."

Die zweite Stimme spricht von einer Lebensform. Ein Mensch hat herausgefunden, dass für ihn die Form des Alleinlebens am besten ist. Er genießt Unabhängigkeit und Autonomie, was nicht ausschließt, dass er von einem „Beziehungskranz" umgeben ist.

Die dritte Stimme äußert aus der Gemeinsamkeit heraus das Bedürfnis, auch einmal allein, für sich sein zu können.

Einsam

Ich unterscheide drei Einsamkeiten: Die negative, die positive und die notwendige Einsamkeit.

Negativ erleben wir die Einsamkeit als ein Gefühl des Ausgeschlossenseins: „Keiner fragt nach mir"; und des Abgelehntwerdens: „Niemand interessiert sich für mich."

In dem Gedicht „Kleines Solo" von Erich Kästner lautet der Refrain:

„Aus der Wanduhr tropft die Zeit.
Stehst am Fenster, starrst auf Steine.

Träumst von Liebe, glaubst an keine.

Kennst das Leben. Weißt Bescheid."

Einsamkeit ist ein Gefühl, keine Lebensform. Darum müssen wir zwischen Einsamkeit und Alleinsein unterscheiden. Nicht jeder, der alleine lebt, fühlt sich auch einsam. Nicht jeder, der gemeinsam lebt, entgeht der Einsamkeit.

Ich frage eine alte Frau, die ihr langes Leben alleine gelebt hat, ob sie sich einsam fühle. Ihre Antwort: „Nein, ich bin immer mit mir selber gut ausgekommen. Mit mir habe ich mich nie gelangweilt." „Aus der Wanduhr tropft die Zeit." Vielleicht hatte sie aber die Zeiten der Einsamkeit in ihrem Leben vergessen, denn viele von uns erleben sie, wenn wir die Erfahrung der Trennung machen müssen: durch den Tod eines wichtigen Menschen, durch den Verlust einer Freundschaft und Liebe. Unser tiefes Bedürfnis nach Verbundenheit mit einem Du wurde enttäuscht: „Träumst von Liebe, glaubst an keine." Wir ziehen unsere Antennen ein. Wir schotten uns ab, zum Glück oft nur verübergehend. Aber wir können auch bitter und misstrauisch werden: „Kennst das Leben. Weißt Bescheid."

Nach dem Verlust einer Liebe können wir die Einsamkeit wie einen todbringenden Zustand erleben. Wir erstarren.

Im „Kleinen Solo" lautet jeweils die letzte Zeile: „Und am schlimmsten ist die Einsamkeit zu zweit." – Warum? Weil wir täglich daran erinnert werden, dass es doch anders sein könnte, wenn der andere nur wollte. Erst wenn wir uns von ihm lösen, haben wir die Chance, neuen Raum in uns und um uns zu gewinnen. Aber manchmal ist es dazu auch zu spät. In einem boshaften Gedicht über „Gewisse Ehepaare" schreibt Kästner:

„Ob sie nun gehen, sitzen oder liegen,
sie sind zu zweit.
Man sprach sich aus. Man hat sich ausgeschwiegen.
Es ist soweit."

Es gibt aber auch die *positiv* erlebte Einsamkeit, die „schöne Einsamkeit". Vielleicht erlebt sie nur, wer irgendwann akzeptiert hat, dass er auch in der engsten Gemeinschaft immer auch ein Für-sich-Seiender ist und bleibt. Der Titel eines chinesischen Rollbildes lautet: „Erholungssuchender Familienvater, die Einsamkeit genießend". Wer viel von anderen umgeben ist, in einem sozialen Beruf oder auch in einer großen Familie, braucht diese Art der Einsamkeit, des teilweisen Rückzuges, der Besinnung auf sich selbst, des Nachdenkens, der Erholung und der Sammlung neuer Kräfte. Viel ist heute vom sogenannten Burnout-Syndrom die Rede. Es muss nicht dazu kommen, wenn wir rechtzeitig merken, dass wir jetzt Zeit ganz für uns alleine brauchen – auch in einer Zweierbeziehung – und den Mut aufbringen, sie auch gegen viele Widerstände aus unserer Umgebung und manchmal sogar gegen unser „schlechtes Gewissen" zu verteidigen. Einsam kann also auch heilsam sein.

Dass jeder Mensch immer ein Für-Sich-Seiender bleibt, deutet auf die dritte, die *notwendige* oder existenzielle Einsamkeit. Sie ist mit unserem Menschsein gegeben, eine Folge unserer Individualität, theologisch gesprochen: eine Folge unseres Geschöpfseins, unserer Unmittelbarkeit zum Schöpfer. Sie nicht übernehmen zu wollen bedeutet, das eigene Leben nicht zu akzeptieren. In dem berühmten Gedicht „Im Nebel" von Hermann Hesse heißt die letzte Strophe:

„Seltsam, im Nebel zu wandern. Leben ist Einsamsein.
Kein Mensch kennt den andern,
Jeder ist allein."

Hermann Hesse hat Recht. Einsamkeit ist auch eine Grundgegebenheit unseres Lebens. Sie folgt daraus, dass wir sterblich sind und dies auch wissen. Von Martin Luther stammen die Sätze: „Wir sind allesamt zum Tode gefordert und keiner wird für den anderen sterben, sondern jeder in eigener Person für sich mit dem Tode kämpfen. Ich werde dann nicht bei dir sein noch du bei mir."

Diese Grund- oder existenzielle Einsamkeit durchzieht unser Leben lebenslang. Ihr können wir nicht entgehen. Und wenn wir es versuchen und es – mit Blaise Pascal gesprochen – niemals lernen, auch mal „in Ruhe und allein in unserem Zimmer zu bleiben", dann geraten wir in das „Einsamkeitsleiden“ – ein Symptom unserer Erlebnis- und Zerstreuungsgesellschaft. Der Philosoph Odo Marquardt, der die zunehmende Einsamkeitsunfähigkeit in unserer Gesellschaft beklagt und ein „Plädoyer für die Einsamkeitsfähigkeit“ geschrieben hat, urteilt hart: „Wer – einsamkeitsunfähig – mit all seinen Lebensfragen alle erreichbaren Mitmenschen dauernd behelligt, kommuniziert nicht, sondern wird als krankhafter Fürsorgefall unerträglich.“

Gemeinsam

Ein grundlegender Erfahrungssatz der Bibel lautet: „Es ist nicht gut, wenn der Mensch allein ist. Ich will ihm einen Gefährten geben, der zu ihm passt“ (1. Mose 2, 18). Darauf schuf Gott nach vielen Tieren, die keine Gefährten sein konnten, den anderen Menschen.

Das ist die andere Wahrheit über uns: Wir sind als Geschöpfe nicht nur einsame, sondern auch gesellige Wesen. Wir sind aufeinander angewiesen. Weil wir Frühgeburten sind, können wir lange Jahre ohne die Hilfe anderer Menschen nicht existieren. Auch später, wenn wir uns aus unseren ersten Bindungen gelöst haben (was schwer genug ist), bleiben wir „Wir-Wesen“, „Ich-Du-Wesen“. Das bringen vor allem viele Liebesgedichte zum Ausdruck. In einem Gedicht von Ricarda Huch, „Ewige Liebe“, heißt es am Anfang:

„Nicht im Paradiese / Nicht in den Gefilden / Ew’ger Seligkeiten,
Wenn dahin mit milden Worten Gott mich wiese,
Würd ich freudig schreiten,
Wenn ich liegen könnte dir im Grab zur Seite,
Wo mich von dir trennte / keines Fingers Breite.“

Und in dem berühmten „Liebeslied“ von Rainer Maria Rilke lauten die schönsten Zeilen:

„Doch alles, was uns anrührt, dich und mich,
nimmt uns zusammen wie ein Bogenstrich,

der aus zwei Saiten eine Stimme zieht.
Auf welches Instrument sind wir gespannt?
Und welcher Spieler hat uns in der Hand?
O süßes Lied."

Aber es ist nicht immer ein „süßes Lied". Es ist oft auch eine Klage der Enttäuschung. Unsere Erwartungen waren so groß, unsere Sehnsucht war so übermäßig. Das „Du", auf das wir sie warfen, konnte sie nicht erfüllen – nicht so, wie wir es uns ausgemalt hatten. Und darum heißt es in dem Gedicht „ Liebe" von Manfred Hausmann:

„Wenn wir uns nicht haben und uns sehnen,
Dann ist's, als hätten wir uns endlich ganz.
Doch wenn wir nahe sind und uns geborgen wähnen,
Verdunkelt sich die Lust, verblasst der Glanz."

Da mischt sich nun „störend" ein, was wir eben auch sind: Einzelne und darum auch Einsame; Ich-Wesen, die nicht ohne Verlust ihrer Person mit einem anderen Menschen verschmelzen können. Auch wenn wir das wollen – und gelegentlich wollen wir das ja –, in einer Symbiose werden wir gesichtslos und krank.

Allein

Die Mehrheit der Haushalte in einer Stadt wie Düsseldorf (in der ich lebe) sind Einpersonehaushalte. Rund 70 Prozent aller Frauen über 65 Jahre leben allein. Natürlich oft unfreiwillig als Verwitwete, andere bewusst als Geschiedene oder überhaupt als Alleinlebende, die nicht mehr so behandelt werden können, als hätten sie „keinen abgekriegt". Das Alleinleben ist zu einer eigenständigen Lebensform geworden. Das ist vor allem den Kirchen gegenüber zu betonen, die immer noch dazu neigen, die Lebensform der Ehe auf Lebenszeit absolut zu setzen und die Alleinlebenden herabzusetzen. Im übrigen sagt die Lebensform „Alleinleben" noch nichts darüber aus, wie intensiv ein allein lebender

Mensch Beziehungen zu anderen Menschen pflegt. Es ist im Gegenteil anzunehmen, dass er besonders viel Zeit und Sorgfalt darauf verwendet, sich einen Freundeskreis aufzubauen und zu erhalten.

Ich habe nicht die Absicht, das „Single-Dasein“ zu idealisieren. Aber ich halte es für nützlich, wenn nicht notwendig, sich darin zu üben, bevor man eine ausschließliche Partnerschaft auf Dauer, etwa eine Ehe, eingeht. Im Alleinsein lernen wir (ein wenig und allmählich) unsere Bedürfnisse kennen und unsere Grenzen, unsere Vorlieben und Abneigungen. Und in den noch vorsichtigen und unverbindlichen Beziehungen, die wir eingehen, erfahren wir, was wir zu geben fähig sind und wo wir uns überfordert fühlen. Das klingt sehr nach Experimentierfeld. Das ist es auch. Und es wird hier nicht ohne Verletzungen abgehen. Aber bevor wir uns binden, sollten wir ein wenig über uns Bescheid wissen. So ersparen wir uns und unseren späteren Partnern und Partnerinnen viele Enttäuschungen.

Peter Schellenbaum erklärt in seinem Buch „Das Nein in der Liebe“, warum in so vielen Dauerbeziehungen, sprich Ehen, die Liebe erstickt: „Weil ihr der Sauerstoff der Freiheit, Autonomie, Ungewissheit und Einsamkeit ausgeht.“

Sich seiner Autonomie und Freiheit bewusst zu werden ist die Aufgabe des Alleinseins. Zur Gemeinschaft werden wir fähig, wenn wir die Erfahrung realisiert haben, dass wir beides in uns haben und brauchen: das „Bedürfnis nach Flügeln“ und „das Bedürfnis nach Wurzeln“ (Rosmarie Welter-Enderlin).

Balance

„Alles Menschliche ist relativ, weil alles auf innerer Gegensätzlichkeit beruht“, schreibt C. G. Jung. Das gilt für jeden Einzelnen im inneren Dialog mit seinen Widersprüchen. Immer wieder muss es auch in uns zu einer Balance kommen zwischen den „Flügeln“ und den „Wurzeln“. Wie schwer das sein kann, erfahren wir oft erst in Partnerschaft und

Gemeinschaft. Lasse ich mir hier meine Flügel stutzen, dann ziehen mich die Wurzeln in die Erde. Lasse ich aber meine Wurzeln verkümmern, dann fliege ich davon. Auf die obigen Begriffe bezogen: Gebe ich meinem Bedürfnis nach Für-mich-Sein keinen Raum oder lasse ihn mir verbieten, geht mir in der Partnerschaft bald der Atem aus, und die andere oder der andere verliert mich als Gegenüber. Das gilt auch für größere Gemeinschaften, aus denen dann Kollektive werden. Kann ich bei mir selbst nicht akzeptieren, dass die existenzielle Einsamkeit zu meinem Menschsein gehört, und befinde ich mich stattdessen in ständiger Flucht vor ihr, werde ich zum Blutsauger oder zum Klammeraffen, der jede Partnerschaft überfordert. Wer nicht „einsam", innerlich und äußerlich auch für sich sein kann, der kann auch nicht „gemeinsam" sein. Er macht aus jeder Zweierbeziehung eine Symbiose und aus jeder Gemeinschaft ein Kollektiv.

„Nur der in seinem Herzen Einsame kann lieben", schreibt Peter Schellenbaum („Das Nein in der Liebe"). Er führt dazu aus: „Nur wer sich schmerzlich im innersten Kern vom anderen verschieden und deshalb ohne des anderen Beistand fühlt, ist zum Eros fähig."

Das gilt auch für Gemeinde und Gemeinschaft. Das Modell christlicher Gemeinde, das Paulus überliefert, ist die „Gemeinschaft der Verschiedenen", in der jeder zum anderen immer wieder sagen kann: „Du bist so schön anders!"

Schellenbaum bezeichnet das Gefühl, vom anderen verschieden zu sein, als „schmerzlich". Das ist darum so, weil vor allem im Verliebtsein in uns eine tiefe Sehnsucht nach Verschmelzung angesprochen wird. Denn es ist ja nicht immer einfach, ein „Individuum" zu sein, im Letzten von allen anderen getrennt. Es gibt Situationen, in denen wir unser Ich loswerden möchten, um es mit einem Du auf ewig zu verbinden.

Es ist schmerzlich, erkennen zu müssen, dass wir uns nicht loswerden können und so wir es versuchen, nur in Gefängnisse geraten. Es ist darum zu vermuten, dass solchen Verschmelzungswünschen eine Sehnsucht nach Transzendenz zu Grunde liegt. Ich denke, das hat Paulus gemeint, wenn er schreibt: „Was Menschen über Gott wissen können, ist ihnen bekannt. Sie kennen die Wahrheit, aber sie verleugnen sie durch ihr Verhalten“ (Römer 1). Und dann spricht er davon, dass wir Menschen dazu neigen, Gott an der falschen Stelle zu suchen und uns so zu Narren machen. Übertragen auf Partnerschaft und Gemeinschaft hieße das: Ich suche das Glück schlechthin, Heil und Erlösung in einer Liebesbeziehung, und bewirke dadurch ihre Zerstörung. Oder ich suche das alles in einer Gemeinschaft und befördere so den Führerkult.

Erst die Annahme meiner unaufhebbaren Einsamkeit macht mich fähig, meine Lebenssehnsucht nach totaler Geborgenheit nicht auf andere Menschen zu projizieren, sondern sie zu erkennen als das, was sie ist: als immanent unstillbare religiöse Sehnsucht, ich sage: als Sehnsucht des Geschöpfes nach seinem Schöpfer.

Die Worte *einsam*, *alleine* und *gemeinsam* gehören also zusammen – müssen aufeinander bezogen bleiben. Das bedeutet: in Zweierbeziehungen wie auch in größeren Gemeinschaften immer wieder die Balance zu finden. Und das ist Arbeit.

In seinem Buch „Wagnis Partnerschaft“ nennt Hans Jellouschek zahlreiche „Balanceakte“: zwischen Autonomie und Bindung, zwischen Distanz und Nähe, zwischen Erregung und Sicherheit, zwischen Lust und Pflicht, zwischen Geben und Nehmen, zwischen Anspannung und Entspannung, zwischen Progression und Regression, zwischen dem Eigenen und dem Anderen.

Nur wenn wir uns immer wieder darum bemühen, in unseren Partnerschaften und Gemeinschaften eine bekömmliche Balance zwischen den Gegensätzen zu finden, die uns prägen, bewahren wir sie vor Erstarrung. Gelingt sie uns aber, dann können wir auch in der Vorläufigkeit, in der wir alle leben, die heilsame Wirkung von Gemeinschaft mit anderen Menschen erleben.

BARBARA METTLER-V. MEIBOM

Wertschätzung – eine verwandelnde Kraft

> Es ist unser Licht, nicht unsere Dunkelheit,
> das uns am meisten Angst macht.
> Wenn wir uns von unserer eigenen Angst befreit haben,
> befreit unsere Gegenwart automatisch andere.
> *Nelson Mandela*

Ellen kam zu mir zum Coaching, weil sie sich beruflich immer wieder überforderte. Ihre Chefs mussten ihr nur einen Hinweis geben darauf, dass sie gebraucht werde, und schon merkte sie, wie die Falle zuging: Sie verausgabte sich total, erschöpfte sich und musste nach kurzer Zeit feststellen, dass es ihr noch nicht einmal gedankt wurde. Im Gegenteil – am Ende war sie die Dumme: Sie wurde kritisiert, fühlte sich nicht mehr wohl an ihrem Platz und musste zu ihrer Verärgerung auch noch feststelle, dass ihre Ehe unter den beruflichen Turbulenzen litt.

Als ihre Firma sie auf einen neuen Auslandseinsatz schickte, hatte sie bereits ein gutes Stück Wegs hinter sich. Sie hatte gelernt, ihre eigene Leistung zu erkennen und sich dafür Wertschätzung entgegenzubringen. Und dennoch holten sie die alten Muster wieder ein. Die Aufgabe, die man ihr zugewiesen hatte, war es, selbst die Funktion eines Coachs für ihren ausländischen Counterpart zu übernehmen, das hieß, ihn bei der Ausführung seiner operationellen Tätigkeiten zu beraten. Statt dies jedoch mit Freude zu tun, spürte sie immer wieder das Verlangen, sich und den anderen beweisen zu wollen, wie gut sie selbst diese Arbeit leisten könne.

Der heilende Wendepunkt war erreicht, als sie sich mit ihrem Coachee identifizieren und ihm die Wertschätzung entgegenbringen konnte, die sie selbst in ihrer vorherigen Position so sehr vermisst hatte. Von diesem Zeitpunkt an änderte sich das Spiel: Sie konnte ihre eigene Rolle als beratende und unterstützende Kraft für den ausländischen Counterpart wertschätzen. Das erleichterte es ihr, ihm das zu geben, was er brauchte: Anerkennung für seine Leistungen, Vertrauen darin, dass er an der Aufgabe wachsen und lernen konnte, Ermunterung, wenn ihm etwas misslang, und Lob, wenn ihm etwas glückte.

Doch damit war sie an ihrem Posten allein: Ihre Vorgesetzten agierten den Druck der Renditevorgaben auf dem Rücken der einheimischen Mitarbeiter aus. Und ihrem Coachee, der auf den Stress mit einer Herzerkrankung reagierte, wurde bei seiner Rückkehr aus dem Krankenhaus harsch bedeutet, er möge sich im Konzern eine andere Position suchen.

Für ihn brach eine Welt zusammen und Ellen wusste nicht mehr, ob sie einem Irrweg aufgesessen war oder ob sie in ihrer Haltung der Wertschätzung fortfahren solle. Sie entschied sich für Letzteres, gab ihrem Coachee auch unter diesen Bedingungen die Anerkennung, die er so dringend brauchte, und riet ihm, statt sich von der Kritik an seiner Performance herunterziehen zu lassen, wirklich Verantwortung für seine eigene Zukunft und Entwicklung zu übernehmen und sich die Position zu suchen, die seinen ureigensten Hoffnungen und Wünschen entsprach.

Als er mit seinem Vorschlag kam, war die Überraschung perfekt: Er erbat für sich einen Auslandseinsatz beim Mutterunternehmen. Und die Reaktion der Geschäftsleitung war ebenso überraschend: Statt ihn weiter abzustrafen, wurde dieses Zeichen von Wertschätzung sich selbst gegenüber gewürdigt. Er erfuhr eine öffentliche Belobigung vor allen seinen Kollegen, seinem Antrag wurde stattgegeben. Die vorherige Herabstufung und öffentliche Abstrafung war nicht nur wettgemacht: Sie hatte sich in ihr völliges Gegenteil, in eine öffentliche Belobigung verkehrt.

Die Wirkungen dieser Wertschätzungskette lassen sich kaum erahnen: Was bei Ellen mit einem Wunsch nach mehr Wertschätzung sich selbst gegenüber begonnen hatte, hatte in einem steinigen, ja beschädigenden Umfeld zu einer öffentlichen Anerkennung geführt, mit der nicht nur vorangehender Image- und Vertrauensverlust ausgeglichen worden waren, sondern die sicherlich auch im Kreise der ausländischen Mitarbeiter weit reichende Wirkungen haben würde. Und das Ende dieser Wirkungskette, die wiederum andere Wirkungen nach sich zieht, lässt gar nicht ausmachen. Doch es gibt auch Gegenbeispiele: wenn Missmut und Verärgerung sich fortsetzen und immer weitere Kreise ziehen.

So haben wir eine doppelte Botschaft. Die gute Seite dieser Botschaft ist: Wenn wir beginnen, uns selbst und anderen die wertschätzende Haltung entgegenzubringen, die wir so sehnsüchtig wünschen, erhoffen und brauchen, so kommt damit weit mehr in Bewegung als nur eine punktuelle Handlung, die sich in sich selbst erschöpft. Stattdessen lässt sich ein Wirkungszusammenhang feststellen, in dem die heilenden Impulse der Wertschätzung immer weitere Kreise zeihen, an immer weiteren Fronten ihre transformierende Kraft entfalten und in immer neuen Bezügen zu einem liebevolleren, verständnisvolleren Umgang miteinander beitragen. Die schlechte Seite der Botschaft ist das Spiegelbild der guten Seite: Genauso ergeht es uns, wenn wir Impulse der Missachtung, der Veränderung, der Entwertung uns selbst und anderen gegenüber kommunizieren. Auch sie wirken wie konzentrische Kreise fort und treiben überall dort ihr verwirrendes bis verheerendes Spiel, ganz wie der Spiegel, der auf die Erde fällt und in tausend Stücke zerbricht und das eine Spiegelbild tausendfach wiedergibt.

Sich und andere wertzuschätzen ist nicht selbstverständlich. Doch man kann es lernen. Und die Bereitschaft dazu ist heute größer als noch vor einiger Zeit. Das Wissen scheint um sich zu greifen, dass eine Haltung der Wertschätzung Erfolg versprechender und zielführender ist als eine Haltung der Kritik und der Problemzentrierung. Und Letztere hat über Jahrzehnte unsere Weise des Herangehens an Herausforderungen geprägt. Nicht nur in der Psychotherapie ist man in Probleme verliebt. Problemzentrierung war gleichermaßen der Schlüssel zu allen Arten von Beratungstätigkeiten: Sage mir dein Problem und ich finde für dich oder – wenn es gut geht – mit dir die Lösung.

Was ist nun die geistige Grundlage von Wertschätzung? Das Eintreten für einen wertschätzenden Umgang mit sich und anderen ist aus meiner Sicht letztlich ein spirituelles Konzept. Ihm zugrunde liegt die Vorstellung, dass wir alle auf einem spirituellen Wachstumsweg sind. Jede und jeder von uns ist darauf ausgerichtet und angelegt, das innere Licht zu manifestieren, die eigenen Potenziale freizusetzen und zur Entfaltung zu bringen. Das Leben mit seinen Herausforderungen ist die Bühne für unsere Lernprozesse. In der Auseinandersetzung mit ihnen erweitern wir unser Bewusstsein, suchen wir die eigenen Fähigkeiten freizulegen und mit uns selbst identisch zu werden. Die Freude, wenn uns dies gelingt, der innere Friede, wenn wir in Übereinstimmung mit uns selbst agieren, sind der Lohn. Dem einen gelingt dies mehr und dem anderen weniger, aber angelegt sind wir alle auf diesen Wachstumsprozess hin. C. G. Jung nennt ihn den Prozess der Individuation; Assagioli und Ferruci, die beiden bekanntesten Vertreter der Psychosynthese, nennen es „Werde, was du bist", und Maslow spricht von der Selbstverwirklichung als dem höchsten und weit reichendsten menschlichen Bedürfnis, dem das Bedürfnis nach Anerkennung vorausgeht.

Doch auch wenn wir den Zusammenhang von Wertschätzung und Heilung rein psychologisch wenden, macht es Sinn, von einer problemzentrierten zu einer wertschätzenden Haltung überzugehen. Der Wunsch des Neugeborenen und Kleinkindes nach Liebe, Angenommen-Sein und Wertschätzung ist für psychologische Schulen welcher Richtung auch immer eine Grundvoraussetzung menschlicher Entwicklung. Werden diese nicht gegeben, darin sind sich alle einig, so besteht lebenslang ein Mangelgefühl, um dessen Ausgleich sich ein Mensch bemüht. Die Formen, die dieses Bemühen annimmt, sind so vielfältig, wie menschliches Handeln sein kann. Sie reichen von exzessivem Arbeiten bis zu Süchten aller Art: Sexsucht, Kaufsucht, Esssucht, stoffliche Süchte nach Alkohol, Tabletten und Drogen aller Art. Gemeinsam ist ihnen allen die Suche nach jener Anerkennung, die in einer frühen Phase nicht gewährt wurde. Und diese Suche überlagert alles, was genuines Wachstum ausmachen könnte. Es ist, als wäre ein Schleier zwischen dem Wachstum der Seele, nach der sie sich sehnt, und den Möglichkeiten, zur eigenen Wahrheit vorzustoßen.

Der Schlüssel, um diesen Schleier zu lüften und den Weg zum heilenden Wachstum freizumachen, ist die Kraft der Wertschätzung sich selbst und anderen gegenüber. Dabei beginnt der Prozess immer bei mir selbst, denn erst wenn ich frei bin, mich selbst anzunehmen, meine eigenen Schmerzen ebenso anzuerkennen wie meine Fähigkeiten und Freuden, bin ich frei, dies auch anderen gegenüber zu tun. Wertschätzung erweist sich hier als eine Facette der Kraft der Liebe. Jene hat viele Gesichter: Respekt, Toleranz, Fühlen, Handeln, Dienst am anderen, selbstlose Liebe, Gottesliebe. Wertschätzung ist die Fähigkeit, das anzunehmen, was ist. „Was ist, ist heilig", so lautet ein Satz aus der Tradition des Zen. Genau darum geht es: das, was ist, als heilig anzuerkennen, ihm Achtung und Anerkennung entgegenzubringen. Und das gilt ganz besonders für eine Achtung und Anerkennung gegenüber Gefühlen der Minderwertigkeit, des Versagens, des Ungenügens, der erlebten und erfahrenen Entwertung. Wertschätzung ist insofern mehr und anderes als Lob und Loben. Es ist die Akzeptanz des Faktischen, die mir hilft und mich frei macht, das, was mich belastet hat, loszulassen statt es weiter zu bekämpfen. Begegne ich meinem Schatten mit Wertschätzung, so ist es, als hätte ich ein liebevolles Licht darauf geworfen und ihn eingeladen, in mein Bewusstsein zu treten. Oder in einem anderen Bild gesprochen: Es ist, als würde ich einen mit Luft gefüllten Ball nicht mehr unter die Wasseroberfläche drücken, sondern ihn hochboppen, ihn liebevoll umarmen und mich von ihm ein Stück weit tragen lassen. Geschieht dies, so ist Heilung unterwegs. Statt meine Energien darauf zu konzentrieren, das Unerwünschte aus meinem Bewusstsein zu verdrängen, kann ich es für meinen nächsten persönlichen Wachstumsschritt mobilisieren.

Kehren wir zu dem Eingangsbeispiel zurück, zu einem Beispiel, das so typisch für unsere heutige Zeit ist. Unter dem Druck äußerer Verhältnisse hat sich eine Stresskultur oder besser Stressunkultur entwickelt, die verheerende Wirkungen im Innen wie im Außen nach sich zieht. Was gemeinhin als Globalisierung bezeichnet wird, unterstützt heute in besonderem Maße eine Weise des Umgangs miteinander bzw. gegeneinander, in der Menschen versuchen, ihre Haut zu retten, indem sie andere als Menschen und als Leistungsträger entwerten. Die Logik, die sich zunehmend einschleicht, ist verführerisch: Wenn alle gegen alle konkurrieren, dann bleibt mir nichts anderes übrig, als meinen Wert herauszustellen, indem ich andere abwerte. Was liegt da näher als zu demonstrieren, dass ich besser bin als andere. Der Garant meines Erfolges ist nicht das Miteinander, sondern das Gegeneinander, nicht die Wertschätzung, sondern die Entwertung. Und diese Entwertung geschieht zuallererst an und in mir selber, indem ich meine liebevollen, wertschätzenden Seiten abtöte. Alles, was meine zarteren Impulse wecken könnte, meine innere Weisheit, meine Fähigkeit zu lieben und zu wertschätzen, könnte mir gefährlich werden im Kampf des Lebens. Also gilt es, genau dies zu unterdrücken.

Solch einer Haltung der Selbstentwertung und der Entwertung von anderen entgegenzutreten, erfordert einen entsprechenden Willen. Anders formuliert: Die äußeren Verhältnisse machen es uns heute schwerer denn je, eine Haltung der Wertschätzung zu entwickeln. Doch offenbar ist genau dies heute dringlicher denn je, wenn wir einen Weg herausfinden wollen aus dem Zirkel von Selbst- und Fremdentwertung.

Erika J. Chopich und Margaret Paul haben in ihrem Buch „Aussöhnung mit dem inneren Kind“[1] die Dynamik aufgezeigt, um die es hier geht. Sie gehen von zwei – jungianisch gesprochen – Archetypen aus: dem inneren Kind und dem inneren Erwachsenen. Das innere Kind entspricht aus ihrer Sicht dem weiblichen Yin-Prinzip der asiatischen Philosophie: Es steht für unseren Wunsch nach Wachstum, es repräsentiert Weisheit und Intuition. Der innere Erwachsene hingegen steht für das männliche Yang-Prinzip und beinhaltet unsere Fähigkeit zu gestalten, zu tun, zu handeln. Der innere Erwachsene wird dann lieblos, wenn er sich von den Bedürfnissen des inneren Kindes getrennt hat. Er lässt es im Stich, um Gefühle zu vermeiden, insbesondere Gefühle des Schmerzes. Er weigert sich, für diese Gefühle Verantwortung zu übernehmen, ihnen Anerkennung zu geben und somit das innere Kind wertzuschätzen. Obgleich es letztlich die Absicht des inneren Erwachsenen ist, das innere Kind zu schützen, ist die Wirkung, wenn eine solche Abspaltung geschieht, verheerend: Wachstum, und das heißt Heilung, wird verhindert. Dabei ist es egal, ob die so genannte Schutzfunktion ausgeübt wird, indem das innere Kind kontrolliert oder kritisiert wird, oder ob es entwertet, links liegen gelassen oder ihm Widerstand entgegengebracht wird. Der Effekt ist letztlich immer derselbe: Der Erwachsene kooperiert nicht mit dem inneren Kind. Seine Bedürfnisse und Fähigkeiten werden missachtet. Die Aufgabe des inneren Erwachsenen als Gestalter des persönlichen Wachstums ist es vielmehr, die Wachstumsimpulse des inneren Kindes aufzugreifen und für sie Verantwortung zu übernehmen. Verantwortung heißt dann auch, verantwortlich für ihre Gestaltung in der Welt einzutreten.

Jungianisch gesprochen: Es ist die Anima, die den Weg der Individuation vorantreibt, oder, wie Goethe sagt: „Das ewig Weibliche zieht uns hinan." Schneiden wir uns hingegen von dieser Kraft in uns ab, so sind wir wie die Blinden, die ihren Aktionismus ausleben: Verliebt ins Tun und Machen wird die männliche Yang-Seite, der Animus, zur treibenden Kraft. Das Weibliche abwertend und einzig der Kognition vertrauend, wird die wichtigste Quelle zugeschüttet, die zur eigenen Intuition.

Doch wo die Gefahr ist, wächst das Rettende auch: Es liegt in der Hinwendung zum inneren Kind, in der Haltung der Wertschätzung gegenüber unserer inneren Weisheit, was im ersten Schritt erfordert, die Gefühle anzunehmen, die das so lang missachtete innere Kind empfindet. Geschieht diese Anerkennung, so wird der Weg frei zum persönlichen Wachstum. Der liebevolle Erwachsene trifft, wie Chopich und Paul schreiben, die „Entscheidung zu lernen, intellektuell, mutig, verantwortungsbewusst, engagiert, tatkräftig, umsorgend, aktiv, durchsetzungsbereit, integer, ethisch gerecht, sexuell"[2], und das geliebte Kind dankt es ihm „instinktgeleitet, vertrauensvoll, intuitiv, wissend, kreativ, phantasievoll, neugierig, leidenschaftlich, staunend, verspielt, dynamisch, begeistert, lebendig, spontan, weich, sensibel, sinnlich“[3]. Der Weg wird frei für die „innere Hochzeit“ unserer beiden Wesensanteile. Und wo solche Heilung im Inneren geschieht, unterstützen wir sie auch im Außen. Wir können gar nicht anders, als auch dort heilend zu wirken.

Eine Haltung der Wertschätzung für sich und andere zu entwickeln, verlangt Entschiedenheit und den Einsatz des Willens. Warum? Die Gründe hierfür liegen nahe. Mindestens drei Ursachenbündel gilt es zu beachten:

- bisherige Erfahrungen und persönliche mentale Modelle;
- kollektive mentale Modelle;
- verfestigte Strukturen.

Erfahrungen, die wir *in der Kindheit* oder auch in unserem Erwachsenenleben gemacht haben, prägen unsere Erwartungen und Wahrnehmungen. Sie sind die Grundlage unserer persönlichen mentalen Modelle, also von Glaubenssätzen, die wir entwickelt haben und deren Existenz vielfach unbewusst ist. Wer mit Glaubenssätzen – ausgesprochen oder unausgesprochen – groß geworden ist wie „Ich bin dumm“, „Mich liebt keiner“, „Was ich auch tue, es ist nicht gut genug“, „Nur wenn ich mich abrackere, kann ich Erfolg haben“, wird derartige Erfahrungen wieder und wieder anziehen. Erfahrungen erhalten somit den Charakter von sich selbst erfüllenden Prophezeiungen.

Solche in der eigenen Biographie entstandenen und angelegten mentalen Modelle lassen sich erst dann transformieren, wenn wir sie als solche erkennen und uns innerlich und äußerlich für eine neue Sicht der Dinge öffnen. Es ist wie das Austauschen der eigenen Brille. Wir können die eine Brille absetzen und uns für eine andere Brille entscheiden. Wir haben das Recht und die Möglichkeit, eine Brille zu wählen, die den inneren Wachstumsprozess unterstützt und die uns heil(er) werden lässt.

Kollektive mentale Modelle prägen uns gleichermaßen. Sie zu verändern, übersteigt meist die eigenen Möglichkeiten. Doch kollektiven mentalen Modellen gegenüber kann ich mich anpassen oder aber die Gefolgschaft verweigern und ihnen mit hoher Bewusstheit andere mentale Modelle entgegensetzen. Das heutige Verständnis von Globalisierung ist z. B. ein solches kollektives Modell. Wer sagt uns eigentlich, dass Globalisierung als Kampf aller gegen alle gelebt werden muss? Könnte es nicht auch ein Bewusstsein von Globalisierung geben, das die Einheit alles Lebendigen postuliert und eine Kultur der wechselseitigen Achtsamkeit und Wertschätzung auf unserem fragilen Planeten befördert? Wer sich gegen kollektive mentale Modelle wehren will, braucht vor allem Zivilcourage.

Last but not least sind es die verfestigten *Strukturen*, die sich als widerständig gegenüber einer Kultur der Wertschätzung erweisen: Der Mangel an Wertschätzung gegenüber Frauen in einer anhaltend patriarchalen Gesellschaft; die Vernachlässigung und Missachtung von Kindern in unserem Land; das beliebige Umherschieben von Menschen im Berufsleben.

Solcher Blick auf die Widerstände mag deprimieren. Doch auch hier gilt das Prinzip der Wertschätzung. Ich kann mich entscheiden, das Glas halb voll oder halb leer zu sehen. So steht es mir frei, mit meiner Kritik die lähmende Wirkung der Kritik zu verstärken oder etwas anderes zu tun:

Mit einem realistischen und wachen Blick die Herausforderungen erkennen und das wertschätzen, was bereits an heilendem Potenzial vorhanden ist und was sich in Richtung auf weitere Heilung entfalten will. Und ich kann meinen Willen dafür einsetzen, genau diesen kleinen Pflanzen des Neuen Kraft und Raum zu geben. Wenn wir uns die kleine Geschichte des Anfangs in Erinnerung rufen, so könnte man die Formulierung des bedeutenden Philosophen E. F. Schumacher, „small is beautful“, abwandeln und feststellen: „A little is a lot.“ Und dieses Kleine, von dem ein Mensch an seiner jeweiligen Stelle Verantwortung übernimmt, ist es letztlich, was die Änderung im Großen vorantreibt und ermöglicht.

MATHIAS JUNG

Einander anerkennen – ein Weg zum Glücklichwerden

Wer ist der glücklichste Mensch? Der fremdes
Verdienst zu empfinden
Weiß und am fremden Genuss sich wie am eignen
Zu freun.
Johann Wolfgang von Goethe

Wer ist der unglücklichste Mensch? Der, der nicht anerkannt wird. Millionen von Kindern und Jugendlichen identifizieren sich seit einigen Jahren mit einem männlichen Aschenputtel und Underdog, dem von seinen engstirnigen Stiefeltern die Anerkennung verweigert wird. Es ist, wie ich in meinem Buch[1] tiefenpsychologisch analysiert habe, Harry Potter. Der Titelheld ist unzweifelhaft die anrührendste Identifikationsfigur des gewaltigen Narrativs. Er schläft, wie wir wissen, anfänglich im Schrank unter der Treppe im Hause von Onkel Vernon und Tante Petunia und ihrem fettleibigen Sohn Dudley. Noch weiß Harry mit der merkwürdigen Blitznarbe auf der Stirn nicht, wer seine leiblichen Eltern wirklich waren.

Das Leben bei den Dursleys ist eine einzige Quälerei. Sie sind Muggels, also Menschen unserer Welt, von der schlimmsten Sorte. Fanatiker. Spießer. Der Blickwinkel von Vernon, Harrys bulligem Onkel, reicht nicht über seine leitende Tätigkeit in der Bohrmaschinenbranche hinaus. Er hasst die Zauberer. Er stänkert gegen Minderheiten und unkonventionelle Menschen. Tante Petunia, die Gattin Vernon Durleys, lehnt Harry aus der ganzen Armut ihrer enttäuschten Seele ab. Harry wurde ihr zehn Jahre zuvor als ein Findelkind vor die Haustüre im Ligusterweg 4 gelegt.

Harry ist ein aufgeweckter und zarter Junge, wie ihn sich alle Eltern der Welt nur wünschen könnten: schmächtig, schwarzes Haar, hellgrüne Augen. Nur seine Brille mit den runden Gläsern verrät etwas von seinem Elend. Sie wird mit viel Klebeband zusammengehalten, weil Dudley ihm auf die Nase geschlagen hat. Beim Essen, bei den Freizeitaktivitäten und Vergnügungen der Dursleys wird Harry benachteiligt. Er muss überdies die ihm viel zu großen Klamotten von Dudley, dem Fressmonster, auftragen. Harry ist ein Schattenkind.

Harry leidet an dem, was der Psychoanalytiker Peter Schellenbaum als die „Wunde der Ungeliebten"[2] beschrieben hat. So ein Kind hat nie die warme Annahme und wohlwollende Spiegelung durch seine Eltern erfahren. Es wächst in einem Vakuum der Lieblosigkeit auf. Nie erlebt es den Glanz im Auge der Eltern bei seinem Anblick. Die Seelentemperatur um ihn bewegt sich an der Frostgrenze. Statt die größte Gnade der Kindheit zu gewinnen, das „Urvertrauen"[3] an der Brust der Mutter und in den Armen eines beglückten Vaters, erlebt sich das Kind in einem unsichtbaren Exil des Ausgestoßen- und Nichtangenommenseins. Es neigt zum „Urmisstrauen"[4].

Kinder, die an der Wunde des Ungeliebtseins leiden, ziehen nach Schellenbaum einen verhängnisvollen Fehlschluss: Weil sie nicht geliebt werden, fühlen sie sich nicht liebenswert. Weil sie nicht geachtet werden, fühlen sie sich nicht achtenswert. Weil sie nicht wirklich leben dürfen, fühlen sie sich nicht lebenswert.

Harry Potter fühlt sich klein und schwach. Von Vetter Dudley und in der Grundschule wird er gemobbt. Keiner liebt ihn, das Aschenputtel. Dabei ist Harry Potter, wie jeder von uns, nicht nur ein Aschenputtel. Von Hagrid, dem freundlichen Riesen und Wildhüter Hogwarts, erfährt er, dass seine Eltern Lily und James zu den großen Zauberern zählten. Er hört, dass es der Schwarzmagier Lord Voldemort war, der ihr Leben auslöschte. Voldemort scheiterte allerdings an dem einjährigen Kind Harry. Er vermochte es nicht zu töten, ihm aber wohl das Mal des gezackten Blitzes aufzubrennen. Als ein Findelkind, gleichsam als einen Moses im Binsenkörbchen, hat der gute Magier Albus Dumbledore einst das auserwählte Kind vor die Haustüre der Blutsverwandten Vernon und Petunia Dursley abgelegt.

Die Verweise auf den Mythos vom „Göttlichen Kind" (C. G. Jung, K. Kerényi) sind unübersehbar. Das „Göttliche Kind" der Religion triumphiert über den Tod. Es hat eine Aura der Unverletzlichkeit. Dieses Kind wird von der Güte eines metaphysischen Weltenhintergrunds getragen. Von einem magischen Riesen, Hagrid, aus den Trümmern des Elternhauses gerettet, vom weisesten aller Zauberer, Dumbledore, in einem nächtlichen Flug unter den Sternen vor das Haus eines Menschenpaares gelegt, arm und nichts als eine Windel um den kleinen Körper, vollzieht sich hier eine Heilige Nacht. Es ist die Heilige Nacht, die jedem von uns zugedacht ist. Wenn Harry Potter das hemmende, depressiv stimmende Milieu des Ligusterweges 4 verlässt, erlebt er den Zauber der Wandlung im Verlauf von sieben aufregenden, formenden, schönen und schweren Jahren. Es sind gleichsam die sieben Schöpfungstage der Genesis. Harry erlebt die Macht der Ohnmächtigen: Solidarität. Freundschaft. Anerkennung.

Unser armer Held bewegt sich in der tragischen Polarität von Anerkennung und Nichtanerkennung, von einem sicheren Bindungsmuster und einem desorganisierten/desorientierten Bindungsmuster[5]. Harry Potter leidet objektiv, wie die Psychologie sagt, an der „Mutterwunde" und „Vaterwunde" in Gestalt seiner lieblosen Stiefeltern.

Subjektiv verfügt er zur gleichen Zeit, jungianisch gesprochen, über einen „positiven Mutterkomplex" und einen „positiven Vaterkomplex". Denn er dürfte bei Lily und James Potter im glücklichsten ersten Lebensjahr auch ein „Urvertrauen" gewonnen haben. Er war ihr über alles geliebtes Wunschkind. Seine Mutter opferte sogar ihr Leben für ihn. Wenn Eltern früh sterben, ist das meist eine Tragödie für das Kind. Was wir aber in der therapeutischen Arbeit immer wieder erfahren, ist, dass sie später als Erwachsene seelisch gedeihen, wenn es ihnen gelang, den verstorbenen Elternteil als warme und gütige Instanz in sich zu bergen. Tatsächlich hat Harry seine Eltern als das „gute Introjekt" verinnerlicht: Mutter Lily und Vater James sind ihm als archetypische Elternfiguren und mächtige Schutzgeister präsent. Je mehr er sie sucht, desto stärker findet er sich selbst. Das gibt einen Lebensproviant der Anerkennung, der selbst den Tod überdauert.

Einander anerkennen – das scheint die „conditio humana" auszumachen und Glück und Unglück, ja Sein und Nichtsein des Menschen zu präjudizieren. Verena Kast fordert: „Man müsste sich grundsätzlich zum gegenseitigen Respekt entschließen und davon ausgehen, dass jeder Mensch grundsätzlich Respekt verdient."[6] Was Nichtanerkennung der Liebenswürdigkeit eines Menschen an Verheerung auszulösen vermag, das erleben wir in der Paardynamik, den Spannungen der gesellschaftlichen Integration und in den zerstörerischen Tendenzen der Weltpolitik.

Wenn Partner beginnen, sich nicht mehr zu achten, dann gerät das Positive in den Hintergrund. Daraus entstehen eskalierende Streitspiralen: Weil sich der eine kritisiert fühlt, schlägt er mit umso stärkerer Kritik zurück. Was zu Beginn der Paarutopie das erregend Andersartige des Partners war, degeneriert nun zum Hassobjekt. Die warmherzig fließende, leicht depressiv getönte Natur von ihr, einst ein Affektzustand seiner Bewunderung, münzt er nun zum Vorwurf: „Du klammerst und erpresst mich mit deinen Tränen." Seine gefühlskarge, aber illusionslose Kompetenz, einst von ihr bewundert, bewegt sie nun zur Anklage: „Manche Männer werden erst im Krematorium warm."

Die lebendige und emphatische Frau erscheint in dieser zirkulären Anerkennungsverweigerung nur noch symbiotisch und wehleidig, der nüchterne und handlungsstarke Mann nur mehr ein emotionales Sparschwein. Längst hat es das Paar verlernt, sich positive Resonanz zu geben. Es verfügt nicht mehr über die von Verena Kast gerühmte Fähigkeit des „Herausliebens"[7] der virtuellen schöpferischen Kräfte des Partners. Um etwa die poetische Potenz einer Frau oder die technische Begabung eines Mannes „herauszulieben" und zu stimulieren, muss ich sie zunächst einmal neidlos, oder sagen wir vorsichtiger neidarm, anerkennen. Stattdessen neigen Paare, wenn es in ihrer Beziehung kriselt, häufig zur destruktiven Fähigkeit des „Heraushassens", der Evokation kleinkarierter und schäbiger Affekte. Hass ist enttäuschte Liebe.

Was ist die Ausländer- und Homosexuellenfeindlichkeit im psychologischen Kern anderes als die Nichtanerkennung des Anderen, mir „Fehlenden". Freud konstatierte treffend: „Hinter der Verachtung steckt das Begehren."

Einander anerkennen – das bedeutet philosophisch, die anthropologische Grundvoraussetzung unseres Daseins zu respektieren: Der Mensch ist ein geselliges Wesen. Philosophen haben diesen Gedanken durch die Jahrtausende hindurch, von Aristoteles' „zoon politikon" bis zu Arnold Gehlens „Mängelwesen Mensch", beschworen. Der Stoiker und Staatsmann Lucius Annaeus Seneca (4 v. Chr.–65 n. Chr.), der hoch gebildete Zeitgenosse des Jesus von Nazareth, betonte in einem seiner Briefe an seinen jungen Freund Lucilius: „Die Natur hat uns als Blutverwandte geschaffen, indem sie uns aus denselben Stoffen für ein und dieselbe Bestimmung erzeugte. Sie hat uns die Liebe zueinander eingegeben und uns zu geselligen Wesen gemacht ... Das macht unsere Stärke aus, dass wir uns gegen das Schicksal wappnen können. Hebe die Gemeinschaft auf, und du wirst die Einheit der menschlichen Gesellschaft, die das Leben erst ermöglicht, zerstören."[8]

Das Ich und das Du gehören dialektisch zusammen. Nur in der Begegnung mit dem Du wird aus mir ein Ich, das sich widergespiegelt findet, das kommuniziert, sich im gemeinsamen Arbeits- und Liebesprozess bestimmt. Leben heißt Anerkennung, Mitgefühl, Verbundenheit im Ensemble von Partnerschaft, Familie, Freundschaft, Arbeits- und Staatsgemeinschaft. Wer Anerkennung verweigert, wer sie nicht herstellen oder nicht pflegen kann, katapultiert sich aus der Gemeinschaft und damit aus den existenziellen Lebenszusammenhängen heraus. Seneca formuliert diesen Sachverhalt mit grandioser Eindringlichkeit: „Die Gemeinschaft in allen Dingen lässt uns zu Freunden werden. Weder Glück noch Unglück betrifft nur einen von uns. Wir leben füreinander.

Unmöglich kann jemand ein glückliches Leben führen, der nur auf sich schaut und alles seinem Vorteil unterordnet."[9]

Einander anerkennen heißt, das meinem Sein vorgängige Anderssein zu bejahen. In der postmodernen Umwertung aller Werte sieht der Philosoph Emmanuel Lévinas als den einzigen Wert, der überzeitliche Gültigkeit hat, den Wert des Anderen. Das ist für ihn die Chiffre eines neuen Humanismus. Es gehe nicht darum, dass der Mensch als solcher Wert hat, sondern als der Andere. Als der Andere geht er meinem Wert vor. Ja, die Ich-Werdung geschieht in dieser Verantwortlichkeit für den Anderen. Lévinas: „Der Sinn der Welt entspringt aus dem Sinn des Anderen. Auch in der Libido, im Sexuellen besteht das starke Moment darin, dass es der Andere ist. Die Hauptsache ist nicht das Selbstbewusstsein, sondern das Verhältnis zum Anderen. Die ganze Philosophie im Westen war die Philosophie des Selbstbewusstseins, des Zu-sich-Kommens. Das in Wahrheit Menschliche und Geistige ist aber nicht das Zu-sich-Kommen, sondern eigentlich das Aus-sich-Heraustreten, das Zum-Anderen-Kommen. Auch die vielen Weisen der Rede von Einfühlung deuten darauf hin. Die Einfühlung setzt voraus, dass ich mich an die Stelle des Anderen setzen kann ... Das scheint utopisch, ist aber in Wirklichkeit die Bedingung der Möglichkeit jedes wahrhaft menschlichen Verhaltens. Also ist der letzte Wert der Andere. Wo ich dem Anderen begegne? Überall, überall."[10]

Einander anerkennen – das macht mich und den Anderen heil. Ingrid Riedel betont in ihrem Plädoyer für den „Geschmack am guten Leben" die im Wortsinn fundamentale Bedeutung der Anerkennung. Als „Respekt vor den Entwicklungsmöglichkeiten und der Kreativität eines jeden Menschen ..., durch alle Lebensspannen hindurch, bis hin zum Tode, weshalb Jungsche Psychotherapie alle Lebensalter, eben gerade auch das Alter und auch die Begleitung zum Tode hin beachtet und alle Zeugnisse aus dem Unbewussten prospektiv, also nach vorne weisend, auf ihre Zukunftsbedeutung hin deutet."[11] Einen Menschen anerkennen heiße, ihn als schöpferischen Menschen zu achten, der befähigt ist, die passive Opferrolle zu verlassen und „zum Gestalter, zum Mitgestalter seines Lebens und seiner Welt“[12] zu werden. Ingrid Riedel: „In der Psychotherapie bauen wir Selbstwertgefühl auf durch die Annahme und Anerkennung, die wir einem Menschen entgegenbringen, wer und wie immer er derzeit auch sei. Unsere Annahme und Anerkennung gilt seinem Personsein, seinem *Geheimnisstand*, seinem *Selbst*, dem, was sich als Wesenskern hinter jedem äußeren, auch klinischen Erscheinungsbild verbirgt und birgt.“[13]

Das Einander-Anerkennen ist nach Riedel die einzig menschenwürdige Antwort auf den Globalismus und seine globalen Gefahren: „Das Wissen, eine Menschheit, eine Gemeinschaft des Lebens zu sein, wuchs mit dem Wissen, wie abhängig wir alle voneinander sind, wie vernetzt, zum Leben oder zum Sterben hin. Die Katastrophe von Tschernobyl mit der zumindest europaweiten Verstrahlung der Erde, der Lebensmittel, gehört zu dem, was uns gelehrt hat, dass es künftig keine fernen Regionen mehr gibt, die uns gleichgültig sein können. Fern die Zeiten, in denen man sich behaglich zurücklehnen konnte, wenn man las, dass ‚fern in der Türkei die Völker aufeinander schlagen'. Die Türkei ist ganz und gar nicht mehr fern, so wenig wie der ganze nahe Osten mit Israel und den Palästinensern!“[14] Und: „Zum anderen bewirkt das Zusammengehörigkeitsgefühl eine Aufhebung der Vereinzelung, des Isolierungsgefühls, das Menschen, denen der globale Horizont fehlt, heute leicht überkommt. Zusammengehörigkeitsgefühl basiert auf der Überzeugung, dass ich akzeptiert und akzeptabel bin in der großen Menschengemeinschaft, dass ich aber auch gebraucht werde, als Mitwissender, Mitverantwortlicher und Mitgestaltender. Aus solchem Mittun aber erwächst das Erleben von Sinn, von Selbstwert, der ‚Geschmack am guten Leben'.“[15]

Selbstwertgefühl durch Annahme und Anerkennung, das heilt auch Harry Potter. Dass Harry auf Grund seiner Vorgeschichte ein gefährdetes Kind ist, das könnte nicht besser illustriert werden als durch die nie nachlassenden Angriffe der dunklen Mächte auf ihn. Voldemort steht, tiefenpsychologisch betrachtet, auch für das Bedrängende, Destruktive und wohl auch Suizidale in diesem sensiblen Kind. Wo so viele traumatische Prägungen der Kindheit, der Einsamkeit und Selbstverachtung ein Kind seelisch schwächen, da sind stärkende Gegenkräfte notwendig. Professor Albus Dumbledore wird zu Harrys Urvater schlechthin, durch seine direktorale Position etwas entrückt, aber geistig immer gegenwärtig. Dumbledore ist ein weiser Mann, mit tiefen Einsichten über Tod und Leben. Dumbledore, der Archetyp des guten Vaters, „spiegelt" Harry, das heißt, er zeigt seine Bewunderung für Harrys Klugheit, Mut und Warmherzigkeit. Dumbledore schenkt Harry unverbrüchliche Liebe und Anerkennung. Er schenkt ihm damit jene zwei magischen Sätze, die jedes Kind von einem guten Vater braucht: „Ich liebe dich. Ich bin stolz auf dich."

Im erzählerischen Crescendo der sich von Band zu Band steigernden dramatischen Geschehnisse der Potter-Heptalogie ist diese Billigung und sanfte Führung durch Dumbledore für Harry ein Lebensgeschenk. So wird Hogwarts zu einem Laboratorium der Entwicklung: Harry besteht die Lehr- und Wanderjahre auf dem Zauberschloss Hogwarts mit Rückschlägen, letztendlich aber mit Bravour. Hier wird er endlich anerkannt, in seiner Angst und in seiner Tapferkeit wahrgenommen.

Gegen eine Kultur der Anerkennung und des Respekts stehen oft unsere Trägkeit des Herzens und Maulfaulheit. „Nix g'sagt", sagt der Schwabe, „isch g'nug g'lobt". Einem Wort von Ingrid Riedel zufolge sind bei den runden Geburtstagen des Alters „die beiden großen Emotionen Trauer und Freude dialektisch aufeinander bezogen und klingen miteinander an wie in einer kontrapunktischen Komposition bei Bach"[16]. Freude über den Lebensreichtum, Trauer über die entschwindende Zeit. Gerade dann ist die „Kultur des Respekts" (Verena Kast) das nährende Vademekum. Goethe meint: „Soll dich das Alter nicht verneinen,/So musst du es gut mit anderen meinen,/Musst viele fördern, manchem nützen,/Das wird dich vor Vernichtung beschützen."

CHRISTINE FINDEIS-DORN

Miteinander sprechen – eine universale Sprache des Herzens

Liebe Freundin,

dein langer Brief aus deiner ungarischen Heimat atmet die schattige Kühle des Walnussbaumes! Wie viele Gespräche mag dieser Ort schon belauscht haben in so vielen verschiedenen Sprachen, wenn ihr mit eurer weit verzweigten Familie dorthin kommt!

Mir ist bewusst, dass es nirgends – auch dort nicht unterm Walnussbaum – ein kommunikatives Paradies gibt, in das wir uns träumen können. Dennoch wage ich die These: Als Menschen tragen wir die Anlage zu einer Universalgrammatik des Herzens in uns. Wie die Grammatik einer Sprache ist sie jedoch nicht einfach verfügbar, sondern muss gelernt, geübt und immer weiter kultiviert werden.

Wie du den Besuch deiner Tochter mit ihrer afrikanischen Familie bei euch zuhause in Norddeutschland schilderst, lässt mich staunen und zugleich sehr nachdenklich werden: „Die Wochen mit den Kongolesen", schreibst du, „gestaltete sich wie das reinste Babel. Meine Tochter hat mit mir natürlich ungarisch gesprochen, mit ihrem Mann französisch. Nun, wenn mein Mann oder ich dabei waren und ins Gespräch eingebunden sein sollten, lief die Unterhaltung in Englisch. Mit Xavier, dem afrikanischen Enkelkind, sollte ich jederzeit deutsch sprechen, aber wenn die anderen Enkel (die Kinder meines Sohnes) dabei waren, mit ihnen bitte nur ungarisch. Das war eine Leistung!" In der Tat – für dich und alle Beteiligten.

Nun stelle ich mir die Situation deines Enkelkindes vor: Seine Mutter mit ungarischer Muttersprache und deutschem Pass spricht deutsch mit ihm; von seinem afrikanischen Vater lernt es Französisch. Auf der Straße und bei seinen Verwandten hört Xavier Lingala; während seiner Besuche in Deutschland erlebt er eine Deutsch sprechende ungarische Großmutter mit einem Englisch sprechenden deutschen Großvater, außerdem Onkel, Tanten und Cousins, die je nach Situation zwischen Deutsch und Ungarisch wechseln. Als du deinen Kindern den Besuch eines mehrsprachigen Gymnasium ermöglicht hast, nach einer Kindheit im abgezäunten Ostblock, hattest du die Vision von „Europa-Bürgern" – mittlerweile sind sie und ihre Familien Weltbürger geworden: Pendler und Botschafter zwischen den Sprachen, Kulturen und Kontinenten!

Zugegeben – das, was du erlebst und erzählst, ist nicht typisch für Familien hierzulande. Doch wie viele Menschen machen in unseren modernen, multikulturellen Gesellschaften täglich und seit Jahren solche und ähnliche Erfahrungen in ihrem Lebens- und Arbeitsumfeld! In Kindergärten, Schulen und Betrieben, in Krankenhäusern und Altenheimen, in Nachbarschaften und auf Behörden haben Menschen mit Menschen zu tun, die nicht dieselbe Muttersprache sprechen. Viele können sogar nur „über Eck", also mit Hilfe Dritter kommunizieren.

Diese „Sprachverwirrung" ist uns Menschen als Urerfahrung bekannt, wie du mit deinem Babel-Vergleich erinnerst: „Der Herr zerstreute sie von dort aus über die ganze Erde. Darum nannte man die Stadt Babel (Wirrsal, Gemenge), denn dort hat der Herr die Sprache aller Welt verwirrt, und von dort aus hat er die Menschen über die ganze Erde zerstreut" (Gen 11, 8–9). Im globalen Dorf, in dem wir mittlerweile leben, hat die „Zerstreuung über die ganze Erde" und die damit einhergehende „Sprachverwirrung" solche Dimensionen angenommen, dass sich niemand mehr vor diesen Phänomenen verschließen kann.

Was das bedeutet: mit verschiedenen Sprachen zu jonglieren, den Weg von einer Sprache in die andere zu finden! „Ich kann Englisch", verkündet meine vierjährige Nichte stolz: „Blu ist blau und weit ist weiß." Für sie bildet Sprache noch einfach die Welt der äußeren Dinge und inneren Erscheinungen ab. Weiß ich das „Zauberwort“, kann ich das Ding benennen, mich anderen mitteilen. Eine andere Sprache sprechen oder verstehen ist ihrer Vorstellung nach kein Problem: Ich muss einfach nur übersetzen können, über-setzen vom Ufer der einen Sprache zum Ufer der anderen.

Wie viel ist schon gewonnen, wenn es Menschen gibt, die annähernd korrekt übersetzen können! Wie viel ist damit denen geholfen, die in ihrer Lebenssituation heimatlos geworden sind, die sich heillos fremd fühlen – auch in der Sprache. Welches Vertrauen müssen die aufbringen, die auf Übersetzer/innen angewiesen sind – oft in so kritischen Situationen wie dem Gang zum Arzt, der Elternsprechstunde, bei der Polizei oder vor Gericht. Und wie beschämend mag es für Eltern sein, sich auf ihre Kinder als Dolmetscher verlassen zu müssen. „Sollen die doch Deutsch (Englisch, Französisch, Spanisch ...) lernen“, werfen manche ein: „Wer in einem anderen Land leben will, soll auch dessen Sprache lernen.“ Zweifellos. Doch wissen alle, die das so vehement fordern, wovon sie sprechen?

Du hast es getan und weißt, was es heißt: sein Heil zu suchen in einem anderen Land, sich in einer fremden Sprache zu beheimaten. Anders als meine vierjährige Nichte heute noch denkt, hast du zu spüren bekommen, dass das Leben in und mit verschiedenen Sprachen mehr bedeutet als die Kleider zu wechseln. Wortschatz und Aussprache stehen im Lehrbuch, Grammatik und Satzbau sind nach Regeln zu lernen. Wo aber lernt man lesen, was zwischen den Zeilen steht? Wie lernt man hören, was gemeint ist mit dem Gesagten, mit Blicken und Gebärden?

Wenn wir miteinander sprechen, teilen wir ja nicht nur bestimmte Inhalte mit, sondern auch, welche Ansichten wir von der Welt haben, welche Vorstellungen, Wünsche und Regeln hinter unseren Worten stecken. Meist schwingt das alles nur indirekt mit, häufig ist es uns, wenn wir sprechen, nicht einmal bewusst. Wie lernt man das verstehen, was im Miteinander erlaubt oder verboten, erwünscht oder fehl am Platz ist? Das fällt oft genug schon schwer in der eigenen Sprache, im vertrauten Lebensumfeld – wie erst in einer anderen Sprache, im fremden Land!

Der amerikanische Sprachwissenschaftler und Philosoph Noam Chomsky hat sich in den letzten Jahren gegen die Globalisierung stark gemacht. Berühmt geworden ist er für seine – wenn auch umstrittene – linguistische Theorie der „Universalgrammatik". Diese Theorie besagt, vereinfacht ausgedrückt, dass jedes Kind bei seiner Geburt über die Fähigkeit verfügt, jede mögliche Sprache dieser Welt zu erlernen dank der in seinem Gehirn angelegten Struktur einer universellen Grammatik.

Unabhängig davon, wie du diese Theorie findest, bist du sicherlich gespannt, wie Xavier sich entfalten und umgehen wird mit den verschiedenen Grammatiken und Sprachen, in denen er aufwächst. Bei allen Kriegen und Terroranschlägen weltweit machen Lebensmöglichkeiten wie die seinen doch Hoffnung: Vielleicht bewegt er sich mit anderen Kindern seiner Generation eines Tages so selbstverständlich in mehreren Sprachen, zwischen verschiedenen Kulturen, auf zwei oder drei Kontinenten, wie du und deine Kinder es im kleineren Rahmen schon vorleben: nicht grenzgängerisch, sondern grenzüberschreitend.

Meine Vision ist, Chomskys linguistische Idee in der Kommunikation weiterzuverfolgen und nach einer Universalgrammatik des Herzens zu suchen – für uns und alle Kinder des globalen Dorfes Erde. In Sachen Herzensgrammatik bist du mir ein großes Vorbild!

Liebe Freundin,

warum du mir ein Vorbild seist und wie ich das meine mit der Universalgrammatik des Herzens, fragst du. Nie werde ich die Geschichte von deiner ersten Begegnung mit deinem afrikanischen Schwiegersohn vergessen. Er hatte von den traurigen Bedingungen seiner Kindheit erzählt: bittere Armut, Aufwachsen ohne Vater, harte Arbeit statt Schulbesuch. Nach langem Erzählen bringst du ihm ein Stück von einer deiner sagenhaften Torten. Er bittet dich daraufhin, die Frauen in seinem Dorf das Backen deiner Rezepte zu lehren – und diese Torte soll heißen: *„Trost der Kindheit“*.

„Trost der Kindheit“ – das schmeckt nicht nur nach Zucker, das schmeckt nach zärtlicher Zuwendung, Zuhören im leidvollen Erinnern und nach Stärkung im richtigen Augenblick. Von solchen tröstlichen Begegnungen erzählen uns die Märchen aller Kulturen und Zeiten und viele biblische Geschichten. Zur Zeit des größten Hungers von Leib oder Seele erscheint Hilfe und Trost am Wegesrand, in Gestalt von Zwergen, weisen Alten oder von Engeln. Du kennst die Geschichte vom Propheten Elia – eine meiner biblischen Lieblingsgeschichten, weil sie so lebensklug und tröstlich ist: Nach langen Kämpfen und seiner Flucht kann und will Elia nicht mehr; ermattet zieht er sich in den Schlaf zurück, in den Schatten eines Strauches. Im Schlaf wird er angerührt mit einer Botschaft zum Wachwerden: „Steh auf und iss!“ Neben sich findet er einen Krug mit Wasser und geröstetes Brot – Wüstentoast, Wüstentorte. Und da er zu entkräftet ist und zu deprimiert, um gleich beim ersten Zuspruch wieder auf die Beine zu kommen, erreicht ihn der Ruf noch ein zweites Mal. Von einem Engel, heißt es. Vielleicht war es einfach ein Mensch mit weisem Herzen, der sagte: „Steh auf und iss! Sonst ist der Weg zu weit für dich!“, und der mit offenen Händen von seinem Lebensproviant abgab. Wie auch jeder deiner Gäste ein zweites Stück Brot oder Torte, einen ruhigen Platz in deinem Zuhause, ein offenes Ohr von dir bekommt, wenn er es braucht.

Die Kommunikation mit dir und deinem Schwiegersohn geht normalerweise nur über Eck: über deine Tochter oder die „Ecke“ einer anderen Sprache. So auch bei jener Kindheitsgeschichte, dem Namen der Torte. Das Wesentliche aber in jener Situation, der Trost, den du gestiftet hast, kam aus der Sprache deines Herzens – und die verstand dein afrikanischer Schwiegersohn ohne jeden Dolmetscher, von Herz zu Herz.

Könnte es nicht tatsächlich so etwas geben: eine Grammatik des Herzens, die in allen Menschen angelegt ist und die uns weltweit verbindet? Mit deren Hilfe wir uns verständigen oder sogar verstehen können – allen Erfahrungen von Babel, Krieg und Terror zum Trotz?

Und wenn es eine solche globale Herzensgrammatik gäbe: Wer lehrt uns, sie zu entfalten, wie können wir uns in ihrem Gebrauch üben? Eine Grammatik allein macht ja noch keine Sprache aus; sie regelt deren Formen und Funktionen, den Bau ihrer Wörter und Sätze und die Weise ihrer Aussprache; sie ist eine Art „Gebrauchslehre". Auch eine Grammatik des Herzens müssten wir also erst lernen, wie ein Kind beim Sprechen die Grammatik seiner Muttersprache erlernt: durch Nachahmen, Versuch und Irrtum.

Mit dem Lernen einer *universalen* Grammatik des Herzens, mit der ich auch Menschen anderer Sprachen und Kulturen zu verstehen versuche, ist es dann vielleicht wie mit dem Lernen einer Fremdsprache: Diese Regeln fließen mir nicht mehr von selbst zu, ich muss mich aktiv forschend um sie bemühen. Womöglich widersprechen sie Regeln, die mir in meiner Sprache, in meiner Art zu kommunizieren geläufig sind; ich lerne sie nicht als Kind, sondern als Erwachsene/r – mein Leben lang.

Und schließlich wäre zu überlegen, was eine Entfaltung solcher kommunikativer Herzensregeln behindert, was ihnen im Wege steht, sie verrohen oder gar verschwinden lässt. Denn dass sie tagtäglich ignoriert oder sogar mit Füßen getreten werden, steht für mich außer Frage.

Liebe Freundin,

unser Gespräch zieht Kreise: Andere Freundinnen und Freunde, Kollegen und Kolleginnen, denen ich von unseren Briefen erzähle, zeigen sich zugleich begeistert und skeptisch hinsichtlich unserer Überlegung nach einer Universalgrammatik des Herzens. Gemeinsam halten wir Ausschau nach möglichen Spuren, nach Argumenten dafür und dagegen, oft bis tief in die Nacht!

Du fragst: Was wären denn Elemente einer solchen Grammatik, welcher Art könnten Universalien menschlicher Kommunikation sein?

Wie du weißt, beschäftige ich mich seit einigen Jahren mit dialogischen Konzepten, vor allem mit dem „Offenen Dialog" nach David Bohm[1] und dem Ansatz der „Gewaltfreien Kommunikation" von Marshall Rosenberg[2]. Auch dort wird nach solchen universal gültigen Prinzipien gesucht, mit welchen zwischenmenschliche Kommunikation verbessert werden kann. Dabei geht es um Gespräche ganz hautnah zwischen dir und mir, in Familie und Partnerschaft, Nachbarschaften und Schulen, aber auch in der großen weiten Welt von Wirtschaft und Politik, in multikulturellen Unternehmen, Institutionen und Gremien. Aus Dialogen zwischen westlicher Wissenschaft und östlicher Spiritualität, zwischen Physik, Philosophie und Managementtheorien ist dabei auch ein Konzept dialogischer Kernfähigkeiten entstanden[3]. Diese *Dialogkompetenzen* könnten *Kategorien einer Universalgrammatik des Herzens* sein, nach der wir suchen!

Einige dieser Dialogkompetenzen, die ich hier skizzieren will, werden dir wie alte Bekannte vorkommen, andere vielleicht befremdlich. Wenn Menschen diese Dialogkompetenzen in ihren persönlichen oder professionellen Beziehungen beherzigen, können Begegnungen und Gespräche heilsam werden.

Zunächst ist ein *Raum der Ruhe und des Vertrauens* nötig, in dem sich das Gegenüber, die Gesprächspartner/innen sicher fühlen und entspannen können. Möglich wird das durch die Gegenwart (mindestens) eines Menschen, der *ganz präsent* ist *im Hier und Jetzt. Zuwendung* und *Achtsamkeit* werden auch jenseits von Worten spürbar – in Haltung, Blick, in einem Lächeln.

Was im Konzept dieser Dialogkompetenzen *„Generatives Zuhören"* heißt, kennst du ganz bestimmt: Du hörst so intensiv zu, mit ganzem Herzen, allen Sinnen und wachem Verstand, dass dein Gegenüber sich in einer Weise äußert, wie er es ohne dieses Zuhören nicht vermocht hätte. Generatives Zuhören auf der einen Seite ermöglicht *Von-Herzen-Sprechen* auf der anderen: von dem sprechen, was jetzt wesentlich ist.

Wenn du *erkundende Fragen* stellst, dann erlebe ich das bei dir nicht als Neugierde (wie dein Mann es dir manchmal halb ernst, halb spaßhaft vorwirft), sondern als *Interesse* an anderen im ganz wörtlichen Sinn: Du zeigst damit „Zwischensein“, „Interbeing“, wie es Thich Nhat Hanh nennt, das *Bewusstsein von Verbundenheit.*

Mir fällt oft die *Verlangsamung* im Gespräch nicht leicht, die Fähigkeit, die uns agieren statt reagieren hilft. Die für viele schwierigste und in unserer westlichen Gesellschaft vielleicht fremdeste Kompetenz heißt *Suspendieren.* Sie meint die Kunst, die eigenen Annahmen und Bewertungen im Gespräch für eine Weile in der Schwebe zu halten. Andere und sich selbst zu *beobachten, ohne Urteile* zu fällen, ist eine echte Herausforderung!

Die Basis für diese Dialogkompetenzen ist wohl *„Radikaler Respekt“* im Sinn einer „wurzelhaften Achtung“ vor der Andersheit des/der anderen, unabhängig von dessen/deren Meinungen und Gewohnheiten.

Viele dieser Dialogkompetenzen finde ich auch von dir verkörpert, nicht zuletzt in jener „Tortenbegegnung“ mit deinem Schwiegersohn. Dort bist du außerdem weitergegangen von der Sprache der Worte zur Sprache der Taten. Vergangenes konntest du nicht ungeschehen machen, erlittenen Hunger nicht stillen, aber Gegenwärtiges teilen. Ob du das Stück Torte nach reiflicher Überlegung oder intuitiv gereicht hast – dein Gegenüber versteht die Geste des Trostes. Vielleicht habt ihr gemeinsam geweint oder unter Tränen gelacht. Auf jeden Fall stiftet dieser Dialog der Herzen auch etwas Neues. Er setzt Kreativität frei – der Name der Torte ist Poesie! – und fördert eine neue Form der Beziehung: Die Rollen verändern sich, der Gast wird zum Einladenden, aus dem Trost zur Vergangenheit entsteht eine Zukunftsidee.

Wie aber können solche Fähigkeiten zu dialogischem Sprechen und Handeln gelernt und weiterentwickelt werden, wie hast du sie gelernt? Viele Studierende in meinen Gesprächsseminaren an der Universität äußern eine Art kommunikativen Fatalismus. Sie meinen, solche Dialogkompetenzen lerne man in der Familie oder gar nicht, nach der Devise: „Was Hänschen / Lieschen nicht lernt, lernt Hans / Liese nimmermehr". Das kann ich nicht glauben und will ich nicht hoffen!

So sehr natürlich persönliche und kollektive Erfahrungen dialogische Haltungen fördern oder verhindern, eine Herzensgrammatik zur Entfaltung oder zum Erliegen bringen mögen, so sehr setze ich als Kommunikationslehrerin auf die menschliche Fähigkeit zum Lernen, Verlernen und Umlernen, auf die Haltung des „Anfängergeistes". Dialog ist eine lehr- und lernbare Disziplin – davon bin ich überzeugt; das erlebe ich an mir selbst und mit vielen anderen, die sich in Dialogprozessen, in Mediation oder anderen Formen gewaltfreier Kommunikation üben.

Dialogkompetenzen wie Respekt, Generatives Zuhören, Von-Herzen-Sprechen oder das Suspendieren von Annahmen und Bewertungen sind Fähigkeiten, mit denen wir eine solche Herzensgrammatik aktivieren können: in uns selbst und bei anderen, in unserer Gesellschaft und interkulturell. Vielleicht lässt sich eine Universalgrammatik des Herzens nicht aufschreiben, sondern nur immer wieder neu realisieren – im respektvollen Dialog mit anderen, im erkundenden Sprechen, im heilsamen Handeln.

Was hingegen passiert, wenn wir im Persönlichen, Professionellen oder Politischen perfekt, doch ohne die Qualitäten einer solchen Herzensgrammatik sprechen, davor warnt der Apostel Paulus drastisch – und selbstkritisch? – in jener berühmten Stelle seines Briefes an die Gemeinde von Korinth: *„Wenn ich in den Sprachen der Menschen und Engel redete, hätte aber die Liebe nicht, so wäre ich ein dröhnendes Erz oder eine lärmende Pauke" (1 Kor 13, 1).*

Und wenn wir die Liebe hätten?

THEODOR SEIFERT

Die guten Momente entdecken – kleinen Wundern Raum geben

Wenn jemand hofft, ein gutes Leben zu führen, davon berichtet, ein solches zu haben, oder im Alter feststellt: „Ich hatte ein gutes Leben“, dann könnte man fragen: „Woraus besteht denn so ein Leben?“, und antworten: „Aus vielen guten Momenten“. Weil das ganze Leben sich aus verschiedenen Erlebnissen, Erfahrungen, Eindrücken, Sichtweisen und Erkenntnissen zusammensetzt, die alle irgendwann in einem bestimmten Augenblick entstehen, ein Weilchen bleiben und wieder vergehen.

Wie zum Beispiel an einem frühen Sommermorgen, wenn die Nacht noch nicht ganz dem Tag gewichen ist und die ersten Amseln ihren ausdrucksvollen Gesang beginnen. Da ist es möglich, dass sich jemand unwillig die Bettdecke über den Kopf zieht, um sich „von diesem Gezeter“ nicht weiter stören zu lassen. Doch ein anderer Mensch, einer, der sich vorgenommen hat, die guten Momente in seinem Leben zu sammeln, lauscht dieser Amsel, und während er zuhört, wird ihm auf einmal sein eigener Atem bewusst. Das fühlt sich gut an für ihn. Und er entscheidet sich möglicherweise, von nun an jeden Morgen mit einer kleinen Atemmeditation, begleitet vom melodischen Weckruf der Amsel, seinen Tag zu beginnen – zumindest im Sommer mit Amsel.

Allerdings kann nicht jeder Mensch seinen Tag mit solch einem Naturerlebnis beginnen. Wenn unten der Stadtverkehr die Wohnstraße entlangbraust, wenn jemand so tief schläft, dass nur der schrille Ton des Weckers ihn aus dem Schlaf reißt, muss der erste gute Moment des Tages auf eine andere Art gefunden werden. Das heißt, er muss überhaupt nicht gefunden werden – viele Menschen kommen gar nicht auf die Idee, jeden Tag gute Momente zu suchen! Doch dann mag es sein, dass nicht nur die einzelnen Tage, sondern Monate und Jahre des kostbaren Lebens in Alltagsroutinen versinken und dieser Mensch sich vielleicht irgendwann fragt: „Ist das alles, was mir das Leben zu bieten hat – jahrein, jahraus die gleiche Leier, immer dieselbe Tretmühle?" Ja, es wäre gut, wenn er sich das in einem plötzlichen, heilsamen Erschrecken fragt. Hoffentlich nicht erst, wenn das halbe Leben schon vorbei ist.

Niemand muss im Einerlei des Alltags versinken, niemand braucht sein Leben lang an der Illusion festzuhalten, dass der Weihnachtsmann bestimmt noch kommt. Oder der Märchenprinz. In der Regel kommt weder der eine noch der andere – außer in der magisch-mythischen Zeit der Kindheit. Da ist die Welt oft noch voller kleiner Wunder, angefüllt mit spannenden Erlebnissen, mit Erfahrungen, die staunen machen, mit Gefühlen, die das Kind erschauern lassen, mit vielen Fragen, welche Neugierde wecken, mit intuitiv erfasstem Wissen, das fast ein bisschen schwindelig macht. Da gibt es die Momente, die wir später abgeklärt „gut" nennen, da ist er noch, der ganze Reichtum des Lebens, da entsteht die Kunst, aus jedem kleinen äußeren Bild, aus jedem noch so banalen Sinneseindruck eine ganze Welt voller Wunder, voller Reichtum, voller Schönheit, die ganze herrliche Fülle des Seins zu erleben. Wohl in jedem Kind liegt die Fähigkeit bereit, das in den äußeren Dingen der Welt zu entdecken, was hinter ihnen liegt, was wir später das Wesentliche nennen.

Manchmal darf sich diese Fähigkeit allerdings nicht voll entfalten, nicht zur Blüte entwickeln, manchmal wird sie sogar gleich im Keim erstickt, wenn zum Beispiel dem geliebten Teddybären ein Eigenleben abgesprochen wird: „Der kann gar nicht richtig reden, es ist doch bloß ein Plüschtier." Intelligente Kinder schenken solchen Äußerungen keine Beachtung, weil sie wissen, dass diese nur den Unverstand des betreffenden Erwachsenen zeigen. Richtig ist, dass der Teddy natürlich eine Seele hat, sprechen, lachen und weinen kann, dass er guten Rat erteilt, tröstet, sanft belehrt und überhaupt das klügste Wesen auf der Welt ist. Außer vielleicht dem Hund, dem Hasen oder dem Meerschweinchen.

Und immer sind es gute Momente – sehr gute –, wenn das Kind im Dialog mit diesen Wesen – dem Wesentlichen – ist. Nur das Kind? Ja, das Kind, das sich die Welt von innen nach außen und von außen nach innen erschließt, dasselbe Kind, das dem späteren Erwachsenen diese Erfahrungen weiter zur Verfügung stellt.

Denn auch für einen Erwachsenen mit so einem lebendig gebliebenen Kind in sich spricht der Teddy in der Auslage eines Kaufhauses. Das ist dann ein guter Moment, wenn dieser Mensch sich in die Dimension des Austauschs zwischen seiner Seele und dem entsprechenden äußeren Objekt, welches diese Seite seiner Seele repräsentiert, einlässt. Im Gespräch mit sich selbst über die Brücke des Teddys, des Hasen oder Meerschweinchens, verschwinden für Augenblicke – ja, diese können sich im Erleben zu einer unendlich langen Zeitspanne ausdehnen – die Alltagsbelastungen, die Sorgen, das Leid und der Schmerz.

Doch nicht nur die schönen und beglückenden Momente in unserem Leben – geschehen sie gerade eben oder tauchen sie als Erinnerung auf – sind gut.

Es gibt vieles, was gut ist für uns, ohne schön und beglückend zu sein. Denn gut ist alles, was uns tiefer in unsere Seele hineinblicken, ja, sogar hineinfallen lässt. Alles, was uns innerlich berührt, unser Fühlen bewegt, was uns im innersten Kern trifft, was das Zentrum erreicht, ist gut. Weil es unser Menschsein spüren lässt. Weil wir so erleben, dass wir fühlende Wesen sind. Es ist das, was zu uns gehört: das Ausgespanntsein zwischen Himmel und Erde, Anteil zu haben am Irdischen und Himmlischen. Weil es uns gegeben ist, ein Bewusstsein zu erlangen von den Mühen, Härten und Qualen – gelegentlich natürlich auch Freuden –, die allem Irdischen zu Grunde liegen, und von der Befreiung und Glückseligkeit, die mit dem Himmlischen verbunden sind. Die Seele mit ihrer Fähigkeit zu fühlen, uns somit zu bewegen, führt uns zwischen verschiedenen Dimensionen hin und her, rüttelt und schüttelt uns, lässt uns in unermessliche Tiefen hinabgleiten und in unermessliche Höhen hinaufschwingen. Deshalb sind alle Momente gut, die unsere Seele berühren, die unseren Geist aufmerken lassen, die helfen „wach" zu werden, zu sehen, was hinter den Dingen liegt.

Da gibt es zum Beispiel das schmerzliche Erlebnis des Abschieds: Der Möbelwagen steht vor dem Haus, die Tochter schickt sich an, in eine eigene Wohnung zu ziehen. Das kann ein sehr trauriger Moment sein. Doch er birgt auch viel Gutes in sich. Die Tochter ist auf gute Weise erwachsen geworden – wenn es auch mitunter schwierige Situationen zu bewältigen gab. Sie hat eine Ausbildung abgeschlossen, die ihr ermöglicht, auf eigenen Beinen zu stehen, unabhängig von der elterlichen Versorgung zu sein. Es ist ein guter Moment, sich das bewusst zu machen. Es ist schön zu wissen: Wir haben vieles miteinander durchgestanden, hatten manche Sorgen, aber auch viele Freuden, es war oft ein anstrengendes, doch im Ganzen beglückendes Leben mit diesem Kind, das nun erwachsen und selbständig ist, mehr und mehr seine eigenen Wege geht. Ein Gefühl von Dankbarkeit zieht durch Mutters und Vaters Herz.

Es gibt aber auch den schmerzlichen Moment, da uns unser treuer, so lieb gewordener vierbeiniger Freund verlässt. Fünfzehn Jahre gehörte er zu unserem Leben. Schon morgens war er der Erste, der uns begrüßte, und abends, bevor wir zu Bett gingen, sahen wir noch nach ihm, wie er ganz klein zusammengerollt, schnarchend in seinem Körbchen lag. Wir erinnern uns an viele wunderschöne Spaziergänge, die er manchmal ganz stolz mit einem Igel in der Schnauze beendete. Der Igel war als Geschenk für uns gedacht. Wie enttäuscht unser kleiner Freund jedes Mal schaute, wenn wir dieses Geschenk – wegen der Flöhe – schleunigst zurück zur Wiese trugen. Nun liegt unser treuer Kamerad tot auf seiner Decke – gerade noch spürten wir, wie das Herz unter unserer Hand langsamer schlug, zitterte und dann endgültig still war. Endgültig. Tot. Unser kleiner Freund lebt nicht mehr, er schaut uns nicht mehr an, nie mehr. Nie mehr werden wir sein freudiges Bellen hören, sein warmes Fell an unseren Knien spüren, nie mehr mit ihm lachen und toben. Es tut weh, sehr weh, und doch ist es ein guter Moment: Du gabst unserem Leben fünfzehn Jahre lang Freude und Spaß, du hast uns an trüben Tagen aufgemuntert, hast es immer wieder verstanden, gute Laune zu zaubern. Nun sollst du deinen Frieden haben – vielleicht gibt es ja ein neues Leben in einem anderen Haus für dich. Der gute Moment ist hier, dass wieder einmal bewusst wird, wie emotional dicht das Leben ist bzw. bisher war, was wir alles erlebt, woran wir uns gefreut haben, auch was aufregend oder manchmal ärgerlich gewesen ist. Der gute Moment ist immer der, in dem wir spüren: Ich bin in der Lage, tiefe Gefühle, auch heftige Affekte zu erleben.

In solchen leidvollen Situationen – wie viel schlimmer ist es, wenn man einen nahen, geliebten Menschen verliert! – taucht dann das Bedürfnis nach Trost auf. Irgendetwas möge die Wogen der aufgebrachten Seele wieder glätten, möge dazu beitragen, dass sie sich beruhigt, dass es wieder still wird im Gemüt.

Wenn man Menschen, die Aufwühlendes erlebt haben, danach fragt, was sie in so einer Lebenslage brauchen, was ihnen da gut tut, antworten die meisten: „Die Natur. Da zieht es mich hinaus ins Freie, ich mache lange Spaziergänge durch Wiesen und Wälder oder ich setze mich auch einfach in den Garten, betrachte die Blumen, den Himmel, rieche das Gras oder den Waldboden, fühle mich dann ruhiger werden, weil ich sehe, dass es Wachsen und Vergehen gibt, dass alles seine Zeit hat. Das tröstet mich."

Manche Menschen sagen auch: „In traurigen Momenten, wenn ich mich verlassen und einsam fühle, dann hilft mir Musik. Wenn die ersten Töne von Beethovens ‚Appassionata' erklingen, die Bach'schen Goldbergvariationen, gespielt von Glenn Gould, wenn ich eine Mozartsymphonie höre oder den ‚Feuervogel' von Stravinsky, dann atmet meine Seele auf. Das ist dann – bei allem Schmerz – ein guter Moment."

Schönheit sehen und hören – das scheint für die meisten Menschen ein „Seelenglätter", denn Schönheit ist Harmonie mit nur sparsam eingestreuten Disharmonien, die dem Ganzen seinen anregenden Reiz verleihen, jedoch nie so stark sind, dass sie störend wirken. Schönheit erscheint in Symmetrien mit kleinen Brüchen, welche die Symmetrie erst zum Ausdruck bringen. Insofern ist Schönheit am besten geeignet, glättend, beruhigend, stillend, ausgleichend auf die von starken Gefühlen aufgewühlte Seele zu wirken. Wir brauchen also die Schönheiten der Natur und die schöpferischen Arbeiten von Künstlern, um der Seele Frieden zu vermitteln, um ihr zu zeigen: „Schau her, so ausgewogen, so schön, so friedvoll ist es auch auf der Welt. Sieh, dass du Anteil daran hast, dass Harmonie, Ausgewogen- und Ausgeglichenheit zu uns, zum Menschsein gehören. Labe dich daran, erkenne, dass du eingebunden bist in ein großes Ganzes, das voller Schönheit und Liebe ist." Dann können sie wieder lange, tiefe Atemzüge tun, der Seele und dem Zwerchfell und uns geht es besser. Ein guter Moment.

Gerade ist Sommer – irgendwo ist immer Sommer – und wir können eine Blume bewundern, die etwas Besonderes ist – den Hibiscus. Sie zeigt uns ihre Schönheit nicht auf einmal, so wie die meisten anderen blühenden Pflanzen. Sie nimmt sich Zeit, ist sparsam mit ihren Reizen, dafür aber so schön, dass wir lange vor ihr stehen können und fasziniert ihre zauberhaften Blüten bewundern, von denen meist nur zwei oder drei, manchmal vielleicht auch vier, oft auch nur eine einzige an einer Pflanze voll geöffnet ist. Wir schauen bei ihr nicht auf viele Blüten gleichzeitig, so dass wir die einzelne Blüte gar nicht richtig wahrnehmen – wir sehen nur eine oder einige wenige. Das macht ihn, den Hibiscus, so kostbar für uns. Er lehrt uns, dass jede Schönheit Zeit braucht, sich zu entfalten, und dass eine Hochblüte nicht allzu lange währt – ein, zwei Tage. Dann schließt sie sich, fällt vom Stängel, liegt wie erschöpft auf dem Boden oder dem Fensterbrett, um einer neuen jungen Blüte Platz zu machen, ihr den „großen Auftritt" für einen Tag zu schenken, bis auch diese sich wieder zusammengerollt dem ewigen Kreislauf des Lebens hingibt.

So kann das aufmerksame Betrachten des Hibiscus zu einer kleinen Andacht werden. In diesem guten Moment erfahren wir das Grundsätzliche, das Einfache und deshalb das Beglückende der Natur und allen Lebens: Wachsen, Entfalten, Blühen und Sterben. Das ist überall und immer so, wo Leben sich niedergelassen hat. Es ist ganz einfach und es ist das große Gesetz. Es ist die Kraft, die Lebenskraft im Größten und Kleinsten, im Erhabenen und Banalen. (In afrikanischen Ländern wächst der Hibiscus wild und üppig – wie ein Unkraut.)

Das, was diese Kraft so unendlich vielfältig und interessant macht, ist Form, Licht und Zeit. Wie wächst und blüht es? In welcher Farbe lässt das Licht das Leben erscheinen? Wann zeigt es sich uns, wann ist es scheinbar verschwunden?

Diese Fragen haben viele Menschen schon in sehr früher Zeit gestellt, wenn sie am nächtlichen Himmel den Mond betrachteten. Manchmal ist er klein, manchmal groß, manchmal halb, manchmal voll rund, manchmal weißlich, manchmal rötlich oder auch mal bläulich schimmernd und immer wieder gibt es eine Zeit, da ist er überhaupt nicht zu sehen. Auch nicht bei klarem Himmel ohne Wolken. „Mond, wo bist du? Bist du gestorben?" „Nein, ich bin nur mal zur anderen Seite hinübergegangen – schau, in drei Tagen bin ich wieder da." Welche Freude, welch schöner Moment, wenn dann am türkisblauen Abendhimmel die zarte, silbern leuchtende Sichel des „neuen" Mondes zu sehen ist. Manchmal begleitet ihn der Abendstern, Venus oder Jupiter und zusammen sehen sie aus wie ein kostbares, kosmisches Schmuckstück. So ein Moment macht, dass man vielleicht kurz die Luft anhält, weil er atemberaubend schön ist, oder dass man schreien möchte vor Begeisterung, vor Glück. Weil man spürt, das ist nicht nur wunderschön, das ist das Wunder. Das Wunder, das Gottes Antlitz zeigt. So lässt sich das Göttliche betrachten, in überirdischer Schönheit. Diese Schönheit lässt das Herz erschauern, lässt es fühlen, dass da mehr ist als das, was unser Auge aufnimmt. Da schließen sich Sinne, Seele und Geist zusammen und „wissen": Das ist es! Das geht über uns hinaus, ist mehr als alles zusammengenommen sein kann, mehr als die Summe aller Teile. „Guter Mond, du gehst so stille", kommt uns in den Sinn und wir spüren, wie

es auch jetzt still wird im Herzen angesichts dieses Wunders. Dafür sind Wunder ja auch da. Dass sie uns teilhaben lassen an dem Mehr, das über alles hinausgeht, was wir rechnen können.
Und uns fällt Friedrich Schiller ein, der ergriffen war von der Freude: „Brüder, überm Sternenzelt muss ein lieber Vater wohnen." (Vielleicht ist es ja auch eine Mutter.)

Da ist er wieder, der gute Moment. Er füllt unser Herz mit Staunen, Schönheit, Stille. Und mit der Gewissheit, dass er immer wieder kommt. Der Mond am Himmel sowie der gute Moment. Irgendwann, irgendwo ist immer Sommer. Wir brauchen uns nur dorthin zu wenden. Wo Sommer, wo der Mond, wo das Wunder, wo der gute Moment ist.

Und wir erinnern uns vielleicht daran, wie Großmutter oder Großvater uns, als wir noch Kinder waren, das Märchen von „Peterchens Mondfahrt" oder vom „Kleinen Häwelmann" erzählt haben. Natürlich fallen uns dann auch noch andere Märchen ein. Es breitet sich in uns wieder die Stimmung aus, die wir damals gefühlt haben, als wir atemlos diesem und jenem Märchen lauschten – auch wenn wir die Handlung natürlich schon zur Genüge kannten. Immer wieder war sie wie neu.

So wie es ist, wenn die dünne Mondsichel nach dunklen Nächten wieder am Himmel erscheint. Es ist wie nach einer Erkrankung wieder zu genesen, nach einem schweren Husten wieder frei zu atmen, einen kühlen Kopf nach heißem Fieber zu spüren, mit neuen Kräften nach längerer Bettzeit wieder stehen und gehen zu können. Manchmal erst langsam, aber immerhin. Lieber Mond, du gehst so stille. Gute Momente. Immer wieder, immer öfter. Weil wir sie mehr und mehr zulassen, mehr und mehr wahrnehmen.

Das ist der Reichtum des Alters. Wir haben gelernt. Wir mussten vielleicht bitter erfahren, dass wir dieses oder jenes, was wir gerne wollten, nicht zwingen konnten. Dass uns dieses oder jenes einfach aus der Hand genommen wurde. Während des Krieges: Der Vater kam nicht mehr nach Hause, der Bruder auch nicht, die Mutter wurde krank. Da stand mancher junge Mensch vor einer Wand von Sorgen und Nöten. Wie geht es weiter? Kann es unter diesen Umständen überhaupt weitergehen? Hat das Leben mir überhaupt noch etwas zu bieten?

Es werden vielleicht voller Sehnsucht und Wehmut alte Fotos angeschaut oder später den Kindern gezeigt. „Das ist deine Großmutter. Wie jung sie da war und wie schön." Oder: „War er nicht fesch, mein Vater? Schade, dass du ihn nicht kennen lernen durftest." Bei aller Trauer: Auch diese Momente können gut sein. Gut, weil das Gefühl der Verbundenheit mit diesen Menschen, das nie versiegt, auftaucht. Er gehört dazu, sie gehört dazu, ich gehöre dazu. Und du auch. Wir alle gehören zusammen. Das ist unsere Familie. Das sind die Menschen, die ich liebe. Auch wenn sie nicht mehr leben. Leben? Vielleicht sind sie ja gar nicht so tot, wie es uns oft erscheint. Vielleicht sind sie wie der Mond. Jetzt gerade nicht hier. Es ist vielleicht nur die Zeit, die uns foppt. Die uns verunsichert. Die uns glauben macht, etwas sei zu einer gewissen Zeit da und zu einer anderen Zeit nicht mehr da, sei tot. Aber ist es wirklich so? Sind wir nicht immer miteinander verbunden, sind wir nicht immer den Menschen zugehörig, die wir lieben? Vielleicht ja auch allen Menschen, gleichgültig, ob wir sie lieben oder nicht. Weil wir wissen, dass sie Menschen sind und fühlen. Dass sie lieben und hassen, mitunter traurig sind und sich dann wieder freuen, ihnen oftmals das Herz wehtut, ihre Seele leidet. Dass sie verzweifelt sein können und manchmal das Wunder des Lebens, der Liebe, der Schönheit erleben.

Und angewiesen sind wie wir auf Momente, die ihre Seele still werden lassen.

GERTRUDE DENINGER-POLZER

Wege aus Leid und Unheil – überraschende Entdeckungen in Mythen

Die Frage, wie der Mensch Heil findet bzw. wie er Unheil vermeiden oder sich davon befreien kann, ist Thema aller Religionen. Ein jeder strebt danach, das zu erlangen, was ihm gut und heilsam erscheint – „bis zu denen, die hingehen und sich aufhängen" –, weil sie das für heilbringend halten, wie es bei Leibnitz heißt. Diese fundamentale Sehnsucht nach Glück und Heil wird aber immer wieder durchkreuzt von der Erfahrung, dass Unheil und Leid unvermittelt über das Leben des Einzelnen oder einer Gemeinschaft hereinbrechen und alle Hoffnungen zunichte machen. Deshalb fragen die Menschen nach dem Grund dieses ebenso unvermeidbar wie sinnlos erscheinenden Unheils: Wer ist schuld daran? Gibt es Möglichkeiten, ihm zu entgehen, oder Auswege aus der eingetretenen Leidsituation?

Wohl die schwerste und oft unverständlichste Form des Leides stellt der Tod dar, zumal der ganz unerwartete, plötzliche Tod junger Menschen. Und natürlich fragten sich die Menschen in allen Religionen, wieso jeder sterben muss, ob das immer schon so war oder ob es eine „todlose" Zeit gab, und wenn ja, wie dann der Tod in die Welt kam. Viele Antworten bieten die Mythen der Religionen dafür an, keine konnte wirklich befriedigen. Deshalb fragte man anders: Wenn der Tod schon unabwendbar ist, gibt es dann Mittel und Wege, ihn wenigstens hinauszuschieben? Kann man verhandeln mit dem personifizierten Tod, ihn vielleicht sogar überlisten? Gibt es Heilmittel, ein „Kräutlein wider den Tod" oder wenigstens lebensverlängernde Mittel wie die Pflanze „Jung wird der Mensch als Greis", die in der Überlieferung des *Gilgamesch-Epos* der legendäre König von *Uruk* im Lande *Sumer*, Gilgamesch, nach dem plötzlichen Tod seines besten Freundes Enkidu bis ans Ende der Welt suchen geht? Als er sie nach unendlicher Mühe aus der Tiefe des Meeres heraufgebracht hat und erschöpft ausruht, naht schon das Unheil:

„Eine Schlange roch des Krautes Duft,
Still stieg sie auf und raubte das Gewächs.
Kaum kehrt' sie um, warf schon die Haut sie ab."

Zerronnen sind die Wunschträume von der Lebensverlängerung durch Verjüngung, die Gilgamesch von der Wunderpflanze erhofft hatte, ihm bleibt nur tiefe Trauer. Er beklagt die unendliche Mühe, die er umsonst auf sich genommen hatte und die jetzt nur der Schlange die ersehnte Verjüngung brachte. Er selbst muss sich nicht nur damit abfinden, mit Runzeln und Falten alt zu werden, sondern auch erkennen: „Der bittre Tod ist wahrlich unausweichlich."[1] Bleibt also nur die Resignation angesichts des Unabänderlichen oder – wie eine Wirtin Gilgamesch rät – das Leben hier und jetzt zu genießen, so gut es geht, und alle Freuden zu erhaschen, die sich anbieten?[2]

Merkwürdig mag uns dieser Rat erscheinen: Kommt denn keiner der Zeitgenossen des Gilgamesch auf den Gedanken, den trauernden König auf ein besseres Jenseits zu vertrösten? Nein, denn das Land der Toten in der Vorstellung der Sumerer ist keinesfalls erstrebenswert: Finsternis herrscht in diesem „Land ohne Ausweg, ohne Wiederkehr", „wo Staub ihr (der Toten) Brot und Erde ihre Speise" ist und „in der Finsternis sie lichtlos sitzen" – ein Land, in das selbst Schamasch, der Sonnengott, keinen Schritt hineintun mag.[3]

Kann man angesichts so trüber Jenseitsaussichten nicht gut verstehen, weshalb in den Mythen und Märchen vieler Völker nach Möglichkeiten gesucht wird, den Tod zumindest hinauszuschieben oder den gerade eingetretenen Tod vielleicht doch noch rückgängig zu machen? An zwei Mythen aus der Tradition des Hinduismus möchte ich aufzeigen, wie Menschen sich nicht resignierend mit dem Tod abfanden, sondern wie es ihnen gelang, den „König Tod" (*Yamaraja*) zu „besiegen", so dass er die geliebten Verstorbenen wieder aus seiner Gewalt freilassen musste.

Die erste Erzählung handelt von der klugen und tapferen Beharrlichkeit einer jungvermählten Frau, der es gelingt, dem Totengott *Yama* ihren geliebten Ehemann wieder „abzuschwatzen":

Satyavat und Savitri

Savitri, eine Königstochter, hatte gegen den Rat eines weisen Sehers einen jungen Mann namens Satyavat geheiratet, dem ein baldiger Tod prophezeit worden war. An dem Morgen, an dem ihr Mann nach der Prophezeiung des Sehers sterben sollte, wollte dieser in den Wald gehen, um Holz zu machen. Savitri bestand darauf, ihn zu begleiten. Als Satyavat einen Baum zu fällen versuchte, rutschte ihm die Axt aus und traf seinen Kopf, so dass er in den Armen seiner Frau starb. Sogleich erschien Yama auf seinem Furcht erregenden Büffel, um Satyavat in sein Totenreich zu befördern. Doch Savitri lief hinter ihm her, und als der Totengott sie zurückwies, erklärte sie ihm, dass es Pflicht einer guten Ehefrau sei, ihrem Mann überall hin zu folgen. Yama lobte ihre Treue, doch verbot er ihr, weiter mitzukommen. Sie aber folgte ihm hartnäckig, denn sie war nicht nur eine selbstbewusste Königstochter, sondern auch von klugem Verstand und unbeugsamer Beharrlichkeit. „Yamaraja", bettelte sie, „sage mir doch, was getan werden muss, wenn jemand gestorben ist, um das Gesetz (*dharma*) zu erfüllen." Yama erklärte ihr, was ihre Pflicht als Frau und Witwe sei, und als er fertig war, hatten sie bereits den halben Weg zurückgelegt. Darum befahl er ihr, jetzt sogleich umzukehren. Doch Savitri ließ sich nicht abweisen und stellte weitere Fragen, deren Beantwortung Theologen und Philosophen Jahrzehnte beschäftigen könnte: „Sage mir etwas über Gott! Wo ist er? Möchte er von den Menschen verehrt werden, und wie kann man seinen Willen erfüllen?" Da musste König Yama nun weiter ausholen, um zu antworten, und als er damit fertig war, standen sie schon kurz vor dem Eingang ins Totenreich. „Kehre jetzt um, Savitri!", verlangte er energisch. „Gern, o Yama", antwortet diese, „wenn du mir zuvor noch eine Bitte erfüllst: Kannst du meinen blinden Schwiegervater wieder sehend machen?" Yama will seine Begleiterin loswerden und verspricht ihr das Gewünschte, doch Savitri bleibt hartnäckig an seiner Seite: „Noch eines sage mir: Was kann ich tun, um meinem Mann und seinen Eltern Leid zu ersparen und sie glücklich zu wissen?" „Ich erfülle dir noch einen Wunsch: Von nun an sollt ihr alle kein Leid mehr erfahren, sondern glücklich und in Frieden leben!", verspricht der Tod. „Aber niemand kann glücklich sein ohne Kinder und Familie", antwortete Savitri; „wie also soll mein Mann glücklich sein ohne Söhne?" Yama reagiert spontan: „Ich erfülle dir noch einen dritten Wunsch: Dein Mann soll eine eigene Familie bekommen. Aber nun musst du endlich umkehren!" Savitri faltete die Hände und verneigte sich: „Ich danke dir, König der Toten! Doch damit mein Mann Kinder und eine Familie haben kann, musst du ihn erst wieder lebendig machen!" Da war Yama in einer Zwangslage: Auch ein Gott muss sein Versprechen halten, sonst drohen ihm Höllenstrafen; andererseits hatte er Satyavat das Leben genommen und musste ihn nun gemäß dem ewige Weltgesetz in das Totenreich bringen. Yama wählte das für ihn kleinere Übel und ließ Satyavat frei. Dieser wachte in den Armen seiner Frau auf und war geheilt. Da auch seinem Vater das Augenlicht wiedergeschenkt worden war, hatte nun alles Leid ein Ende.[4]

Was könnte uns diese wunderschöne Erzählung heute sagen – außer, dass wir fasziniert sind von so viel weiblicher Beharrlichkeit und Intelligenz, die es wagt, es sogar mit dem Tod aufzunehmen? Während in der nepalesischen Variante des Mythos der wieder erwachte Satyavat sich an nichts erinnern kann, was geschehen ist, sondern meint, tief und gut geschlafen zu haben, erinnert sich der junge Prinz nach der Erzählung im Mahabharata an eine „schreckliche Finsternis" und eine „dunkle, majestätische Gestalt", die ihn weggeschleppt hatte; nach seinem Erwachen in Savitris Schoß blickt er seine Frau „wieder und wieder liebevoll an wie jemand, der von einer Reise zurückgekommen ist“[5]: Könnte man sich nicht vorstellen, dass der Hintergrund dieser Erzählung eine Nahtoderfahrung war, wie es sie ja zu allen Zeiten und in allen Kulturen gab? Dann hätte Satyavat in einem todesähnlichen Koma gelegen, doch statt in hoffnungsloses Jammern und Klagen auszubrechen und wegzulaufen, war seine Frau bei ihm geblieben, war neben der „dunklen, majestätischen Gestalt“ hergelaufen, hatte Satyavat in jedem Augenblick des Sterbeprozesses beigestanden und so – indem sie ihren Mann an die noch vor ihnen liegende gemeinsame Zukunft und an seine ohne ihn hilflosen alten Eltern erinnerte – möglicherweise bewirkt, dass er „zurückkehrte“. Als Hintergrund oder „Sitz im Leben“ der zahlreichen Erzählungen aus verschiedenen Kulturen, die davon handeln, dass ein „Verstorbener“ durch ein „Wunder“, ein magisches Heilmittel oder durch die inständige Mühe seiner Verwandten wieder ins Leben zurückgerufen wurde, könnten vielleicht solche erlebten Nahtoderfahrungen angenommen werden. Das könnte auch für die folgende Erzählung aus dem Mahabharata gelten:

Die Fragen Yamas

Die Helden des Mahabharata, die fünf Pandava-Brüder, mussten zwölf Jahre in der Verbannung leben. Als sie eines Tages im Wald über lange Strecken einen Hirsch verfolgt hatten, ohne ihn erlegen zu können, rasteten sie erschöpft und dem Verdursten nahe. Yudhisthira, der älteste der Brüder, schickte zunächst den jüngsten aus, um Wasser zu suchen. Der fand einen See, doch als er sich durstig auf das kühle Nass stürzen wollte, gebot ihm eine Stimme, das Wasser nicht zu berühren, ehe er nicht die Fragen beantwortet hätte, die der unsichtbare Besitzer des Gewässers ihm stellen wollte. Der junge Mann hörte nicht auf die Stimme, sondern trank von dem Wasser, und sogleich fiel er tot um. Als er nach einer langen Zeit des Wartens nicht zurückkam, schickte Yudhisthira nach und nach die anderen Brüder aus: Keiner kehrte zurück. Als er sich selbst auf die Suche machte, den Spuren der Brüder folgend, fand er am See seine vier toten Brüder, und tiefes Leid erfasste ihn. Obwohl er vor Durst fast umkam, hörte er auf die Stimme des Unsichtbaren und erklärte sich bereit, dessen Fragen zu beantworten. Der Geist (*Yaksha*) stellte ihm in echter Sphinx-Manier höchst schwierige ethische und metaphysische Fragen nach Sinn und Ziel des Lebens. Der kluge Yudhisthira wusste auf alle die richtigen Antworten. Der Geist war sehr zufrieden und versprach, zur Belohnung einen seiner Brüder wieder lebendig zu machen, denjenigen, den der älteste Bruder sich wünschte. Dieser wählte jedoch keinen seiner eigenen Brüder, sondern den Halbbruder Nakula. Als der Geist verwundert fragte, warum er ausgerechnet um diesen bat, antwortete der edle Yudhisthira, dass er sich immer bemühe, unparteiisch zu sein und seine Halbbrüder wie seine eigenen Brüder zu achten. Als er so bewiesen hatte, dass er „den höchsten Grad der Tugend besitzt", schenkte der Geist allen vier Brüdern das Leben und gab sich nun in seiner wahren Gestalt als Yama zu erkennen, der die Brüder prüfen wollte.[6]

In diesem Mythos ist es die unbeherrschte Gier, die vier der Pandava-Brüder in die Gewalt des Totengottes bringt. Dem Ältesten gelingt ihre „Erlösung", weil er durch seine außerordentliche Klugheit und überragende Tugendhaftigkeit die Gunst Yamas gewinnt. Diese beiden Eigenschaften hatten ja auch im vorigen Mythos Savitri ausgezeichnet. Der glückliche Ausgang oder das „gute Leben" werden nach diesen Mythen denjenigen gewährt, die sich altruistisch verhalten: Güte und Mitgefühl gelten in der hinduistischen wie buddhistischen Ethik als höchste Ideale – selbst noch über den Tod hinaus, wie unser nächster Mythos zeigt.

Der gute König in der Hölle

Dieser Mythos setzt den Glauben an die Wiedergeburt ebenso voraus wie an das Vorhandensein von Höllen. Je nach seinen guten oder bösen Taten wird der Mensch nach seinem Tod in verschiedene Existenzweisen wiedergeboren. Kein blindes Schicksal, keine Gottheit bestimmen ihm ein Leben als Mensch, Tier, Pflanze, Dämon usw., sondern er selbst ist verantwortlich dafür, er hat sich in einem oder mehreren Vorleben selber „eingebrockt", was er im jetzigen Leben „auslöffeln" muss. War ein Leben so von Bosheit und Grausamkeit geprägt, dass selbst eine Wiedergeburt als Wurm oder Distel noch zu gut wäre, dann kommt dieser Mensch in eine Hölle. Allerdings sind die hinduistischen Höllen (im Gegensatz zur Vorstellung einer ewigen Höllenstrafe im Christentum und Islam) zeitlich begrenzt: Wenn das negative *karma*, das die Höllenstrafe nach sich gezogen hat, verbüßt ist, gelangt der Mensch in eine neue Wiedergeburt, bekommt also eine weitere Chance. Das ist der Hintergrund für unseren Mythos, der sich als „Erlebnisbericht" eines Menschen ausgibt, der in einer Hölle seine Strafe verbüßte, auf wunderbare Weise vorzeitig „entlassen" wurde, in einem neuen Leben danach höchste Vollkommenheit erlangte und nun berichtet, was ihm während seines Höllenaufenthaltes widerfuhr:

Er war in einer Hölle schrecklichen Qualen ausgesetzt, als von einem *Yamadiener* ein König in diese Hölle geführt wurde, der ein besonders guter, gerechter und tugendhafter Herrscher gewesen war. Aber wegen einer geringen sexuellen Verfehlung sollte er auf dem Umweg über die Hölle in den Himmel geleitet werden. Er selbst würde keine Höllenqualen erdulden, sondern nur einen Blick auf diese werfen, was schon für seine Entsühnung ausreichte. Als dieser gute König nun die Hölle betreten hatte, verbreiteten seine unzähligen karmischen Verdienste eine solche Aura des Wohlbefindens um ihn herum, dass alle Höllenbewohner ihre Qualen nicht mehr spürten. Nachdem der Diener Yamas dem König erklärt hatte, wegen welcher Vergehen diese Menschen in die Hölle gekommen seien, forderte er ihn auf, ihm nun in den ihm bestimmten Himmel zu folgen. Doch da ging ein Wehklagen durch die Hölle: Ihre Bewohner flehten den König an, doch noch wenigstens ein Weilchen bei ihnen zu bleiben, weil sie in seiner Gegenwart Linderung ihrer Pein erführen. Auf die erstaunte Frage des Königs, welche seiner Verdienste in der Menschenwelt den Höllensträflingen solche Erquickung bereiteten, zählte der Yamadiener alle guten Werke des Königs auf. (Die pädagogische Absicht ist unverkennbar: Anschaulich wird erzählt, welche guten Taten mit dem – natürlich auch zeitlich begrenzten – Aufenthalt im Himmel belohnt werden.) Dann forderte er den König auf, nun unverzüglich mit ihm zu kommen. Doch dieser weigerte sich: „Wenn durch meine Gegenwart diese leidenden Menschen keine Höllenpein spüren, dann will ich hier stehen bleiben – unbeweglich wie ein Pfeiler! Welcher Genuss der Himmels- oder Götterwelt kommt der Genugtuung gleich, die ein Mann erfährt, der Leidenden Trost spenden kann?“, argumentiert er, und als der Diener Yamas ihn weiter drängt, nun aufzubrechen, weil das seine Bestimmung sei, erklärt er: „Ich werde nicht von hier weichen, solange die Gequälten hier durch meine Anwesenheit weder Glut noch Pein spüren! Deshalb ziehe ich die Rettung dieser Gepeinigten aller Himmelslust vor.“ Als weder Aufforderung noch Überredung des Yamadieners den König zum Gehen bewegen können, erscheinen Yama und Indra, der König der Götterwelt, höchstpersönlich und fordern den König auf, nun unverzüglich in den bereitstehenden Wagen zu steigen und mitzukommen, denn so wolle es das unabänderliche Gesetz: Er habe den Himmel verdient, diese Sünder aber die Hölle, und daran sei nicht zu rütteln. Durch sein barmherziges Verhalten hier in der Hölle habe er den ihm bevorstehenden Himmelslohn noch unendlich vermehrt. „Wenn dem so ist“, antwortet der König, „dann gebe ich mein ganzes gutes *karma* für diese Leidenden hin, damit durch meine – wie Ihr sagt – unendlichen Verdienste alle Höllenstrafen dieser Verdammten getilgt werden.“ Was wollen die Götter machen? Sie müssen den Handel akzeptieren, denn durch den selbstlosen Verzicht des Königs auf alle erworbenen Verdienste ist sein karmisches „Guthaben“ ins Unermessliche angestiegen, und damit ist die Strafe aller Höllenbewohner „bezahlt“: Diese Hölle kann geschlossen werden!

Dem jungen Mann, der einer der Sünder in dieser Hölle war, wurden durch die Barmherzigkeit des guten Königs seine Strafen erlassen, und er erlangte eine neue Wiedergeburt.[7]

Diese Erzählung lässt deutlich den Einfluss des Mahayana-Buddhismus erkennen: Die Idealgestalt des guten Königs erinnert sehr an das Ideal des *Bodhisattva*, insbesondere an den heute noch überaus beliebten und besonders in Tibet verehrten Bodhisattva *Avalokiteshvara*. Er wird oft mit elf aufeinander gesetzten Köpfen dargestellt, weil er nach einer alte Legende beim Anblick der Leidenden, speziell der Höllenbewohner, so von Schmerz erfüllt wurde, dass sein Kopf buchstäblich in elf Teile zersprang. Der Buddha fügte die Teile wieder zu Köpfen zusammen und setzte sie aufeinander. Darstellungen, die ihn mit tausend Armen zeigen, auf deren tausend Händen je ein Auge ist, erinnern daran, dass er „auf das Leid aller Wesen schaut" und ihnen in Not- und Unheilsituationen zu Hilfe kommen möchte. Ein Bodhisattva im mahayanistischen Verständnis ist ein Mensch, der nach unzähligen guten Leben die Möglichkeit hätte, aus dem Kreislauf der Wiedergeburten „auszusteigen" und ins *nirvana* einzugehen, doch aus Mitleid beschließt, sich als „Heilbringer" den Gefährdeten, Bedrohten und Unglücklichen zuzuwenden. Dabei kann er sein erworbenes gutes *karma* bedenkenlos mit vollen Händen verschenken, denn sein karmisches Konto wird davon nicht aufgebraucht – im Gegenteil: Je mehr er verschenkt, desto mehr füllt sich sein Guthaben wieder auf (das ist also genau umgekehrt wie bei unseren Bankkonten!), denn Verschenken ist ja wieder eine gute Tat.

Hier liegt also die Parallele zu unserem guten König, der in der Hölle alle Verdienste herzugeben bereit ist – und sie so ins Unendliche vermehrt. Großherzigkeit, Mitleid, Mitgefühl und der Wunsch zu helfen, wann und wo auch immer Wesen Hilfe brauchen, sind also *die* Tugenden, die den Bodhisattva vor allem auszeichnen – oder anders ausgedrückt: Wer sich um diese Tugenden bemüht, ist schon auf dem besten Weg, ein Bodhisattva zu werden.

Wenn wir das Fazit aus diesen Erzählungen ziehen, so besteht die Voraussetzung für ein gutes Leben – sei es im Diesseits oder im Jenseits – in der Überwindung rein ichbezogener Wünsche. Das bedeutet nicht, dass man gar nicht mehr an sich denken dürfte und sich jeden Genuss versagen müsste. Doch das Streben nach eigenem Wohlergehen und Glück darf nie auf Kosten anderer gehen – was aus der Sicht der genannten Religionen in immer neue Wiedergeburten führen würde – , sondern sollte sich am Ideal des Bodhisattva orientieren, der für sein eigenes Heil gerade dann am meisten tut, wenn er sich um das Heil anderer kümmert.

INA RÖSING

Sich heilen am Bösen – die Wirksamkeit von symbolischen Handlungen

Positives ist heilsam.
Negatives macht krank.
Positives kann krank machen.
Negatives kann heilsam sein.

Die ersten beiden dieser Thesen unterschreiben wir allgemein leicht. Der dritten These folgen wir auch noch, denn Positives kann kippen, Positives kann zu viel sein, Positives kann Kosten verursachen … Die vierte These aber erschließt sich dem Alltagsverständnis nicht gleichermaßen unmittelbar. Sie steht im Folgenden im Zentrum.

Positives ist heilsam: Wir sprechen gerne von der heilsamen Wirkung der Erfahrung von Gemeinschaft, Gelassenheit, Liebe, Vertrauen, Solidarität … Gewiss, das Erfahren gelebter Werte kann heilwirksam sein.

Negatives macht krank: Wir wissen, welches unsägliche Unheil in Gewalt, Krieg, Hass, Rache liegt.

Positives kann krank machen: Wir sprechen auch von der Heilwirksamkeit von Kreativität, Spiritualität, Innehalten – doch manchmal wird vergessen, dass Kreativität auch destruktiv sein (das Schaffen und das Erschaffene zerstört den Schaffenden), Spiritualität an den Rand von Wahnsinn führen und Innehalten zur Erstarrung werden kann.

Negatives kann heilsam sein: Aber wissen wir auch um die Heilwirksamkeit des Negativen? Ich meine nicht die vertraute These der Reifung am Leid, ich meine nicht das innere Wachsen an einem schweren Schicksal oder die Sinnfindung durch Trauma, Trauer und Verlust – sondern ganz einfach: sich heilen am Bösen.

Die symbolischen Heiler aller Kulturen der Welt wissen darum. Der Kernbegriff ist Katharsis. In traditionsbestimmten Kulturen wird beim heilwirksamen Umgang mit dem Bösen eine ungeheure Fülle an Symbolen mobilisiert. Die Symbole, die gesehen, gehört, gespürt, geschmeckt werden, potenzieren sich und konvergieren zu einer auf allen Sinnesebenen und mit allen kognitiven Möglichkeiten erfahrbaren Wirkung. Dazu möchte ich ein Beispiel aus einer meiner ethnologischen Forschungsregionen, der Kallawaya-Kultur der Hochanden Boliviens, geben.

Die Kallawaya-Kultur kennt verschiedene rituelle (symbolische, psychotherapeutische) Heilungsweisen mit je spezifischen Indikationen. Die Haupttypen von Heilungsritualen sind die schwarze, die graue und die weiße Heilung.

Die Stoßrichtung der schwarzen Heilungsrituale ist *„dagegen"*: Feinde sollen behindert, entmachtet, gerächt oder vernichtet werden, Gegner sollen verwirrt, geschwächt und fehlgeleitet werden. Doch keinem Feind geschieht „real" ein Leid. Die Behinderung, Entmachtung, Vernichtung, die Trennung, Rache und Unheilverwünschung sind allesamt symbolisch und spielen sich ausschließlich zwischen Heiler und Patient ab. Der Patient klagt seine Qual und Verzweiflung – und der Heiler vernichtet im engen Zusammenspiel mit dem Patienten (in der stets anwesenden Familie) die Ursachen seines Kummers und seiner Verzweiflung. Nach Berechtigung wird nicht gefragt. Der Patient leidet. Der Heiler versucht, ihn von seinem Leid zu heilen.

Zu den schwarzen Heilungen gehören auch die *kuti*-Rituale. *Kuti* heißt „zurück". Ein *kuti*-Ritual besteht im Rückverweis erlittenen Leides an den (stets menschlichen) Verursacher des Leids. Es ist eine eher „sanfte" Form der schwarzen Heilung. Sie basiert auf dem andinen Prinzip der Reziprozität.

Graue Heilungsrituale sind Reinigungsheilungen. Sie verbannen erlittene Hexerei, sie verbannen Trauer, Kummer und unrechtes Tun. Ihre Wirkungsrichtung ist *„hinweg"*.

Das weiße Heilungsritual dient der Herstellung positiver Werte und

Zustände: Gesundheit, Frieden, Wohlstand, Schutz, Nahrung, eine versöhnte, opferschulden-freie Beziehung zu den Göttern, Ahnen und Wesenheiten der Dunkel-Welt und der Besitz der kleinen Seele, die so leicht verloren geht. Die intendierte Wirkungsrichtung der weißen Heilung ist *„hierher"*.

In unserem Zusammenhang soll es nur um die schwarze Heilung gehen.[1] Die schwarze Heilung ist im Verständnis der Kallawaya definitiv ein Umgang mit dem Bösen. Denn nach dem Vollzug einer schwarzen Heilung müssen Heiler wie Patient sich vom Bösen reinigen, sie müssen eine graue Heilung vollziehen, damit das für einen Feind vollzogene Böse nicht an ihnen haften bleibt.

Schwarze Heilungen werden in der Ethnologie auch gerne Hexerei genannt – aber das ist ein fundamentales Missverständnis. Das schwarze Ritual ist tatsächlich ein Heilungsritual. Es heilt mit dem Bösen auf der Basis von Katharsis.

Ich wähle den Fall von Maria und ihre Version eines Konflikts.

Maria, eine Witwe, liegt in bitterer Feindschaft mit einem Mann, dessen intime Anträge sie abgelehnt hat. Dadurch wurde er auf Jahre zu ihrem Feind. Er sinnt stets danach, sie zu quälen. Erst hat er von ihrem minimalen Besitz etwas gestohlen. Dann lässt er seine schwarzen Schweinchen auf ihr Feld, und sie vernichten die jungen Pflanzen. Er verleumdet sie mit frechen Lügen und schädigt ihren Ruf. Er verhindert eine gute Heiratspartie ihrer Tochter durch üble Nachrede auf das Mädchen. Er inszeniert eine angebliche Erberschleichung. Das geht schon seit zwei Jahren so und Maria ist zermürbt. Die Dorfautoritäten sind schon alle konsultiert worden, sie haben den Mann auch ermahnt, doch es hilft nichts, es geht weiter, es ist zu subtil: Man kann ihm so schlecht die Taten nachweisen. Also geht Maria zu einem schwarzen Heiler und berichtet alles unter bitteren Tränen und anhaltendem Schluchzen.

Der schwarze Heiler übernimmt den Fall. Zunächst müssen umfangreiche Vorbereitungen für das schwarze Heilungsritual getroffen werden. Man braucht einen möglichst frisch ausgegrabenen menschlichen

Schädel. Man braucht schwarze Kerzen, schwarzes Garn, ein schwarzes Meerschweinchen, man braucht Pfefferkörner, Salz und Ruß und Exkremente von Schwein, Hund und Schaf, und vieles mehr. Und natürlich braucht man einen schwarzen Tag, was nur Dienstag oder Freitag sein kann, und den Schutz der Schwärze der angebrochenen Nacht.

Es kann nur angedeutet werden, was in dieser schwarzen Heilungsnacht alles geschah. Natürlich werden alle Requisiten und Ingredienzien erst einmal geweiht, der Schädel, das Garn, der Kot. Geweiht mit christlichen Gebeten und besiegelt mit dem christlichen Zeichen des Kreuzes – allerdings mit linker Hand. Links ist die Seite des Bösen. Kleine Opfernester aus schwarzer Schafwolle werden bereitet. Das Schaf ist Symbol für Misserfolg und Misslingen. Dort werden Cocablätter eingelegt, mit der schlechten, blassen Seite nach oben (falsch herum symbolisiert das Dagegen). In anderen Opfernestern liegt das Coca nach oben – dann ist das Cocablatt die Nahrung der Gottheit der Mutter Erde und der heiligen Berge und Orte der Kraft. Dem Ankari, dem Wind, wird geopfert mit einem Ei. Ein Ochsenhorn wird mit Kot gefüllt. Der Schädel bekommt eine glühende Zigarette in den linken Winkel seines Gebisses. Das schwarze Meerschweinchen (es steht für den Feind) wird malträtiert. Eine kleine Figur aus Draht, umwickelt mit Fädchen der Kleider des Feindes, wird mit Riesen-Dornen erstochen. Schwarze Kerzen, umwickelt mit einer Bauchbinde von Papier, auf dem der Name des Feindes steht, werden abgebrannt. Die umherflatternden Motten (sie sind Seelen – alles Seelen des Feindes) werden zertreten und mit in das Ochsenhorn gestopft. Aus Streichhölzern und schwarzem Garn werden kleine Kreuze aus Holz gebastelt (Grabeskreuze). Der Heiler bröselt Erde vom Friedhof über den Schädel. Der reine Alkohol (Blut des Feindes), geweiht mit dem Vaterunser[2] und links erhobener Hand, wird genüsslich getrunken. Der Patient wird ununterbrochen angestachelt, mit falsch herum angesteckter Zigarette im linken Mundwinkel auf die Bereitungen zu rauchen und stetig in böser Absicht an den Feind zu denken. Der Heiler betet unablässig. Er ruft den Heiligen Cyprian an und andere Heilige, er ruft Maria, Josef und Jesus an und die Dreifaltigkeit und die heiligen Berge und den Ankari, die Mutter Erde, die Ahnen, die Unterwelt. Was sollen die alle tun? Sie sollen sich den Feind schultern und zum Teufel tragen, sie sollen ihn festnageln und stolpern lassen, sie sollen ihm Stimme, Geist und Bewegung nehmen. Nach jeder Verwünschung sagt der Heiler inbrünstig: „Vater, Sohn und heiliger Geist. Amen."

Damit der Feind auch angemessen direkt ins Jenseits kommt, sind wir alle, der Patient und alle Heilungsteilnehmer, aufgefordert, auch immer wieder die Gebete zu sprechen, die am Grab gesprochen werden: Glaubensbekenntnis, Vaterunser, Gegrüßest seist du Maria. Und der Patient raucht, spuckt und trampelt auf die schwarzen Opfernester voll Pfeffer, Salz, Ruß und Kot. Und soll Amen sagen. Der Heiler wickelt die Opfernester dann in schwarzes Garn und stopft sie dem Feind (dem Schädel) zum Fraß ins Gebiss.

Der Patient ist stetig einbezogen und beschäftigt in einem solchen Ritual: schwarze Ingredienzien und Requisiten anfassen und handhaben, rauchen, behauchen, spucken, Blut des Feindes trinken, beten, treten, Böses denken ... Und derweil werden stinkende Kräuter verbrannt.

Hier sind alle Sinne und Ausdrucksmedien beteiligt. Der Patient schmeckt, riecht, sieht, hört, fühlt auf der Haut und in der Hand, er redet und denkt und handelt.

Auch werden ganz viele verschiedene Symbolwelten angesprochen und sichtbar und fühlbar gemacht: Die Welt der weißen Heilung, die Mutter Erde, die heiligen Orte, der Wind Ankari sind aufgerufen zu helfen, ebenso wie die im Prinzip wohlwollenden Ahnen, katholischen Heiligen, die von der Mutter Erde wenig unterschiedene, viel verehrte Maria, die Dreifaltigkeit, die allesamt auch lauter gute Geister sind. Diese ganze Welt der guten Kräfte wird durch Symbole und Anrufung mobilisiert – Kreuzzeichen, gutes Cocablatt und magische Gesten (das Vaterunser ist nichts anderes dort). Ebenso wird die Welt des Schwarzen auf allen Ebenen spürbar. Unzählige Symbole von Tod (z. B. Schädel, Friedhofserde) und Unheil (z. B. Schaf, Ochsenhorn) kommen vor und der Feind wird auf vielfältige Weisen symbolisch umgebracht: Der Schädel raucht die Zigarette auf der falschen Seite, bekommt Friedhofserde übergestreut, die Motten (Seelen des Feindes) werden zerquetscht, wir trinken das Blut des Feindes, sein Name und seine Kleider werden mit der Kerze abgebrannt und die Drahtgestalt wird erstochen. Der Feind taucht unter in einem Meer von schwarzen Symbolen – Asche, Pfeffer, Kot, schwarze Wolle, schwarzes Garn, schwarze Kerzen, linkes Coca, linkes Rauchen, böse Worte, böse Gedanken ...

Wie fühlt sich der Patient danach? Erleichtert und entspannt. Alle Kräfte wurden *für* ihn und *gegen* den Feind mobilisiert. Er hat auch all seine eigene Kraft in diese Wirkung gelegt. Und manchmal hat sein Hass sich relativiert an der Brutalität des Bösen (ich habe die entsprechenden Details hier ausgelassen).

Hier ist das Böse heilwirksam. Mögliche Angst, mögliche Gewissensplagen werden alsdann noch abgewaschen im grauen Heilungsritual und alles Abgewaschene und alle Waschungsbrühe wird weit hinausgeschüttet in einen reißenden Fluss.

Verbale Aufarbeitung ist nicht nötig. Hier vollendet sich die Heilung im symbolischen Tun.

Wie erklärt dies die Theorie der symbolischen Heilung[3]?

Ein Symbol ist etwas Sichtbares, Hörbares, ein Ding, das bei uns Bedeutung auslösen kann. Mit dieser Bestimmung von Symbol lässt sich verdeutlichen, wie symbolische Heilung wirkt:

Symbole „sind nicht nur in der Lage, ein Vokabular und eine Erklärung (für die Darstellung und Ursache des Leidens) zu liefern, sondern sie können auch Änderungen in der Seele bewirken, indem sie Energie in eine andere Form verwandeln, eine Form, die heilen kann ... Im Akt des Heilens wirken Symbole auf den Patienten ein, welcher verletzbar ist und offen und bereit, diese (in sich) zu erfahren. Er identifiziert sich mit ihnen in Form heiliger Bilder und der Person des Medizinmannes. Sie transformieren ihn und ermöglichen ihm, an ihrer versteckten Macht teilzuhaben. Unter diesen Bedingungen ist es möglich, dass er (der Patient) nicht nur durch ihre Suggestivkraft (gleichermaßen) überredet oder mit seinem Schicksal versöhnt wird – sondern dass er geheilt wird."[4] Und weiter: Die symbolische Heilung „beruht in ihrer Wirkung auf der Identifikation des Patienten mit übernatürlicher (oder intrapsychischer) Macht, die durch das Symbol vermittelt ist."[5]

Oder in einer anderen Formulierung Sandners:

„Symbolische Heilung ... besteht im Einsatz von kulturell akzeptierten Symbolen, die direkt auf das Unterbewusste des Patienten wirken und Änderungen in den seelischen Strukturen bewirken."[6]

„Das Symbol ist primär ein intrapsychischer Wirkungsfaktor, aber es kann Muster hervorbringen, Strukturen, die konkret werden und deshalb physisch effektiv. Die Verbindung, die dies ermöglicht, ist schwer herzustellen: die Psyche ist selten für solche Einflüsse offen. Es reicht nicht, ein Bilderbuch mit Symbolen durchzusehen oder ein verstandesmäßiges Interesse an Weltsymbolik zu entwickeln. Äußere Symbole sind tot, bis sie mit ihrem inneren potentiellen Gegenpart in Kontakt gekommen sind und ihn mit Energie aufgeladen haben. Deshalb auch sind Zeremonien symbolischen Heilens so lang und repetitiv: Sie wiederholen wieder und wieder das gewünschte Muster, bis die Verbindung hergestellt ist und die gleiche symbolische Struktur in der Psyche des Patienten ‚aufleuchtet'."[7]

Das Symbol ist also etwas Konkretes, Sichtbares, welches Träger von Bedeutung ist. In der symbolischen Heilung werden Symbole ausgesprochen, manipuliert, hörbar gemacht in Worten, sichtbar gemacht durch Gegenstand und Handhabung. Die innerpsychische Repräsentanz des Symbols ist die Bedeutung. Durch den Umgang mit dem Symbol werden Bedeutungen aktiviert. Diese aktivierten Bedeutungen sind in der Lage, intra-seelische Muster umzustrukturieren, Änderung zu bewirken, Heilung anzubahnen. Wie soll man sich das vorstellen? Vielleicht hilft das Bild von der gefrorenen Seele: Unsere Seele ist, so möchte ich es hier einmal umschreiben, der Inbegriff verdichteter Bedeutungen. Kranke Seelen sind erstarrte Seelen, sind gefrorene Deutungsmuster.

Nun gilt es aber noch, die *Bedingungen* zu bestimmen, unter denen Symbole Bedeutungen auslösen, welche heilwirksam werden. Dass Arzt und Patient, Medizinmann und Klient aus der gleichen Kultur kommen müssen, das ist *eine* Bedingung. Noch wichtiger ist, welche Symbole es sind, die potentiell heilwirksam werden können.

Hier gibt es drei Bedingungen, unter denen Symbole heilwirksam werden können.

Die Zielbezogenheits-Hypothese: Eine symbolische Heilung (Psychotherapie, Seelsorge, Ritual, Arzt-Patient-Gespräch) hat ein Ziel oder eine Zielvorstellung davon, was erreicht oder geändert werden soll. Heilwirksam sind nur Symbole oder Symbolsysteme, deren Bedeutungen mit diesem Ziel assoziiert sind.

Die Konvergenz-Hypothese: Die Bedeutung von Symbolen kann über verschiedene Sinne – wie Hören, Sehen, Fühlen – vermittelt werden und über verschiedene kognitive Modi – Erinnern, Visualisieren, Formulieren etc. Je mehr verschiedene Sinne und kognitive Modi in der Bedeutungsaktivierung auf das gleiche Bedeutungsziel hin einbezogen sind, desto wirksamer ist die symbolische Heilung. (Dabei reicht es natürlich nicht, dass in einer Heilung alle Modi angesprochen sind – das Angesprochene muss in seinen Bedeutungen konvergent sein.)

Die Wissenskreis-Hypothese: Das seelische Bedeutungsfeld kann man in „Bereiche" oder auch „Wissens"- oder „Bedeutungskreise" untergliedern. Als einfachste Unterscheidung seien die intrapersonellen, interpersonellen und transpersonalen Bedeutungskreise genannt. Der intrapersonelle Bereich ist das Wissen um mich, meinen Körper, mein So-Sein etc. Der interpersonelle Bereich ist Bedeutungswissen im sozialen Bereich, in der interpersonellen Beziehung zum Partner, zur Familie, zum Nachbarn, Kollegen, Dorf. Der transpersonale Bereich bezieht sich auf Bedeutungen, die jenseits von mir liegen und sich auf den Bereich der Werte, der Religion oder der transzendenten Vorstellungen beziehen. Alle diese Wissenskreise werden in einem Bereich des Profanen und einem Bereich des Sakralen (oder Ausgesonderten) gelebt.

Die dritte Hypothese besagt: Symbolische Heilung ist wirksamer, wenn mehr als ein solcher bedeutungstragender Wissenskreis durch das Symbol oder Symbolsystem aktiviert wird. Und es sind solche Symbole am mächtigsten, welche gleichzeitig viele Wissenskreise aktivieren.

Wenn alle Wissenskreise aktiviert werden, kann sich *ganzheitliche* Heilung vollziehen, eine Heilung, die nicht nur auf das Körperliche oder Organische abzielt, sondern auf den Menschen in allen seinen Bezügen.

Im Kallawaya-Heilungsritual werden alle diese Wissenskreise präsent und lebendig. „Gegenstand" der Heilung ist kein Organ, sondern ein Mensch in seinen vielfältigen Bezügen in dieser Welt. Er kommuniziert mit seinem Feind, mit dem Heiler, mit den Göttern, mit den Wesenheiten der Dunkel-Welt. Nur so heilt das Böse.

Auch in den westlichen Psychotherapiesystemen kennt man die Heilwirksamkeit des „Bösen", z. B. in der Gestalttherapie. Da prügelt der Patient seine Mutter (in Form eines Kissens) und brüllt seinen Hass auf den Kollegen an den leeren Stuhl gegenüber. Das erleichtert. Zur Heilung fehlt dann allerdings noch die Durcharbeitung. Allein Expression kann in unserer Kultur schwerlich heilen – denn das Kissen hat keine symbolische Aura, es hat keine kosmologische Bedeutung, es steht in keinem sinnhaften Kontext. Und der leere Stuhl wahrscheinlich auch nicht.

Dagegen ist die schwarze Heilung nicht einfach „Gestaltpsychotherapie". Die Mutter zu verprügeln und ein Gegenüber anzubrüllen ist gewiss kein hochgradig tugendhaftes Verhalten. Das „Böse" wird getan, um Heilung zu bahnen. Solche Techniken der westlichen Psychotherapie sind jedoch unendlich weit entfernt vom andinen Einsatz des Bösen zwecks Heilung. In der schwarzen Heilung wird nicht nur agiert – es wird vor allem ein ungeheures Bombardement an Symbolen inszeniert, und das ist es, was heilwirksam wird. Das macht den immensen kulturellen Unterschied im Einsatz und in der Heilwirksamkeit des Bösen deutlich.

VERENA KAST

Sich begeistern lassen – Kunst erleben

Kunst kann die Stimmung heben

Es war kein guter Tag, um ins Kunstmuseum zu gehen. Ein scharfer, eiskalter Wind trieb mich zwar hinein in die Wärme – und wo wäre diese in einer fremden Stadt angenehmer als in einem Kunstmuseum!

Aber es war kein guter Tag, um ins Kunstmuseum zu gehen: Das Museum wurde gerade umgebaut. Zwar war es nicht geschlossen, aber beträchtlich verkleinert und mit beachtlichem Baulärm erfüllt. Gerade die Bilder, die zu sehen ich mir vorgenommen hatte, waren nicht zugänglich. Wenigstens war noch ein Saal mit Expressionisten geöffnet. Die erfreuen mich immer. Aber: Bei den Expressionisten saß eine Schulklasse junger Schüler und Schülerinnen vor einem Bild am Boden. Mit großem Vergnügen, das sich in einem beträchtlichen Lärmpegel äußerte, betrachteten sie dieses Bild und formulierten ihre Einfälle, oft zur großen Erheiterung ihrer Mitschüler. Eigentlich gelang es der Lehrerin gut, diese Kinder immer wieder zu fesseln. Lebendige Kinder erfreuen mich normalerweise – und ich finde es auch sinnvoll, dass Kinder früh mit Kunstwerken in Berührung kommen und vielleicht auch davon berührt werden. Aber eigentlich hatte ich mir vorgestellt, einige ruhige Stunden hier zu verbringen. Baulärm, Kinderlärm – kein guter Tag, und mein Zug fuhr erst in drei Stunden.

Hätte mich jemand aufgefordert, meine gegenwärtige Stimmung einzuschätzen auf einer Skala von null bis zehn, hätte ich mich etwa bei vier eingeordnet. Und dann betrat ich einen neuen Raum, und von einem Moment zum anderen war alles anders. Ich war gefesselt von einem Bild von Jawlensky. Im Hintergrund war immer noch Baulärm, war immer noch Kinderlärm. Aber dieses Bild, ein Bild, das ich kannte, löste eine große Resonanz in mir aus, fesselte mich, erfreute mich – machte mich glücklich. Nein: Es war nicht das Bildnis des Tänzers Alexander Sacharoff, das mit seinem wunderschönen Rot einen Stoß von Energie auslöst, es war einer der Köpfe: Frauenkopf um 1912. Auch da: starke, glühende Farben, eine formale Konzentration auf das Wichtigste – und das Wichtigste scheinen diese Farben zu sein, die auch ein wenig an Nolde erinnern. Und hinter diesem noch so vitalen Kopf sah ich in meiner Vorstellung auch die Gesichter des alten Jawlensky, die Bilder, auf denen er in wenigen Strichen das Wesentliche eines Gesichts darstellt.

Da stand ich nun, freute mich auf eine stille Weise darüber, dass es solche Bilder gibt in unserer Welt, aber auch, dass mich ein Bild in dieser Tiefe erreichen und meine Stimmung so sehr aufhellen kann. Jetzt hätte ich meine Stimmung bei neun eingeschätzt.

Was löste die Faszination aus? Dass mein Interesse mit einem Schlag geweckt worden wäre, trifft die Erfahrung nicht ganz – mein Interesse war schon im Saal vorher wach. Die Erfahrung ist eine emotionale: Das Bild hat mich mitten ins Herz getroffen, das heißt, mitten in meine Existenz hinein.

Für mich gibt es interessante Bilder, schöne Bilder, Bilder, die mich verstören – und es gibt Bilder, die mich ins Herz treffen und von denen ich wie ein Kind annehme, dass sie speziell auch für mich gemalt worden sind.

Angesichts von diesen Bildern werde ich erregt, bin elektrisiert, erfasst mich das Lebensgefühl der Begeisterung. Eine Begeisterung, die nichts will – außer ihrer selbst –, angesichts des Bildes oder der Skulptur, die sie ausgelöst haben. Ich bin glücklich, dass es Bilder gibt, die immer wieder diese Schwingungen in mir auszulösen vermögen.

Dazu sagt Jawlensky: „Jeder findet in jedem Kunstwerk nur das, zu was sich seine Seele vorbereitet hat. Darin liegt die Kraft und die Unerschöpflichkeit des Kunstwerks.“[1] Gerade das ist das Wichtige an der

Kunst für die Betrachter und Betrachterinnen, für die Möglichkeit, durch Betrachten der Kunst heiler zu werden: Aspekten der eigenen Psyche zu begegnen, die zu unserer Ganzheit gehören, die im Moment brachliegen, die angesprochen werden können. Was in unserer Seele vorbereitet ist, muss hervorgelockt werden, kann hervorgelockt werden durch ein Kunstwerk. Und vielleicht ist es auch noch etwas mehr: In der Stimmung des Überdrusses sind wir Menschen nämlich empfänglicher für Überdruss und für Langeweile als für Begeisterung. Ein Bild muss deutlich die gehobenen Emotionen ansprechen, um einen solchen Stimmungsumschwung zu bewirken. Nun kann man die Farben dieses Bildes dafür verantwortlich machen, die eigene „Farbigkeit" in der Psyche anzuregen, gerade die Gefühlsschwingungen hervorzuholen, die im aktuellen Erleben eher ausgespart sind. Auf jeden Fall muss es eine Resonanz geben zwischen dem Bild und dem eigenen Erleben.

Bei diesem Kopf sind es vor allem die Farben, die mich ansprechen: lebendige Farben, vitale Farben, Farben, in denen ich mich „zu Hause" fühle. Es sind Farben, die in mir Emotionen auslösen und Imaginationen anregen, aber auch Gedanken: Ich bin vertraut mit den Köpfen von Jawlensky. Mich fasziniert, dass Jawlensky 1912 sich mit Köpfen beschäftigte, dass diese sich dann immer mehr zu Gesichtern wandelten, zum Antlitz – und immer mehr werden es mystische Köpfe, abstrakte Köpfe, reduziert auf ein Schema, in dem das orthodoxe Doppelkreuz verborgen ist: Meditationsbilder. Ich kann kein Antlitz von Jawlensky anschauen, ohne seine letzten gemalten Antlitze zu sehen, die er den Schmerzen abgerungen hat – den Pinsel mit beiden Händen haltend.

Im Bild dieses lebensvollen, prall farbigen Kopfes von 1912 ist das Leben in seiner ganzen Farbigkeit noch gestaltbar, aber es verweist bereits auf die Zeiten, in denen der Maler sich auf das Wesentliche beschränkt, und dies in einer Art, die die Schönheit, die Stimmigkeit in der größten Sparsamkeit zum Ausdruck bringt. Was mich berührt: der Maler, der unter großen Schmerzen immer noch ausdrückt, was er ausdrücken kann, was er ausdrücken muss. Seine Botschaft. Und diese Botschaft ist nicht eine narzisstische, sie vermag andere Menschen zu berühren. Natürlich denke ich über Alter, über Verfall, über Tod nach, wenn ich diese Bilder sehe. Nein, ich denke nicht darüber nach: Ein Hauch der Vergänglichkeit streift mich – und das Geheimnis des Bleibenden.

Gerade das finde ich das immer wieder Überraschende und tief Beeindruckende an Kunstwerken überhaupt: Da gibt es Bilder, die Hunderte von Jahren alt sind, der Maler, die Malerin ist längst gestorben – und ihr Werk spricht immer noch zu uns Heutigen, vermag immer noch Menschen anzuregen, zu bereichern, sie zu faszinieren. Man kann in keiner Weise sagen, dass diese Maler wirklich „tot" sind, denn ihre Bilder strahlen ein geheimnisvolles Leben aus – über Jahrhunderte hinweg.

Jawlensky hat das wohl geahnt. Er schrieb: „Ich habe sehr schöne Bilder. Einige sind Kunstwerke. Ausstrahlen unheimlich stark ein geheimes Leben."[2]

Vielleicht ist es dieses „geheime Leben", das in einem sichtbaren Bild ist, das Unsichtbare im Sichtbaren, das das Unsichtbare in der eigenen Psyche berührt und zum Schwingen bringt. Aber es ist für mich nicht nur das Bild als Bild und der damit verbundene Kontext, der mich berührt. Das ist es auch. Mich fasziniert in diesem Zusammenhang das Geheimnis des Schöpferischen: dass ein schöpferischer Mensch etwas schafft, das in anderen Menschen zu einer ganz anderen Zeit wiederum das Schöpferische anklingen lässt, eine Stimmung schafft, die sonst nur in Momenten des schöpferischen Prozesses erlebbar ist. Das Ringen dieser Menschen war nicht umsonst! Es vermag andere Menschen in die Stimmung des Schöpferischen zu bringen, allein dadurch, dass sie sich auf ein Bild einlassen. C. G. Jung war der Ansicht, dass ein schöpferisches Prinzip alles durchwaltet, was es gibt in der Schöpfung. Der Mensch wird dann heil, wenn er sich an dieses schöpferische Prinzip in irgendeiner Weise anschließen kann. Löst ein Bild eine schöpferische Stimmung aus, dann sind wir angeschlossen an das Schöpferische. Das verändert dann auch unsere Lebenshaltung: In der schöpferischen Stimmung sind wir davon überzeugt, dass Leben auch schöpferisch verändert werden kann, dass wir etwas bewirken können und dass uns auch ohne unser Zutun gute Gefühle und Gedanken einfallen – vorausgesetzt, wir sind offen für das Schöpferische in der Welt. In diesen Situationen erleben wir das Leben auch als sinnvoll.

Museum als Heimat

Eine riesengroße, mir noch unbekannte Stadt – mit viel Lärm, gefährlich, wie man mir sagt. Für mich ist sie unwirtlich, ich fühle mich unbehaust und deshalb fliehe ich ins Kunstmuseum. Da fühle ich mich zu Hause, geborgen, geschützt – und dennoch oft auch herausgefordert, aber auf eine ganz andere Weise.

Das Museum als Heimat: Da denke ich zunächst an Bilder, die ich kenne, gute alte Bekannte. Aber das ist nur so, wenn ich immer wieder dasselbe Museum besuche, und auch da funktioniert es nicht immer. Bilder werden umgehängt, ausgeliehen für eine Ausstellung an einem anderen Ort. Wenn dies geschieht, wenn das Bild, das ich wieder sehen wollte, nicht da hängt, wo es hängen sollte, und nur ein kleines Schild mich darauf aufmerksam macht, das Bild sei jetzt gerade in einer anderen Stadt, so löst das in mir ähnliche Gefühle aus, wie wenn ich einen befreundeten Menschen besuchen möchte, und er oder sie ist nicht zuhause. Mit gewissen Bildern an verschiedenen Orten der Welt habe ich ein freundschaftliches Zuhause. Sie gehören zu meinem Leben. Ich muss sie nicht ständig sehen, aber ich freue mich, wenn ich sie wieder sehen kann. An der Aufnahme dieser Bilder sehe ich aber auch, dass ich mich verändere. Manche Bilder erinnern mich daran, dass ich sie einmal sehr geliebt habe. Sie sind mir immer noch lieb und vertraut, aber sie sprechen nur noch zu mir in der Erinnerung. Und manchmal wundere ich mich, dass mir diese Bilder einmal so wichtig waren.

Andere Bilder bleiben aktuell: Ein Rothko mit seinen Farben kann mich immer noch elektrisieren! Oder ein Turner mit dem Licht auf dem Wasser.

Es sind aber nicht nur die vertrauten Bilder, die mir ein Kunstmuseum als Heimat erscheinen lassen: Die geschmackvolle Ansammlung von Bildern und Skulpturen ist es. Ein Ort, an dem man Bildern einen bevorzugten Platz gibt, an dem die dargestellten Bilder eigene Bilder wecken können, die mich erfreuen und mich zu mir selbst führen. Das ist wohl der Grund dafür, dass ich den Ausdruck „Heimat“ für diese Erfahrung brauche.

Manche Bilder, Installationen, Videos sind aber verstörend: In ihnen versucht der Künstler oder die Künstlerin Verstörendes zum Ausdruck zu bringen. Gegen diese Verstörung arbeite ich dann an, das fordert heraus. Ist Humor bei der Verstörung dabei, kann auch diese mich anregen: Der Humor gibt eine gewisse Distanz zum Menschlichen – allzu Menschlichen.

Aber ich verhehle es nicht: Ich suche in der Kunst die Schönheit. In der Schönheit bin ich zu Hause, nicht in der Hässlichkeit. Der ästhetische, sinnliche Genuss ist es, was mich anspricht – das Gefühl von Heimat auslöst. Er vermittelt reine Freude. Dieser Genuss will nichts anderes als Genießen.

Manche Bilder sind schön. Manche werden schön durch die Weise, wie ich sie ansehe. Wenn ein Bild schön ist, spricht es mich im Zentrum meines Wesens an. In mir werden Gefühle des Bei-mir-Seins und gleichzeitig doch Ganz-beim-anderen- und Über-mich-hinaus-Seins geweckt. Es ist eine vorübergehende Vereinigung mit dem Schönen. Als schön bezeichnen wir, was unser Selbst, unseren innersten Kern anspricht. Schön ist nicht einfach das Bild. Aber zwischen dem Bild und dem Betrachter ereignet sich die Erfahrung von Schönheit. Und die bringt uns ins Lot, bringt uns zu uns selbst in Verbindung mit anderem, anderen, dem Anderen. An der Schönheit kann man immer wieder heil werden. Auch Museum als Heimat hat mit diesem Heilwerden zu tun.

Vorfreude

Beim Blättern in einer Kunstzeitschrift finde ich, dass in dem Kunstmuseum, das ich in Kürze besuchen werde, eine Rothko-Retrospektive zu sehen ist, eine Ausstellung, für die ich weit gefahren wäre. Welche

Vorfreude! Wie viel noch ausstehende Vorfreude! Wie viele Bilder gibt es auf der Welt, die ich noch sehen möchte, auf die zu sehen ich mich freue. Es gibt viel mehr Bilder, als ich in der noch zu erwartenden Lebenszeit sehen kann. Das gibt mir ein gutes Lebensgefühl. Vorfreude, verbunden mit Neugier und der Erwartung, etwas Erregendes zu erleben, ist ein wunderbares Stimulans, gerade auch in Zeiten, in denen das Leben nicht aufregend ist, sondern auch im Wesentlichen darin besteht, Verpflichtungen abzuarbeiten, die mich wenig begeistern. Wenn mir dann einfällt, dass ich in wenigen Wochen in einem der schönsten Museen der Welt eine mich begeisternde Ausstellung sehen werde, bin ich mit dem Leben bereits wieder versöhnt. Manche Menschen halten die Vorfreude für eine riskante Freude, ich halte sie für die beste. Riskant deshalb, weil das, worauf wir uns gefreut haben, unsere Erwartungen nicht erfüllen kann. Das ist immer einmal möglich. Manchmal bin ich auch in einer Stimmung, in der ich Kunstwerke, die ich eigentlich liebe, nicht wirklich aufnehmen kann. Das ist traurig: gerade bei einem Kunstwerk, das mich sonst immer wieder zu berühren vermag. Das geschieht immer wieder einmal, das ist Realität. Und es bedeutet nicht, dass es auch ein nächstes Mal so sein wird. Habe ich mich aber auf die Ausstellung gefreut, dann kann mir nichts und niemand die Vorfreude nehmen. Diese hat mich beschwingt, meine Stimmung gehoben, meine Neugier angestachelt, Vorstellungen von einer elektrisierenden Erfahrung geweckt. Kurz: Sie hat mir ein gutes Lebensgefühl gegeben, mich inspiriert. Ganz umsonst ist meistens die Vorfreude doch nicht: Stehen wir vor Bildern, auf die wir uns gefreut haben, können wir uns zumindest daran erinnern, dass diese in anderen Lebenszusammenhängen bereits große Gefühle in uns ausgelöst haben. Wir vertrauen darauf, dass sie auch wieder im Stande sein werden, diese Gefühle auszulösen. Wenn nicht, sind wir zumindest dankbar, dass sie diese Gefühle auslösen konnten.

Es gibt die Vorfreude auf Bilder, aber auch in der Erinnerung an Bilder kann eine helle Freude erlebt werden. Das setzt allerdings voraus, dass man das entsprechende Bild, aber auch die Gemütsverfassung, in das es uns versetzt hat, auch wirklich wahrgenommen hat. Das Gefühl der Freude lässt sich in der Erinnerung exzessiv genießen. In der Erinnerung vernetzt es sich sogar deutlicher mit den verschiedenen Aspekten der entsprechenden Erfahrung als im ersten Moment des Erlebens – und steigert sich dadurch. Und dennoch: Haben wir die Freude nicht wahrgenommen, als sie in uns hell aufgezückt ist angesichts eines Bildes, werden wir sie in der Erinnerung auch nicht auskosten können.

Im Nationalmuseum in Ostberlin, noch zu Zeiten der DDR, fand ich ein Bild von Nolde, das ich noch nie gesehen hatte. Es faszinierte mich. Es gab keine Kunstkarte davon zu kaufen. So lernte ich das Bild auswendig, wie man ein Gedicht auswendig lernt. Ich prägte es mir ein, schloss die Augen, stellte es mir vor, öffnete die Augen wieder, verglich, merkte mir, wo meine Vorstellung ungenau war, korrigierte wieder, bis ich das Bild vor meinem inneren Auge sah. Ich sehe es noch heute vor mir, obwohl mindestens sechzehn Jahre vergangen sind. Plötzlich fällt es mir wieder ein – und ich freue mich darüber. So wie das Gedächtnis funktioniert, ist es allerdings möglich, dass sich das Bild in meiner Vorstellung etwas verändert hat. Eigentlich möchte ich öfter ein Bild auswendig lernen. Aber die Bequemlichkeit siegt: Wozu auswendig lernen, wenn man einen Katalog kaufen kann?

Auf die Erinnerung an Bilder als Aspekt der Lebenskunst im höheren Alter setze ich stark.

Ich stelle mir vor, dass es einmal eine Zeit in meinem Leben geben wird, in der das Alter mich zwingt, ruhig zu Hause zu sitzen. Für diese Zeit habe ich im Laufe des Lebens viele Kunstbücher angeschleppt. Die werde ich mir dann ansehen – vielleicht wird mir anhand des einen oder anderen Bildes die Situation einfallen, in der ich das Original gesehen habe, und wenn ich großes Glück habe, werden die damaligen Gefühle auch wieder wach. Den Abbildungen allein traue ich nicht – sie sind zwar gut geworden, aber es sind dennoch nicht die Originale, es ist nicht die wirkliche Farbe, die man da sieht, das Ringen des Künstlers ist weniger sichtbar. Aber als Anreiz für eine emotionale Erinnerung sind sie allemal gut. Noch besser wäre wohl, ich würde mir noch einen Schatz an auswendig gelernten Bildern zulegen!

Mein Weg zu den Bildern

Ich bin nicht mit Kunst aufgewachsen. Der Zugang zur Kunst wurde mir in meiner Adoleszenz erschlossen durch eine große Kunstliebhaberin. Sie eröffnete mir eine neue Welt, die mich faszinierte und immer noch fasziniert. Vielleicht ist es gerade die Tatsache, dass ich in einer Phase des Lebens, in der man sehr beeindruckbar ist, mit der Welt der äußeren Bilder in Berührung gekommen bin. Innere Bilder, die kannte ich allerdings gut. Ich war ein äußerst fantasiebegabtes Kind, jederzeit fähig, in einer Umwelt mit wenig Stimulation aufregende Fantasiegeschichten in meiner Vorstellung zu erfinden. Diese äußeren Bilder, das war etwas ganz Anderes, Anregendes, Aufregendes – und sie traten in Resonanz zu meinen inneren Bildern. Mir war, als müsste ich nicht ständig alles aus mir selbst heraus erzeugen; ich erlebte, dass in der Welt der Kunst unendlich viele Impulse sind, die meine Imagination immer wieder anregen können. Vielleicht wurde mir da zum ersten Mal klar, ohne dass ich es wohl hätte ausdrücken können, dass mit der Kunst und mit allen kulturellen Erzeugungen ein ungeheurer Reichtum in der Welt ist, der jedem Menschen als Anregung und Inspiration und für die Begegnung mit sich selbst zur Verfügung steht.

JÖRG RASCHE

Kleine Ewigkeiten – das Zauberreich der Musik

Es scheint zu unseren menschlichen Anlagen zu gehören, dass wir etwas erst ganz erkennen und zu schätzen vermögen, wenn es gerade zu Ende geht oder schon vergangen ist. Die benediktinische Regel des Memento mori (Denke an das Sterben) macht daraus eine Aufgabe: jeden Augenblick des Lebens so zu leben, als sei er der letzte. Das heißt, das Vergehen des Augenblicks zu bejahen, ihn loszulassen, um ihn dadurch ganz und bleibend zu gewinnen. Wir sind in die Zeit hineingeworfen wie in einen Fluss, der uns mitnimmt und nichts lässt, wie es ist. Ich erinnere mich, wie seltsam berührt ich in meiner Jugend war, wenn ältere Menschen in ausgelassener Stimmung sangen: „So ein Tag, so wunderschön wie heute ..., der dürfte nie vergehn." Ich dachte: Davon kann man doch nicht so fröhlich singen, dass dieser Tag vorbeigeht. Sollte man nicht davon schweigen? Ich fand diese Erwachsenen sonderbar, um von der Banalität der Musik nicht zu reden, über die ich mich erhaben fühlte.

Vielleicht ist manch einer überrascht, dass ein Text über eine so erfreuliche und unkomplizierte Sache wie das Musizieren mit einer Erinnerung an die Vergänglichkeit beginnt. Ich habe einmal ein altes Spinett kennen gelernt, das schön und liebevoll bemalt war, aber nur einen kurzen, schnell ersterbenden Ton hatte. Auf dem Deckel waren blühende und verwelkende Blumen gemalt und eine Inschrift: memento mori. Passender hätte keine andere Inschrift sein können: Der schnell verklingende Ton des Spinetts war auch ein Symbol. Durch das Spielen und Musizieren wird das Instrument lebendig, wenn es nicht gespielt wird, ist es tot. So steht es auch mit uns.

Musik ist eine Kunst in der Zeit, sie gestaltet in der Zeit und hebt damit die Zeit auf. Wir können beim Zuhören und Musizieren eine kleine Ewigkeit erleben. Musik entführt, wie E. T. A. Hoffmann einmal sagte, in ein Zauberreich, in dem die Zeit und die Schwerkraft nicht gelten. Wenn wir einen musikalischen Augenblick erhaschen, eine Melodie, einen interessanten oder schönen Klang, eine dramatische Stimmführung, den Wechsel von Ton und Pause erleben, das Gegenspiel von hinauf und hinab, von lang und kurz oder von laut und leise – dann können wir dieses Paradox erleben, dass gerade die Kunst, die in und mit der Zeit stattfindet, die Zeit zum Verschwinden bringt. Diese gelebten Augenblicke kann uns aber niemand nehmen. Es ist, als würden wir in eine Art Ewigkeit eintauchen. Wer es einmal erlebt hat, sucht diesen Eingang zur tönenden Ewigkeit sein ganzes Leben.

Das Musizieren ist eine der ältesten Beschäftigungen der Menschheit, und noch das kleine Mädchen am häuslichen Klavier oder der Jugendliche, der in seinem Zimmer eine Wagner-Oper heimlich mitdirigiert (was ebenso eine Form des Musizierens ist), hat Anteil an der Magie und der strukturierenden Kraft der Musik. Für die alten Babylonier, die Ägypter, vor allem aber für die Inder und Griechen war klar, dass Musizieren und Gesundheit zusammengehören. Die Griechen musizierten als Dienst an den Musen, indem sie sich an dem beteiligten, was die Musen tun. Die Musen waren die Göttinnen des Gesanges, des Instrumentalspiels, des Tanzes, der Dichtung, des Theaters und der Malerei. All diese Göttinnen machten Musik auf ihre Art und Weise, und sie trugen damit zu dem Ausgleich der Kräfte im Kosmos und in den Menschen bei. Musizieren war eine notwendige und friedenstiftende Tätigkeit in einem sehr umfassenden Sinn. Harmonia, eine der Musen, galt als Tochter der Liebesgöttin Aphrodite und des Kriegsgottes Ares, sie versöhnte die gegensätzlichen Kräfte und Energien ihrer Eltern.

Die kosmologische Wahrheit und Kraft des Musizierens können wir heute noch erleben, wenn wir zum Beispiel ein Instrument stimmen (oder im Konzert einen Musiker dabei erleben). Das Wissen darum verdanken wir dem griechischen Philosophen und Mathematiker Pythagoras, der vor ca. 2400 Jahren (!) zeigte, dass der harmonische Klang einer Konsonanz (Oktav, Quint, Quart, Terz) auf natürlichen Proportionen beruht, die überall in der Welt der Natur gelten. Die Lyren und Kitharen der Griechen hatten Stimmwirbel an jeder Saite, und die Griechen stimmten ihre Instrumente so im Einklang mit dem Kosmos. Sie brachten sie (und damit sich selbst) beim Spielen in Resonanz mit den archetypischen Schwingungen des Kosmos der Götter. Dieses Prinzip gilt für alle anderen Musikkulturen der Welt, die teilweise daraus eine andere tonale Ordnung abgeleitet haben – so wie es verschiedene Vorstellungen von Göttern gibt.

Musizierende Menschen werden mir beistimmen, wenn ich sage, dass schon das Stimmen des Instruments eine Art heilende Wirkung haben kann. Ich kann aus meinem eigenen Erleben berichten. Wenn ich mir Zeit nehme und mein Cembalo einmal in allen Registern richtig durchstimme, dann scheint sich etwas zu verändern. Manchmal glaubte ich sogar zu erfahren, dass das Wetter über mir besser wird, wenn ich mein Instrument stimme. Von Brahms berichtet man, dass es zu regnen begann, sooft er ein bestimmtes Musikstück spielte. Ich vermute, dass solche Anekdoten etwas damit zu tun haben, dass eine bestimmte innere Ordnung die Wahrnehmungen verändert und manches dadurch einfacher erscheint – oder auch wird. Bekannt ist die Geschichte vom Regenmacher, die Erich Neumann überliefert hat: Der ersehnte Regen kam, nachdem der eigens herbeigeholte alte Mann drei Tage in einer Hütte am Rande des Dorfes geblieben war und „in sich erst einmal Ordnung gemacht hatte“. Novalis sagte, jede Krankheit sei ein musikalisches Problem, und Gesundung sei die Auflösung dieses Problems.

Heute ziehen wir gerne naturwissenschaftliche Erkenntnis zur Erklärung von Phänomenen heran, die frühere Zeiten als magisch oder religiös erlebten. Das Musizieren wirkt auf die Funktionsweise unseres Gehirns. Konsonanzen sind Naturgesetze, und die Herbeiführung einer Konsonanz beruhigt. Die Hirnforschung hat gezeigt, dass durch das Musizieren die Balance zwischen den Hemisphären unseres Gehirns so sehr geübt und trainiert wird, dass bei Musikern die entsprechenden Nervenbahnen (das Corpus callosum) deutlich stärker ausgebildet sind als bei Leuten, die nicht selbst Musik machen. Das Musizieren wirkt jedoch auch auf tiefere Hirnregionen. Der genaue Mechanismus ist noch nicht belegt. Die Proportionen, nach denen Klänge mit Obertönen aufgebaut sind, sind die gleichen, die wir in Mandalas beobachten können, und diese wiederum lassen sich als Repräsentationen von Ordnungsvorgängen im Hirnstamm wieder finden. Wenn musikalisch „Ordnung geschaffen" wird, das heißt Klänge nach bestem Vermögen und mit Freude in harmonische Beziehung gebracht werden, dann ordnet sich buchstäblich das Chaos im Gehirn – in solchen Strukturen, wie sie bildlich als Mandala-Anordnungen bekannt sind. Beobachtungen von spontanen Mandalavisionen als heilende Kompensation von neurologischem Chaos (zum Beispiel durch amerikanische Psychiater 1950) haben C. G. Jung dazu bewegt, von archetypischen Strukturen auf der Schwelle von somatischem und symbolischem Geschehen zu sprechen.[1]

Musizieren schult die Motorik und die Intelligenz. Es weist auf Spannungen hin (davon wissen vor allem Sänger und Flötisten, aber auch andere Instrumentalisten) und es löst sie, wenn man richtig musiziert und Leib und Seele in Schwingung versetzt. Musik hat nämlich sehr viel mit körperlichen Rhythmen zu tun, mit dem Ein- und Ausatmen, dem Puls des Herzens, mit dem abwechselnden Schreiten der Beine und dem Schwingen der Arme. Eine gute Instrumentaltechnik ist die, welche die natürlichen Bewegungsabläufe und die Bewegungen beim Spielen einer Komposition maximal angleicht. Dann wird das Instrument zum Freund und Begleiter in allen Lebenslagen und sein Klang zu einer Heimat, einer Art Übergangsraum zwischen dem täglichen Leben hier und der Zeitlosigkeit der anderen Welt.

Musizieren ist daher auch eine Form der Meditation. Genau genommen: Es gibt so viele Formen dieser Meditation, wie es Weisen des Musizierens gibt, nach Noten oder ohne Noten, gemeinsam oder allein, im Spielen einzelner Töne (wie oft am Anfang eines Instrumentalunterrichts), beim Chorgesang oder auch nur beim Mitsingen eines

Liedes aus dem Radio. Ein wesentlicher Aspekt dabei ist das Atmen. Eine Musik, die nicht atmet, könnte von Maschinen gemacht sein, und sie wird vom Hörer nicht gut aufgenommen. Wir strukturieren so etwas in uns, das unserem Bewusstsein möglicherweise gar nicht zugänglich ist, wobei jedoch wichtig erscheint, dass wir selber aktiv es tun. Oft ist uns ja bei unserem Erleben und Handeln gar nicht klar, wie weit wir dabei hinabreichen in archetypisches Erleben. Eine interessante Parallele zum Atmen beim Musizieren wird von indischen Asketen berichtet, die durch eine bestimmte Atemtechnik die „Zeit zum Verschwinden bringen" können. Es ist eine Meditation tantrischer Yogis, die darin besteht, den Atem zu strukturieren, um eine Tür zu öffnen, durch die der Yogi aus unserer Zeit heraustreten kann in die kosmische Zeit, die nicht „abläuft", sondern „ist". Mircea Eliade, dem ich diesen Hinweis verdanke, vergleicht das mit dem mythischen Bild des Eies, dessen Schale vom Buddha durchstoßen wird. „Dasselbe widerfährt dem Yogin, der seinen Atem ‚konzentriert': er durchstößt das Gehäuse seines Mikrokosmos, er transzendiert die bedingte Welt, die in der Zeit existiert."[2]

Unser Musizieren hat oft einen anderen sozialen Aspekt: Man trifft sich und man tut etwas gemeinsam, was sichtlich keinen anderen Zweck erfüllt, als Freude zu machen. Man muss (oder darf – wie beim Meditieren) nicht allzu viel dabei denken oder reden. Die Musik ist eine „Sprache ohne Worte", selbst wenn dabei Worte gesungen werden.

Bei uns heute wird wenig gesungen, vielleicht wegen des Missbrauchs der alten Lieder in den totalitären Systemen der Nazizeit oder der DDR, oder weil sie dem Lebensgefühl heute nicht mehr entsprechen. Es gibt jedoch kulturelle Orte, in denen gesungen wird: Die Kirchen und Chorgemeinschaften. Jeder Chorsänger weiß es: Dem gemeinsamen Singen einer Bach-Motette oder des Mozart-Requiems ist nichts vergleichbar. In dem wogenden Klang die eigene Stimme zu verfolgen und beizutragen zum Tanz der Melodien und Harmonien ist wie ein Abglanz einer anderen Welt, in der jede einzelne Stimme zählt. Daher kommt es auch, dass diese Musik nicht kompromittiert und nicht kompromittierbar ist: Mit Bach hat sich noch kein Diktator schmücken können. Es liegt dies in der polyphonen Struktur dieser Musik begründet, und sicher ist es kein Zufall, dass das polyphone Singen kulturgeschichtlich mit Gemeinschaft zu tun hat, vor allem mit der Entwicklung demokratischer Gesinnung in den freien Städten des Mittelalters.[3]

„Das stillvergnügte Streichquartett", zu dem man ein Mal in der Woche zusammenkommt, kann eine Oase des Friedens und des Humors werden. Das Ganze ist mehr als die Summe seiner Teile – diese Erfahrung hilft und stimuliert die Vorfreude auf das gemeinsame Musizieren und das Üben zu Hause. Es schult die Konzentration, die Rücksichtnahme, die so genannte „Soziale Intelligenz" (das ist kein musikalischer Ausdruck) ebenso wie die Fingerfertigkeit und die rhythmische Sicherheit und es erneuert regelmäßig die Erfahrung, dass man sich dafür auch die Zeit nehmen und eine Verabredung treffen muss. Viele kluge Leute mit einer reichen Persönlichkeit haben so musiziert, ohne daraus einen Beruf zu machen, von Friedrich dem Großen bis zu Einstein oder Max Planck. Das Streben nach Vollkommenheit, in welchem Rahmen auch immer, hat dabei einen transzendenten Aspekt, den man leicht vergisst, weil Musik eben davon nicht spricht, sondern musiziert.

In den Musikstücken, auch denen eines „stillvergnügten Streichquartetts", geht es in der Tiefe um große Themen, die man so durcharbeitet, ohne es eigentlich zu wissen. Die große Literatur ist ja auch nicht als Selbstzweck oder für den Markt geschrieben worden, sondern aus einem Bedürfnis heraus, dem inneren Drang und der Gabe, existentielle Probleme in eine musikalische Form zu bringen. Komponieren ist, genauso wenig wie Musizieren, keine Pathologie, sondern ein bestimmter Weg, die eigene Individuation zu gestalten. Daran wiederum erfreut sich, würde Goethe sagen, der kosmische Geist. C. G. Jung hat einmal die „Kunst der Fuge" von J. S. Bach als „aufgeschriebene aktive Imagination" bezeichnet, die wie diese einen Menschen schöpferisch mit den Kräften des eigenen Weges verbinden kann. Musikstücke sind Antworten auf Fragen, wobei den Komponisten eben mehr oder weniger einfällt. Die Fragen, um die es geht, beschäftigen uns alle.

Ich hatte eingangs vom Memento mori gesprochen und davon, wie Musik die Zeit zum Verschwinden bringen kann. Diese Aufgabe, wenn man so will, ist der Musik erst im Laufe unserer Kulturentwicklung zugewachsen, nämlich in der Neuzeit, die etwa seit 1200 eine neue Qualität der „Zeit“ gebracht hat. Die Menschen des Mittelalters vorher musizierten, ähnlich wie in der Antike, in einer zeit- und geschichtslosen Gegenwart, nämlich dem Reich Gottes auf Erden. Die Musik bildete die göttliche Ordnung des Kosmos ab und war so ein Ausdruck der Sicherheit, dass im Grunde alles auf der Welt seinen richtigen Ort hatte und Teil des Heilsgeschehens war. Mit dem Zusammenbruch des kirchlichen/ptolemäischen Weltbildes ist diese geordnete Welt aus den Fugen geraten und zusammengebrochen, und wir haben gewissermaßen bis heute den Schock nicht überwunden, erkennen zu sollen, dass wir sinn- und zwecklose Lebewesen auf einem zufälligen Planeten sind, der durch ein sich ausdehnendes Weltall rast, und dass da kein guter Gott im Himmel ist oder überhaupt existiert, wenn nicht in uns selber. Johannes Kepler (der schrieb, dass die Planeten „musizieren“, und der deren „Partitur“ rekonstruierte) oder J. S. Bach waren noch erfüllt vom alten Geist. In der Musik Bachs finden wir etwas wieder von jener verlorenen Geborgenheit, die nicht unsere jagende Zeit kennt, und man hat gesagt, dass sich mit Bach die Religion – aus der ratlosen Theologie – in die Musik „gerettet“ habe. Doch kein Orgelkonzert und keine H-Moll-Messe kann darüber hinwegtäuschen, dass unsere Welt mit ihren Kriegen, dem globalisierten Elend und den ökologischen Katastrophen in einen heillosen Zustand geraten ist, in dem sich ein „stillvergnügtes Streichquartett“ seltsam ausnimmt. Das ist mir klar. Und doch hat Musik hier etwas zu sagen, das zur Genesung beitragen mag.

Im Werk eines der wichtigsten Theologen unserer Zeit, nämlich Karl Barth, steht Musik an besonderer Stelle. Es ist Mozart, dessen Musik Barth in seiner „Kirchlichen Dogmatik“ als eine große Theodizee bezeichnet. Ich zitiere Jakob Taubes, der über die Theologie nach der kopernikanischen Wende und insbesondere über Karl Barth gearbeitet hat: „Warum gehört Mozarts Musik in die Theologie, obgleich Mozart weder ein ‚Kirchenvater' noch ein besonders beflissener Christ war? Weil Mozarts Musik, so Barths Antwort, eine große Theodizee ist. Er hat etwas davon gewusst, dass die gesamte Schöpfung gut ist ... Er fand Frieden mit Gott, einen Frieden, der höher ist denn alle lobende, tadelnde, kritische oder spekulative menschliche Vernunft. Mozart lässt uns in seiner Musik ‚hören', was wir am Ende unserer Tage sehen werden: Die Fuge der Ko-ordination, die wieder zusammen gefügte Welt."[4] Genau das ist es, was Musizieren erleben lässt, ob wir es jetzt selber gestalten oder ob wir andere beim Musizieren erleben. Es ist ein Trost, bei dem wir mithelfen können in der Hoffnung, die Welt (so weit wir reichen können) ein wenig wieder zusammenzufügen.

Karl Barth selber schreibt über Mozart, und er erfasst damit Wesentliches auch von der Heilsamkeit des Musizierens:

„Er hat den Einklang der Schöpfung gehört, zu der auch das Dunkel gehört, in welcher aber auch das Dunkel keine Finsternis ist, auch der Mangel, der doch kein Fehler ist, auch die Traurigkeit, die doch nicht zur Verzweiflung werden kann, auch das Düstere, das noch nicht zur Tragik entartet, die unendliche Wehmut, die doch nicht unter dem Zwang steht, sich selbst absolut setzen zu müssen – aber eben darum auch die Heiterkeit, aber auch ihre Grenzen, das Licht, das darum so strahlt, weil es aus dem Schatten hervorbricht, die Süßigkeit, die auch herbe ist und darum keinen Überdruss nach sich zieht, das Leben, das das Sterben nicht fürchtet, aber sehr wohl kennt."[5]

ARNOLD BITTLINGER

Wie Eros im Wein lebt – ganzheitliche Erfahrungen im Alltag

Die Sonne strahlte von einem wolkenlosen Himmel über einem Meer von Reben.

Tobias saß oben am Hang vor seinem Weinberghüsli, in dem er schon als Kind gespielt hatte – vor ihm das Rebenmeer.

Das Blau des Himmels verband sich mit dem frischen Grün der Weinberge zu einem vibrierenden Flimmern. Tobias fühlte sich unendlich wohl. Gesättigt vom zarten Duft der Rebenblüten berührte der warme Sommerwind sein Gesicht. Neben ihm stand auf dem einfachen Tisch, den sein Großvater gezimmert hatte, ein irdener Krug, gefüllt mit einem frischen, fruchtigen Wein.

Tobias las in seinem geliebten Plato. Es war – wie schon so oft – das Symposion. Er hatte daneben auch das Buch „de amore" von Marsilio Ficino mitgebracht, in dem Ficino im 15. Jahrhundert in lateinischer Sprache das Plato-Symposion für Menschen seiner Zeit gegenwärtig setzt und kommentiert.

Plato geht es im Symposion um den Eros. Jeder Teilnehmer am Gastmahl soll während des Weintrinkens – es wurde ausdrücklich vereinbart, dass nur maßvoll getrunken werden sollte – eine Stegreifrede auf den Eros halten.

Es fiel Tobias nicht schwer, sich im Geist in diese Runde einzureihen, zumal er den meisten Feiernden schon bei anderen Gelegenheiten begegnet war – so zum Beispiel dem Aristophanes, dem Phaidros, dem Alkibiades und natürlich dem Sokrates. Besonders freute es ihn, dass bei diesem Symposion – gegenwärtig gesetzt durch Sokrates – auch eine Frau mit dabei war: Diotima von Mantinea, eine weise Seherin.

Während Tobias über die Worte des Aristophanes nachdachte, der in seiner Stegreifrede von der Anziehungskraft des Eros gesprochen hatte, die die Liebenden zusammenführt, wurden seine Augen schwer. Sonne, Blütenduft und Wein entführten ihn in eine andere Welt: Er sah den Eros als blühenden Jüngling, entschlummert an einem Rebenhang des Berges Karmel. Tobias sah, wie die voll erblühte Weinrebe Zemarah den Eros zart umrankte und ihn mit ihren Blättern und Blüten bedeckte. Eros reckte sich wohlig im Schlaf und erschauderte – erwachend – in der liebenden Umrankung. Dann sah Tobias, wie – gleichsam in einem Zeitraffer – vier Monde vergingen und Zemarah dunkle und schwere Trauben trug, die von singenden Menschen geerntet und gekeltert wurden. Nach weiteren acht Monden wurden sie bei einem festlichen Mahl als körperreicher, blumiger Karmelwein von Eros in die Pokale eingeschenkt.

Beim Erwachen war Tobias tief bewegt. Die Ranken der Zemarah verwandelten sich in seiner Imagination in die Arme seiner geliebten Lara, die in der Ferne weilte. Zart bewegte Eros sein Herz.

Tobias hatte Mühe, sich von diesen Bildern zu lösen. Doch dann dachte er über das Traumgeschehen nach: Der Wein – ein Kind der Zemarah und des Eros? Das heißt doch wohl, dass Zemarah dem Wein Körper und Blume verleiht und dass auch das Singen bei den Weinbergsarbeiten von Zemarah stammt. Denn ihr hebräischer Name bedeutet nicht nur „Weinrebe“, sondern auch „Gesang“.

Und welche Eigenschaften hat der Wein von Eros? Sicherlich das ekstatische Element. Aber ist das alles? Der Wein muss doch noch mehr „erotische“ Eigenschaften haben! Ob Plato hier weiterhelfen kann?

Tobias vertiefte sich erneut in das „Symposion“. Nach Aristophanes ist der gefeierte Dichter Agathon an der Reihe. Agathon meint in seiner Stegreifrede, dass Eros ein „junger“ Gott sei. Tobias dachte: Das stimmt für den Wein nur zum Teil, denn es gibt auch alten Wein. Trotzdem hat Agathon Recht, wenn er den jungen Eros preist. Denn ein junger, spritziger Wein, an einem lauen Sommerabend in fröhlicher Runde getrunken, kann den „jungen“ Eros beleben und über die Trinkenden ein erotisches Flair und spritzigen Flirt breiten.

Aber es gibt nicht nur den „jungen“ Eros, sondern auch den „alten“. Davon hat Phaidros in seiner Eröffnungsrede gesprochen. Er erinnerte an Parmenides, der gesagt hat, dass die Göttin der Schöpfung „als ersten von allen Göttern den Eros ersann“. Phaidros berief sich auch auf Hesiod und Akusilaos, die ebenfalls der Meinung sind, dass Eros der „allerälteste“ sei.

Wer hat nun Recht, Phaidros oder Agathon? Ficino meint: Beide haben Recht! Er schreibt: „Eros ist zugleich älter und jünger als die übrigen Götter.“ Das leuchtet ein, denn die wichtigste Eigenschaft des Eros ist das Miteinander-Verbinden: Himmel und Erde, Gott und Mensch, Menschen untereinander. Warum sollte Eros nicht auch in sich selber die Gegensätze vereinen? Und so ist es stimmig, dass uns Eros im Symposion sowohl als der junge als auch als der alte begegnet. Das gilt auch für den Wein. Auch im alten Wein ist Eros verborgen. Ein guter alter Wein von reifen Menschen bei tiefgründigen Gesprächen getrunken, kann den Eros beleben – jetzt nicht mehr als spritzigen Flirt, sondern als wärmende Sympathie.

Tobias dachte dann weiter über den „alten“ Wein nach. Er überlegte: Ist es nicht wie bei den Menschen? Mancher Wein wird nicht reif, sondern nur alt. Dann ist er fast ungenießbar. Aber Gott sei Dank gibt es auch Weine, die – wie manche Menschen – mit zunehmenden Jahren zu einer wunderbaren Reife gelangen. Das hatte Tobias unlängst erfahren. Er war zu einer Geburtstagsfeier eingeladen. Als Höhepunkt wurde eine 70-jährige Trockenbeerenauslese kredenzt. Tobias erinnert sich immer noch an das wundervolle Bouquet mit seinem intensiven Beerenduft, an die feine Edelfirne, an die harmonische Fruchtfülle und an den nicht enden wollenden Nachgeschmack. Er dachte: So ist das auch bei manchen Menschen, bei denen sich all das, was in ihnen zur Reife gekommen ist, harmonisch verbindet. Zum „Nachgeschmack“ kamen Tobias die Schlusszeilen eines Liebesgedichtes in den Sinn, das er kürzlich gelesen hatte:

„Wenn du gegangen bist
sind leben und raum
erfüllt von musik
nachklang der ewigkeit.“

Tobias vertiefte sich nun wieder in das Symposion. Er dachte über die Rede des Pausanias nach, der zwischen einem „gewöhnlichen“ und einem „himmlischen“ Eros unterscheidet, wobei der „gewöhnliche“ Eros den Leib mehr liebt als die Seele, während der „himmlische“ Eros im Leib vor allem die Seele liebt. Pausanias meint weiterhin, dass man den „gewöhnlichen“ und den „himmlischen“ Eros am „Wie“ erkennen könne, denn eine Handlung sei an sich weder schön noch hässlich, sondern es komme darauf an, *wie* etwas getan wird. Wird etwas in rechter Weise getan – Ficino redet hier von einem „maßvollen“ Tun –, dann ist es gut und schön, wird es dagegen auf unrechte Art getan – Ficino spricht hier von einem „maßlosen“ Tun –, dann ist es hässlich und schlecht.

So ist das auch beim Wein. Es geht beim Weintrinken nicht darum, ob es sich um einen einfachen Tischwein handelt oder um eine Beerenauslese, sondern es geht vor allem um den rechten Umgang mit dem Wein. Weintrinken ist „gut“ oder „schlecht“, je nachdem *wie* getrunken wird – maßvoll oder maßlos. Es geht aber auch um die Gesinnung der Trinkenden. Tobias dachte dabei an den Trinkspruch, den sein Großvater in eine Weinbergmauer eingemeißelt hatte:

„Aus der Feuerglut des Weines,
aus dem Zauberquell des Bechers
quillet Gift und süße Labung,
fließet Edles und Gemeines
nach dem eignen Wert des Zechers,
nach des Trinkenden Begabung“.

Eros lebt und wirkt also nicht nur im Wein, sondern auch in den Trinkenden. Agathon, der den Eros nicht nur als „jung“ bezeichnet, sondern auch als „zart“, meint dazu: „Wenn Eros einer ‚harten‘ Gesinnung begegnet, dann wendet er sich ab. Begegnet er dagegen einer ‚weichen‘ Gesinnung, dann nimmt er dort seinen Wohnsitz.“

Tobias fragte sich: Gilt das auch für den Wein? Kann der Wein nicht auch eine harte Gesinnung weich machen? Ja, das kann er – aber nur für kurze Zeit und nur zum Schein. Einen echten Gesinnungswandel kann er nicht bewirken. Es gilt vielmehr „in vino veritas", d. h. der Wein offenbart, was im Menschen ist. Dazu passt die Rede der Diotima von Mantinea. Diotima meint: „Eros kann sich nur dort niederlassen, wo die Situation harmonisch und stimmig ist. Wenn z. B. ein schöpferischer Mensch mit einem Werk schwanger geht und dann auf eine harmonische Situation trifft, d. h. auf Menschen, die für sein Anliegen offen und aufnahmebereit sind, dann wird er heiter und von einem Glücksgefühl durchströmt. Das Werk, mit dem er schwanger gegangen ist, wird geboren. Wenn dagegen ein schöpferischer Mensch auf eine Situation trifft, die nicht stimmig ist, d. h. auf Menschen, die sich seinem Anliegen verschließen, dann wird er betrübt und traurig. Er zieht sich zurück, wendet sich ab und schrumpft zusammen. Er gebiert nicht, sondern er behält seine Fülle für sich und trägt sie als schwere Last."

Ja, der Eros kann sich nur dort niederlassen, wo er willkommen ist. Das hat Tobias schon mehrfach erlebt. Es genügt, wenn ein kleiner Kreis von Gleichgesinnten sich öffnet und aufnahmebereit ist für die Anliegen aller und für das, was durch die Beiträge der Einzelnen in ihnen selber wachgerufen wird. Dann entsteht eine „erotische" Atmosphäre und es erwächst Frucht. Diotima meint, dass eine solche Geburt etwas „Göttliches" sei und Anteil habe an der „Unsterblichkeit".

Aber wie ist das mit dem Wein? Begegnet uns diese Seite des Eros auch im Wein? Tobias erinnert sich an einige – zum Glück seltene – Situationen, in die er hineingeraten war und bei denen gesoffen und gegrölt wurde. Über Abwesende wurden abfällige Reden geführt, die von Projektionen nur so trieften. Da hat sich Eros zurückgezogen und es wurde kein schönes Werk geboren. Aber Tobias kennt – Gott sei Dank – auch Situationen, wo im vertrauten Kreis – manchmal auch bei Musik und Tanz – ein guter Wein mit dazu beitrug, dass Menschen sich füreinander und für Probleme der Welt öffneten. In solchen Situationen ließ sich Eros nieder und bewirkte, dass nicht nur heitere Gelassenheit und ein Glücksgefühl die Menschen durchströmten, sondern dass auch „unsterbliche“ Ideen und Werke geboren wurden. Tobias dachte auch an manche geisterfüllten Eucharistiefeiern, an denen er in vielen Ländern der Erde in unterschiedlichen Konfessionen teilgenommen hatte und in denen der Eros als Anwesenheit des Göttlichen erfahren wurde. Tobias verstand, was die frühe Christenheit meinte, wenn sie die Eucharistie-Elemente Brot und Wein als „pharmakon athanasias“ bezeichnete, als „Heilmittel der Unsterblichkeit“. Tobias dachte: Das gilt auch für den Alltag, denn jedes Essen und Trinken ist Abbild der Eucharistie.

Allmählich wurden die Schatten länger – der Tag neigte sich. Tobias legte die Bücher zur Seite und lauschte. Singen, begleitet von Gitarrenklängen, erreichte sein Ohr. Und dann sah er, wie Singende und Musizierende durch die breiten Zeilen des Weinbergs langsam nach oben schritten und ihm schon von weitem zuwinkten.

Tobias hatte zu einem Rebblütenfest eingeladen. Als alle beim Rebberghüsli angekommen waren, gab es ein fröhliches Begrüßen. Dann füllte Tobias seinen Becher mit Wein und goss daraus eine Spende auf die Weinbergscholle zum Dank an Mutter Erde. Dann hob er den Becher empor in das Blau des Himmels und dankte dem himmlischen Vater. Tobias füllte jetzt die Becher der anderen und es begann ein Singen und Erzählen bei gemütlichem Essen und Trinken. Als Hanna, eine der Anwesenden, auf dem Fenstersims das „Symposion“ entdeckte, fragte sie Tobias: „Worum geht es in diesem Buch?“ Tobias erklärte: „In diesem platonischen Dialog geht es um den Eros.“ Hanna meinte daraufhin: „Was versteht Plato unter Eros? Kannst du das in *einem* Satz sagen?“ Tobias erwiderte: „Im Symposion sagt einer der Redner: ‚Eros ist das starke Verlangen nach Ganzheit und das Bemühen, sie zu erlangen.‘ Er meint außerdem: ‚Wenn wir uns einer solchen Ganzheit annähern, dann hat das heilende Wirkung und macht uns zutiefst glücklich.‘“

Als allmählich die Dämmerung einsetzte, sammelten sich die Feiernden um ein knisterndes Feuer, das Tobias aus altem Rebholz entfacht hatte. Jetzt erzählte Tobias seinen Traum, der ihn immer noch bewegte.

Seine Ergriffenheit bewegte auch die anderen. Jeder hing seinen eigenen Gedanken nach. Nur das Knistern des Rebfeuers war zu hören.

Unbemerkt begab sich Tobias in den Gewölbekeller, der hinter der Rebhütte in den Felsen gehauen war, und holte eine Flasche Karmelwein, die dort seit vielen Jahren lagerte. Er schenkte diesen Wein in die Becher. Es ertönte das „lechaiim“ auf hebräisch, um Zemarah zu grüßen und das „jiamas“ auf griechisch, um Eros willkommen zu heißen. Behutsam kosteten die Anwesenden den edlen Wein. Es wurde ihnen bewusst: Dort, wo Zemarah, die Tochter der Erde, und Eros, der Gesandte des Himmels, zueinander finden, entsteht köstliche Frucht.

CHRISTINE WIELAND-HELD

Sich bewegen und bewegen lassen – im Rhythmus des Tanzens

Beim Tanzen will ich herausfinden, was mir gut tut. Wo werde ich derart berührt, dass in mir – äußerlich kaum sichtbar – pulsierende und zarte Vibrationen entstehen, die mich zur Ruhe bringen, mich ganz und heil fühlen lassen! Wann will sich unbändige Freude und Übermut Raum und Ausdruck schaffen, im Tanz mit mir allein oder wild in der Menge? Wo brauche ich Musik und Rhythmus als Antrieb zum kraft- und lustvollen Tanz, wann ist es die Bewegung an sich, der Impuls aus der Tiefe, die mich dazu einladen?

Mein Empfindungsraum weitet sich, lässt verfeinerte Schwingungen zu, es entsteht ein äußeres wie inneres Bewegtsein. Bei aller Tanzfreude: Es ist die Musik, die mir Flügel verleiht.

Kindheitserfahrungen

Ich war ein steifes Kind. Unter dem ängstlichen, besorgten Blick der Mutter war das Ergreifen der Welt mit Armen und Beinen, mit großen Sprüngen und Jubel, unterbunden. Beine gekreuzt, Arme eng am Körper, neidvoller Blick auf spielende Kinder – ein fröstelndes Gefühl, wenn ich mich tastend an meinen Klein- und Schulkind-Körper zurückerinnere.

Wie oft habe ich sehnsüchtig zugeschaut und mich nicht getraut mitzuspielen; die Lust der Kinder bereitete mir Beklemmung und Unsicherheit. Ich stehe am Fenster, beobachte rodelnde, fröhliche Kinder am Hügel. War's das Tempo, das Lachen und Schreien im Rollen und Fallen, beim Versinken im Schnee, das Raufen und Necken, dieses ausgelassene, angstfreie Spiel mit dem Körper? Solche Erinnerungsfetzen stempelten mich zum blockierten, bewegungsgehemmten Kind, ohne unbedingt auffällig zu wirken. Meine Rettung war die eigene Welt der Phantasie, der erfundenen Geschichten, das Spiel in meinem kleinen Reich im geschützten Rahmen meines Daheims.

Schulerfahrungen

Samstagmorgen – Fremdsprache, Gedichtsstunde, biblische Geschichte: ein genussvoller Vormittag, wäre da nicht die verhasste Turnstunde von elf bis zwölf Uhr. Das penetrante, schleichende Bauchweh. Die Angst kroch durch den Leib, drang in die hintersten Winkel meiner Eingeweide und schnürte mich zu. Geräteturnen, Klettern, Geschicklichkeit, Mut und Schwindelfreiheit schienen für die anderen Kinder eine Selbstverständlichkeit zu sein, waren ihnen wohl in die Wiege gelegt worden. Das Tollste war der Völkerball: immer als Letzte gewählt zu werden … mein hilfloses Hin und Her, nicht wissen, was zu tun sei, wo bin ich nützlich, wo werde ich nicht mit Wucht abgeknallt. All diese diffusen, bangen Gefühle waren in meinen Zellen fest gespeichert, ich konnte sie jederzeit abrufen.

Da ist eine wunderbar glättende Gegenseite, auch als prägende Erinnerung integriert und ebenso abrufbar: die Kirche, die Musik, Gerüche, Farben, die festliche Stimmung bei besonderen Anlässen. All dies entzückte meine Kinderseele, ich saugte auf, fühlte mich wunderbar und aufgehoben, größer, erfüllt mit Wohlbehagen und Glück. Musik wurde meine Seelenfreundin.

Erwachsenwerden – wachsen

Tanzkurs: Die Frage „Wer wählt mich?“ ist wichtiger als der Tanz. Immerhin realisiere ich, dass ich zu den Besten gehöre und die Schritte keine Mühe machen. In der Erinnerung sehe ich mich vor allem in der neuen Geborgenheit der mich führenden Arme und Hände meines Partners. Musik – Tanz – Partner. Eine positive, aber nicht nachhaltige Erfahrung.

Die große Öffnung geschah in einer musischen Woche mit einem wunderbar sensiblen, vielseitig begabten Musiker und Rhythmiker. Die erste Stunde war zugleich meine Sternstunde: Der Raum ist frei, eine Gruppe Menschen darin verteilt. Ich gehe meinen Weg im eigenen Tempo. Anhalten, wann ich will, weitergehen, wie und wann ich will. Es ist still, keine Musik. Ich höre die Schritte der andern. Ich nehme den Raum zum ersten Mal bewusst als „meinen" auf, bestimme, wie ich ihn fülle, nehme ihn in Besitz. Die Füße zeichnen Spuren und Wege. Der Boden trägt und unterstützt meine Schritte. Die anderen Menschen, die sich unterschiedlich bewegen, rückwärts gehen, anhalten, teilen den Raum mit mir. Was ich tue, tue ich bewusst. Ich spüre eine innere Ordnung, einen Drang zum Gestalten, Impulse zum Bewegen. Ich gehorche meinen motorischen Befehlen und fühle mich ganz frei in meinen Entscheidungen. Beim Anhalten warte ich in gelöster Spannung auf die innere Aufforderung zum Weitergehen, warte auf mein Signal des „wie und wohin, wie schnell, wie lange". Irgendwann kommen alle zur Ruhe und halten an. Es ist meine erste Rhythmikstunde geworden, ich habe das Zusammenspiel von Raum und Zeit, von Dynamik und Form erlebt. Noch spüre ich leibhaftig die Öffnung längs durch die Körperachse, vom Kopf bis zur Fußsohle – ich wurde weit und durchlässig, eine neue Dimension tat sich auf, ein neues Lustgefühl stieg empor. Von da an nahm meine Bewegungsneugier ihren zögernden aber steten Verlauf.

Die achtundsechziger Jahre boten viele neue Sinneserfahrungen auf der Körperebene. Meine Bewegungsängste waren verflogen und machten einer großen Begeisterung Platz. Während dieser Zeit entstand der Wunsch nach einer Zweit-Ausbildung am Rhythmikseminar des Konservatoriums Zürich. Im Lauf der dreieinhalb intensiven Jahre holte ich mein Defizit auf. Ich wurde für all die frühere Zeit der Beklemmung, des Gefangenseins im Körper reichlich entschädigt. Ich war umgeben und begleitet von Musik, machte Erfahrungen im Umgang mit Kindern und Erwachsenen.

Die Möglichkeit, mittels Musik und Bewegung auch pädagogisch zu arbeiten, war mir neu, auch dass jedes rhythmische Geschehen erzieherisch verwendet werden kann. So beschäftigten wir uns u. a. mit dem Element der Zeit, das auf die Motorik wirkt, und mit dem klanglichen Element, welches auf die Seele und auf das Gemüt Einfluss hat. Das dynamische Element bringt das schöpferische Potenzial zum Ausdruck und das formende führt zur Disziplinierung im seelisch-geistigen Raum. Dazu ein Beispiel: „Eine im Raum gezeichnete Spirale veranlasst den Schauenden und Gehenden zu atmendem Mitvollziehen, nimmt ihn in ihr Zentrum hinein und wieder mit sich hinaus. Das Rückstrahlen nach außen ist von Anfang an spürbar, Sammeln und Öffnen, Ein- und Ausatmen. Um solche Formen gehen zu können, muss der Mensch alles Eckige, Starre seines Körpers ablegen, er wird weich und geschmeidig." (K. Lorenz). Immer wieder ging es um die Kernbegriffe von Erleben – Erkennen – Benennen. H. Kükelhaus sagt dazu: „Die Erkenntnisfelder des Kindes sind nicht das Endhirn, nicht der Kopf, sondern Glieder, Rumpf, Arme, Beine ... plus Kopf." Die freie Bewegung im leeren, gleichzeitig „erwartungsvollen" Raum kann für den gesunden Menschen durchaus eine lustvolle Herausforderung bedeuten, andererseits aber eine Bedrohung für jene, die ein verletztes Verhältnis zu ihrer Leiblichkeit haben. Das Vertrauen zum eigenen Körper und seinen Fähigkeiten zu fördern ist ein Ziel der Rhythmik. Mimi Scheiblauer lehrte uns: „Ein Mensch, der sich in alle Richtungen frei bewegen kann, ist auch innerlich frei und gelöst." Meine stärkste leibliche Befreiungserfahrung geschah während einer langen Phase in der Gestalt-Therapie. Dort sprengte ich die „wahren" Fesseln, eine ungeheure, nie vermutete Energie und körperliche Kraft drängte aus mir heraus. Ich konnte das heilvolle Abstreifen von alten, festgefahrenen Mustern und Erlebnissen mit Händen greifen. Eine weitere wohltuende Begegnung bot die Trager-Therapie. Die Therapeutin bleibt mit tänzerisch anmutenden Bewegungen in stetem körperlichen Kontakt mit dem Klienten und verhilft ihm zu Spannungsabbau und verbesserter Körperwahrnehmung.

Neue Erfahrungen

Von dieser Zeit an gab es ein wichtiges Thema: den Tanz. Mein Weg führte mich zum Volkstanz mit seiner eher gebundenen Form. Der Reichtum dieser Gattung ist unermesslich und faszinierend. Obwohl in Gemeinschaft, tanze ich meinen Tanz, empfinde ich mich als Individuum. Dabei lernte ich viel über fremde Völker und ihre Bräuche kennen, fühlte mich durch die Musik mit ihnen verbunden, ja verwandt. Fernweh wechselte mit unbestimmtem Heimweh, es entstand nicht so sehr der Wunsch, in ein bestimmtes Land „zurückzukehren", eher der unbestimmte Schmerz des Angekommenseins. Immer war es die Musik, die mich anzog, die Schritte bedeuteten eine vertiefende Ergänzung. Elementar wichtig wurde das Ausleben der Vertikalen, die vor allem in Balkan-Tänzen zum Tragen kommt. Intensiver Kontakt mit dem Boden mit kleinen Schritten, viel wippendes Auf und Ab, die innere Spiralbewegung vom Fuß bis zum Scheitel und zurück. Immer mehr interessierte mich auch die Geschichte des Tanzes. Was war zuerst? Der Tanz oder die Musik, wo war der Ursprung?

Schon immer gab der Mensch seinen Empfindungen und Gefühlen in der Bewegung spontan Ausdruck, Gegenstände und Höhlenzeichnungen zeugen davon. Wir hören von früheren Festtänzen im Jahresrhythmus, Initiations-, Schamanentänzen, von Liebes- und Werbetänzen, Heiltänzen und solchen im Gottesdienst mit spiritueller Ausrichtung. In Ägypten verschönerten Tänze die Gottesfeste, im Judentum entstand der kultische Reigentanz, Griechenland kannte Kriegstänze zur allgemeinen Ertüchtigung und Stärkung des Widerstands. Kein Dankfest, keine gottesdienstliche Handlung ohne Tänzer. Sie vermitteln körperliche Schönheit, Geschick verbunden mit Sittlichkeit. Musik und

Tanz gehören zur Bildung, Drama und Schauspiel haben sich aus dem Tanz-Lied entwickelt. Aus dem Mittelalter existieren Überreste von heiligen Reigen, Prozessionsschritten, Maitänzen u.a. m. Allen Tänzen gemeinsam – quer durch die Kulturen – ist die Mitte. Seien es Instrumentalisten, ein Feuer, Tänzer, spezielle – auch religiöse – Gegenstände. Sie wurde umkreist, umschritten, im Auge behalten. Die Richtung nach links oder rechts, zur Mitte und zurück, kleine Schritte am Ort, Sprünge, Wechsel zwischen langsam und schnell sind in diversen Kulturen gleichermaßen zu beobachten.

Im 20. Jahrhundert entstand ein wahrer Körperkult, letzte Vorschriften und Fesseln wurden abgelegt, der moderne Tanz will den ganzen Menschen einbeziehen. R. Laban verhalf dem Tanz wieder zu seinem Ursprung. Heute werden verschiedene Stile gepflegt, auch der internationale Volkstanz hat neuen Aufschwung bekommen.

Im sakralen Kreistanz erhielt die kraftvoll betonte Senkrechte organisch und zeitlich stimmig eine Ergänzung durch die Horizontale. Sie ist nichts anderes als das Ausbreiten der Arme zur unendlichen Verbindung mit der Weite, mit dem Kosmos und bedeutet Hinwendung zum Nächsten. Es ist die Öffnung der vorderen Körperseite. Durch die entstandene menschliche Kreuzform kommt eine spirituelle Ebene dazu, die sehr persönlich erlebt, als bedeutsam empfunden oder wenig beachtet wird.

Der meditative Tanz

Das stete Wiedertreffen des gleichen Ausgangspunktes im Kreis verlangt geduldiges Dranbleiben, hat mit Hingabe, Konzentration und Vertiefung zu tun – dies gilt vor allem für das meditative oder sakrale Tanzen. Erstaunlich ist immer wieder die Wirkung, auch die Veränderung, die mit den Tanzenden geschieht. Sei es ein Zur-Ruhe-Kommen, ein vertieftes Atmen, eine innere Ausgeglichenheit und Zufriedenheit im Augenblick.

Die Mitte in der Kreisform erfahre ich als wertvollen Orientierungspunkt. Ich kann von dieser meist gestalteten Mitte ergriffen sein, in der Körpermitte oder im Zentrum des Herzens gepackt werden. Im Kreis übe ich bewusste Aufmerksamkeit, die ich dem Tanz und den Mittänzern widme. Die Hierarchie ist aufgehoben, das Individuum unterordnet sich einem größeren Prinzip – und doch ist ohne mich der Kreis nicht vollständig, ich gehöre dazu. Gesten drücken Stimmungen aus, sie können Zeichen der Abgrenzung oder der Öffnung, des Bittens, Gebens und Nehmens bedeuten. Meditative Tänze brauchen nicht nur ruhig und gemessen zu sein. Auch hier gilt das Prinzip der Abwechslung, wie bei den alten Ritualtänzen früherer Kulturen. Erhöhter Puls, ein wacher Geist, das gelöste Gesicht beim schnellen Tanz sind das eine; dass es für die meisten Menschen einfacher wird, anschließend wieder in die Verlangsamung zu gelangen, das andere. Deshalb sind die stillen wie die lebhaften Schritte ein wichtiger Aspekt bei dieser Tanzrichtung. Bedeutsam ist die Zuwendung an den Moment, dieses Aufeinandertreffen der Vergangenheit mit der Gegenwart.

Heilende Tänze sind eigentlich die meisten. Seit Urzeiten bis heute wird die Bedeutung des Tanzes erkannt. Aus Apulien existiert eine Beschreibung über einen Tarantella-Heiltanz, der noch 1959 getanzt wurde.

Durch Anastasia Geng aus Lettland habe ich mich mit ihrem Land und ihrer Tradition beschäftigt. Noch heute finden wir dort Spuren matriarchaler Kultur. In vielen Liedern (dainas) wird die Sonne besungen, ebenso die Lebensmutter Mara, die den Menschen von der Wiege bis zum Tod begleitet. Anastasia entdeckte die Beziehung ihrer Tänze zu den harmonisierenden Blütenessenzen aus wild wachsenden Pflanzen von Dr. E. Bach. Sie betont, dass sie nicht erfunden oder gesucht wurden, sie haben sich in natürlicher Weise dem Konzept zugeordnet. Die heilende Kraft liegt in der Einfachheit dieser archetypischen Bewegungsmuster. Veränderungen geschehen auf tiefer Ebene und berühren nichts, was der Mensch zurzeit nicht aushalten kann. Die Letten – fast immer von fremden Herrschern unterdrückt – konnten mit ihren Liedern und Tänzen ihre geistigen Werte zum Ausdruck bringen und die eigene Identität bewahren. So hatte ihre Musik eine politische Dimension. Nach der Überlieferung existiert für jeden Einwohner ein Lied oder ein Tanz!

Erfahrungen mit tanzfreudigen Menschen

Ich denke an ein paar Frauen, die trotz Mühe mit Takt und Schritten den Ablauf in einer wunderbar konzentrierten, stillen Weise verfolgen, sich in die Bewegungen und Gesten hineingeben können und dabei ein Gefühl des Aufgehobenseins ausstrahlen. Das beglückt mich.

Erste Erfahrungen gewann ich während der Zeit im Kinderdorf Pestalozzi. Benachteiligte Kinder aus Kriegsgebieten, Halb- und Ganzwaisen zeigten bei den zahlreichen Feiern ihre Lieder und Tänze aus der Heimat. Das lebhafte, frohe Bewegen zu Klängen aus ihrem Ursprungsland ließ das Kostbare und Unzerstörbare ihrer Geschichte in sie hineinfließen und hielt ihre Kultur am Leben.

Abendstunde in der psychiatrischen Heilanstalt. Die Gesichter entfalten sich langsam, die Körper sind noch verknotet, geschlossen. Es braucht Gewöhnung an das Unbekannte, sie trauen sich noch nicht, die gewohnte Schutzhaltung zu verlassen. Aber ihre Gesichter beginnen zu leuchten, spätestens beim persönlichen Verabschieden.

Was mir als Kind nicht zur Verfügung stand, konnte ich in der Arbeit mit verhaltensauffälligen Kindern dank meiner gewonnenen Erlebnisse neu einbringen. Ich arbeitete in einem psychiatrischen Abklärungsheim als Rhythmikpädagogin. Die körperliche Verhaltensweise dieser Kinder deckte sich oft mit meiner früheren. Spezielles Rhythmik-Material, Bewegungsspiele mit tänzerischem Ansatz waren eine wertvolle Hilfe für diese bewegungsgehemmten oder motorisch überdrehten Kinder. Hier ging es ums Heilen und um das behutsame Bergen des oft verschütteten Selbstvertrauens.

Meine muskelkranke Tochter meint: „Früh habe ich die Freude am Tanzen entdeckt. Trotz meiner eingeschränkten Mobilität bewege ich mich heute tanzend leichter, als wenn ich gehe. Besonders die freie Bewegung zur Musik entlockt meinem Körper ungeahnte Energien. Als Tänzerin fühle ich mich von aller Schwere und Anstrengung befreit. Und wenn ich den anderen zuschaue, kann ich gleichwohl die Freude und Begeisterung intensiv miterleben. Musik und Tanz sind zu lebenswichtigen Elementen geworden. Auch wenn ich mich körperlich immer weniger bewegen kann, in meinem Inneren tanzt es weiter, ein Leben lang."

Eindrückliches erlebte ich bei Märchentagungen, wo das sorgfältig durchgearbeitete und gestaltete Märchen durch passende Tänze neue Bezüge zu den Teilnehmenden schuf und in andere Schichten hineingriff.

Manchmal scheint es mir, der Tanz fände immer und überall statt, auch dort, wo sich scheinbar nichts (mehr) bewegt.

HILDEGUNDE WÖLLER

Wissen, wagen, wollen – die Intuition biblischer Frauen

Eine Heilerin hat unzweifelhaft besondere Gaben. Irgendwann muss ihr das bewusst werden. Von einer Frau erzählt die Bibel, die Jahre der Unfruchtbarkeit erlebt hatte. Eines Tages war sie auf dem Feld, da erschien ihr ein Engel und kündigte ihr die Geburt eines Sohnes an. Ein ganz Besonderer sollte er werden und sie sollte ihn von Geburt an mit großer Achtsamkeit behandeln. Ihr Mann hielt nichts von einem solchen Engelbesuch, noch dazu bei einer Frau. Auf ihre Bitte kam der Engel noch einmal und verkündete dasselbe. Als der Mann nun überzeugt war, dass ihnen wirklich ein Engel Gottes erschienen war, war er entsetzt: „Nun müssen wir sterben, denn wir haben Gott gesehen." Seine Frau aber widersprach ihm: „Wenn Gott uns hätte töten wollen, hätte er uns nicht extra einen Engel geschickt und mir einen Sohn versprochen." Sie wurde schwanger, und ihr Sohn sollte ein wahres Sonnenkind sein.

Subjektstufig betrachtet, hat die Frau die besondere Gabe, die ihr in Gestalt des Engels erschien, mit fröhlicher Selbstverständlichkeit angenommen, aber auch mit Respekt vor der elementaren Macht, die ihr gegeben war. Mit ihrer inneren Stabilität, ihrer Vitalität und Herzenswärme widerstand sie dem religiösen Schrecken und der Todesangst ihres Mannes. Ein Sonnenkind gebar sie, und niemals, so hatte der Engel ihr befohlen, schnitt sie seine Haare (Ri 14). Simson, so heißt er, war stärker als alle anderen und befreite seine Stammesgenossen von der Angst vor Feinden. Etwas Sonnenhaftes, Optimismus und die Bereitschaft, gegen das Leid anderer zu kämpfen, sind sicher entscheidende Eigenschaften einer Heilerin. Sie benutzt dazu vor allem ihre ungewöhnliche Intuition, symbolisiert durch die Haare. Sie dürfen nicht geschnitten, nicht auf das Normalmaß zurückgestutzt werden.

„Wissen, wagen, wollen und schweigen“ könnte man als Leitspruch einer Heilerin bezeichnen. Abigail heißt die Frau, die beispielhaft einen verfahrenen Konflikt löste. Auf ihre Geschichte trifft der Spruch zu: „Wenn sie nicht wahr ist, ist sie doch gut erfunden.“ Die Bibel erzählt von der jungen Frau des wohlhabenden Schafzüchters Nabal. Er beschäftigte mehrere Hirten für seine Herden, die weit verstreut in der Steppe zu Weide und Wasser geführt werden mussten. Eine wilde Gegend, in der sich auch räuberisches Gesindel herumtrieb, mit dem die Hirten ihre Mühe hatten. Aber im letzten Jahr waren Überfälle kaum zu vermelden. Denn in derselben Gegend waren auch David und seine Männer – die Gefolgschaft, die der junge Kriegsheld um sich versammelt hatte, nachdem er vor den Mordanschlägen König Sauls hatte fliehen müssen. David verjagte die Räuber, und so hatten Nabals Hirten in diesem Jahr keine Verluste zu beklagen. Nun nahte das große Schafschurfest, zu dem Nabal seine Herden und Hirten versammelte, und aus diesem Anlass wurde getafelt und getrunken. David sandte Boten zu Nabal: „Lade mich und meine Männer zum Fest, wir haben für dich auch viel getan.“ Davon wollte Nabal nichts wissen: „Was geht mich dieses hergelaufene Gesindel an!“ Davids Bote wurde mit groben Worten abgefertigt. Diese Beleidigung ließ David nicht auf sich sitzen. „Greift zu den Waffen!“ Seine vierhundert Mann setzten sich in Bewegung, ein blutiges Gemetzel stand bevor. Abigail wurde zugetragen, was sich abgespielt hatte. Sie befahl einigen Dienern, mehrere Esel mit zweihundert Broten, zwei Schläuchen Wein, fünf gebratenen Schafen, hundert getrockneten Trauben und zweihundert Feigenkuchen zu beladen. Sie selbst schmückte sich mit ihrem Festgewand, und ohne dass Nabal etwas davon ahnte, brach sie zusammen mit der nahrhaften Eselkarawane eilig auf – David entgegen. Als sie ihn sah, stieg sie vom Esel, warf sich vor ihm zu Boden und rief: „Ich allein habe Schuld an dem, was man dir antat. Bitte höre mich an, achte nicht auf Nabal, er ist ein Narr, ich war nicht dabei, als dein Bote kam.“ Mit diesen Worten wies sie auf die beladenen Esel und lud David und seine Männer zum Mahl. „So wahr Gott lebt und so wahr du lebst, David, Gott hat dich davon abgehalten, Blutschuld auf dich zu laden und dir selbst zu helfen. Du kämpfst nach deiner Berufung nicht für dich selbst, sondern du führst den Kampf Gottes. Und an dir wird nichts Böses gefunden. Darum wird Gott dich segnen und dich zum König machen. Und an diesem Tag wirst du froh sein, dass du heute darauf verzichtet hast, deine Hände mit Blut zu beflecken. Gott selbst wird dafür sorgen, dass deine Feinde vor dir wie Nabals, wie Narren werden. Dich aber wird Gott schützen und dein Leben erhalten. Und wenn der Tag kommt, wirst du an mich, Abigail, denken." David hat die Gabe wohlwollend entgegengenommen: „Gelobt sei der Gott Israels, der dich mir entgegengesandt hat. Gelobt sei deine Klugheit und gelobt seist du selbst, die du mich davon abgehalten hast, Blutschuld auf mich zu laden. Denn wirklich, wärest du nicht gekommen, ich hätte Nabal und alle seine Leute noch diese Nacht erschlagen. Zieh in Frieden in dein Heim. Ich höre auf dich und bin dir wohl gesonnen." Von Nabal unbemerkt, kehrte Abigail heim, und da er und seine Männer inzwischen betrunken waren, sagte sie nichts (1. Sam 25).

Abigail hatte David und seine Männer dazu eingeladen, statt zu morden lieber Geschmack am Leben zu haben. Sie hat mit Courage und Charme die Dämonen der verletzten Wut und der Rachegelüste Davids vertrieben. Dazu appellierte sie auch an eine andere Seite in David: sein Sendungsbewusstsein. Sie verhinderte ein Blutbad, indem sie ihren Ehemann überging. „Wissen, wagen, wollen und schweigen" – all dies trifft auf Abigail zu, ebenso Intuition und Entschlusskraft.

Beim Heilen geht es um viel Größeres als um die Wiederherstellung der Gesundheit. Heilung kann die körperlichen oder psychischen Symptome zum Verschwinden bringen, sie eröffnet aber vor allem eine neue Dimension gegenüber dem Bisherigen. Und sie ist offenbar nur im Blick nach vorn zu gewinnen, in der Hinwendung auf etwas, das einem bisher noch gar nicht in den Sinn gekommen war. Weil es um einen Entwicklungsschritt geht, der das Bisherige in den Schatten stellt.

Abigail war in dieser Geschichte nicht nur Friedensstifterin, sie hat David offensichtlich als Erste seine Berufung zum König bewusst gemacht, nach damaligen Verständnis etwas Heiliges. Das erforderte ein ganz anderes als das unter Männern sonst übliche Verhalten. Sie wurde für ihn Muse, Hetäre und Prophetin. Die Erzählung unterstreicht dies, indem sie fortfährt, dass ihr Mann Nabal, nachdem Abigail ihm von seinem so knapp verhinderten Untergang berichtet hatte, kurz darauf starb und David sie zur Frau nahm.

Zur Heilerin gehört so etwas wie ein sechster oder siebter Sinn, eine Dschungelsensitivität. Sie sieht, was andere nicht sehen, spürt Strömungen und Tendenzen, die in der Luft liegen, und wird dann doch gerade nicht zur bloßen Kassandra, die auf kommendes Unheil hinweist, sondern erspürt auch die Möglichkeiten zur Erneuerung, die in der Luft liegen, und nutzt sie. Mit nachtwandlerischer Sicherheit ergreift sie sich bietende Gelegenheiten. Dazu gehört äußerste Konzentration, um die Energien, die sie lenken will, zu bündeln.

Von einer Frau weiß die Überlieferung, die eines der größten Symbole geschaffen hat. Jesus und seine Gefährten waren in Bethanien versammelt. Nach Jerusalem wollten sie ziehen, zum Fest. Für Leser von heute ist es der Auftakt zum großen Erzählzusammenhang von Passion und Auferstehung. Was Jesus und seine Gefährten damals selbst bewegte, kann sich jeder nach Belieben ausmalen. Vieles spricht dafür, dass für die Jünger nun die Tage der Entscheidung anstanden, der Untergang der Römer, die Übernahme des Tempels, die Ausrufung Jesu zum König, der Anbruch des Reiches Gottes. Religiöser Fanatismus lag in der Luft. Da erscheint eine Frau mit einem Gefäß kostbaren Salböls und gießt es Jesus über das Haupt. Duft breitet sich aus, ein Duft, der zu einer Königskrönung gehört, zu einer Hochzeit. Duft hat mit einer heilen und heiligen Atmosphäre zu tun, er vermittelt Ehrfurcht, das Empfinden von der Gegenwart des Göttlichen. Mitten in diese angespannte und aufgeheizte Situation hinein lässt die Frau also eine Ahnung vom Ewigen einströmen, das Wissen, dass alles Erstrebte, Gefürchtete, zu Erkämpfende bereits heilige Gegenwart ist. Gegen die Erwartung von Gefahr und die sie begleitende Nervosität setzt sie Gelassenheit und Respekt vor dem Heiligen. Die Jünger schalten die Frau wegen dieser Verschwendung. Von ihr selbst ist kein Wort überliefert. Aber Jesus hat sie verteidigt: „Arme habt ihr allezeit bei euch, mich aber habt ihr nicht allezeit. Sie hat etwas Schönes an mir getan." Etwas Schönes zu tun kann also manchmal ebenso gut sein wie Fürsorge für die Armen. Wie die Priorität zu setzen ist, wird nicht entschieden, Jesus weist aber darauf hin, dass es Augenblicke gibt, in denen der Kairos aufscheint, der wahrgenommen werden soll. Für eben diesen Moment hatte die Frau mit ihrer Intuition offenbar ein Gespür. Von Ortega y Gasset ist der Aphorismus überliefert: „Zur Paradoxie des Menschseins gehört das Überflüssige als das Lebensnotwendige." Feiern, sich an Schönem freuen, sich dem Zarten und der Andacht öffnen, das alles macht den Menschen aus, darin erhebt er sich zu seiner wahren Würde. Hat die Frau dies intendiert? Wir werden es nie wissen, aber dass die Salbung dem Bräutigam oder dem König galt, das muss sie gewusst haben. Damit hat sie Jesus ihre Deutung gegeben oder noch genauer: eine Erstdeutung.

Jesus hat seiner Salbung in Bethanien aber noch eine ganz andere Deutung gegeben: „Sie hat mich im Voraus zu meinem Begräbnis gesalbt." In diesem Satz reißt er vor seinen Jüngern den Abgrund seines kommendes Todes auf, den sie in ihrem Eifer nicht sehen wollten, dem er selbst aber sehend entgegenging. Im gleichen Atemzug fügte er hinzu: „Wo immer in der ganzen Welt dieses Evangelium verkündigt wird, da wird auch das, was sie getan hat, zu ihrem Gedächtnis erzählt werden." Christus heißt „der Gesalbte" entsprechend dem israelischen Ritual der Königssalbung. Diese eine Frau hat Jesus mit ihrem stummen Ritual zum endzeitlichen König erhoben. Mit ihrer Dschungelsensibilität hat sie Kreuzigung, Auferstehung und Himmelfahrt in einem gesegnet und bestätigt.

Was ist besser: Ährenlesen oder Salben? Wer arm ist, tut sicher gut daran, Ähren lesen zu gehen, wie die treue Schwiegertochter Ruth es für Naemi tat. Eines Abends aber empfahl ihr Naemi: „Wasche und salbe dich, lege dein bestes Kleid an und geh zur Tenne. Gib dich nicht zu erkennen, aber wenn Boas gegessen und getrunken hat und sich schlafen legt, dann leg dich neben ihn." Wohl einer der charmantesten Ratschläge der Bibel! Naemi hatte mit ihrer Intuition den Kairos am Schopfe ergriffen, denn die Romanze ging so weiter, wie sie es vorhergesehen hatte. Hungersnot und Trauer fanden ein Ende mit der Geburt eines Sohnes.

Heilende Fähigkeiten und prophetische Kraft stehen im Zusammenhang. Heilung kann ja nur vorwärts geschehen, sie stellt nichts Bisheriges wieder her, sondern bereitet Wandlung vor, Hinwendung zu einem erweiterten Bewusstsein, zu einer neuen Ebene des Seins. Diese prophetische Kraft rührt aus einer visionären Schau. Wer sich vorstellen, sich genau darauf konzentrieren kann, wie der gewünschte neue Zustand aussieht, scheint auch die Fäden in der Hand zu halten, die neue, heilige Zeit zu weben. Dazu gehört eben jener Respekt vor dem Engel mit seiner elementaren Macht, der sich der Heilerin zuwendet. Sie braucht, um damit umzugehen, Ichstärke ohne Überheblichkeit, die Ausgewogenheit von Dominanz und Bescheidenheit, Imagination ohne Selbstbetrug. So trat Maria Magdalena nach dem apokryphen „Evangelium der Maria" unter die Jünger, als sie nach dem Tod Jesu niedergeschlagen zusammensaßen und aus Furcht vor den Römern und der Tempelpolizei um ihr eigenes Leben fürchteten: „Weint und klagt doch nicht und habt keine Zweifel, denn seine Gnade wird mit euch allen sein und wird euch beschützen." Denn ihr, so berichtete sie, sei Jesus als der Auferstandene erschienen und habe ihr vieles offenbart. Unter den Männern erhob sich Widerspruch, sie lachten über Marias Vision. Der Streit ist bis in die Gegenwart nicht entschieden, denn trotz des Widerspruchs haben andere Maria Magdalena immer vertraut, und der Verfasser dieses Evangeliums nennt sie „die Frau, die das All kannte".

Was mit einem Engel anfing, kann bis zur kosmischen Weisheit weitergehen. Immer neu sind Angst, Verbohrtheit, Gewalttätigkeit, Fanatismus und Unbewusstheit und alles Unheil, das daraus folgt, zu bekämpfen. Das persönliche Risiko, gescholten, verachtet, ausgelacht und für verrückt gehalten zu werden, muss die Heilerin immer wieder auf sich nehmen. Ständig fordert sie damit auch Dämonen heraus. Wenn sie diese Auseinandersetzungen immer wieder durchsteht, einfach, weil sie Freude verbreiten und anderen ihre Liebe zeigen will, dann wird sie schließlich erscheinen wie eine, die das All kennt.

Die erzählten Beispiele lassen einen ganz anderen Wirklichkeitsbezug erkennen, als er heute üblich ist. Diese Frauen hielten sich nicht bei der Problemanalyse auf, nicht bei der Erkundung der Ursachen und Fakten, die zur aktuellen Situation geführt hatten. Sie fragten auch nicht, wer Schuld hatte und was andere zu tun hätten. Schon gar nicht fragten sie nach eigenem Versagen. Dabei waren sie nicht etwa gleichgültig gegenüber der aktuellen Notlage, sondern voller Mitgefühl für die Menschen um sie her. Sie waren einfach „ins Gelingen verliebt“, wie Dorothee Sölle einmal formuliert hat. Es ist, als hätten sie eine Wünschelrute, mit der sie Wasseradern der Lebendigkeit aufspüren können. Als verstünden sie es, in ihrer Hand die heilige Flamme der Freude erblühen zu lassen. Als wüchsen ihnen Haare auf dem Kopf, die sie mit den Sternen verbinden und das Künftige erkennen lassen, dem sie dann entschlossen den Weg in die Gegenwart bereiten. Und das Ganze nicht mit Anstrengung, sondern spontan und mit einem Lächeln, klug, aber ohne Überheblichkeit. Situationsbezogen und ohne Ideologie.

Dem rational orientierten Menschen von heute fällt es schwer, dergleichen zu akzeptieren. Die materielle Welt und ihre Gesetze dulden keine Ausnahmen. Dennoch gibt es im Hintergrundgewebe des Lebendigen offenbar so etwas wie Wellenbewegungen, wie Meeresströmungen, Jahreszeiten mit Dürreperioden und Wachstumsschüben, mit Erstarrung und Verflüssigung. Und in der Psyche des Menschen geht es noch viel komplexer zu. Um zu heilen, geht es aber offenbar weniger darum, diese Wellenbewegungen zu analysieren und zu verstehen, sondern sie mit Achtsamkeit wahrzunehmen und den Schwung einer günstigen Welle dann zu nutzen, wenn er sich bietet. Was wie Zauber aussieht, ist kein Machen, es bedarf viel weniger Energie, weil es ein Mitschwingen und Mitströmen ist, ein sanftes Lenken sich bietender Gelegenheiten. Das Leichte, Heitere und der fröhliche Charme, den Heilerinnen ausstrahlen, rühren wohl daher, dass sie sich – im Einvernehmen mit dem günstigen Moment – im Einklang wissen mit jener Hintergrundströmung, für die sie jenen sechsten oder siebenten Sinn haben. „Wenn Gott es will", sagte einst der christlich orientierte Helfer bei seinem Tun. Damit ist auch die Demut gegenüber jener Macht gemeint, die über menschliches Wollen und Tun hinausgeht, die aber „Wunder" ab und an ebenso zulässt wie sie jahrelanges geduldiges Warten erfordern kann. Wellenreiter können ihre Kunst nur zeigen, wenn Wind und Meeresbrandung ihnen die geeigneten Bedingungen zum Surfen zur Verfügung stellen. Aber wenn die Brandungswellen da sind, bedarf es selbstverständlich auch der Kunst des Surfers. Diese Kunst ist menschlich, das Meer selbst bewegen zu wollen aber wäre überheblich.

Zusammenfassend lassen sich eine Reihe von Eigenschaften einer Heilerin benennen:

Irgendwann – diese Erfahrung ist unverfügbar – wird ihr ein Engel erscheinen, eine elementare Macht mit ihr Verbindung aufnehmen. Mit der entsprechenden Begabung wird sie dann nicht in Todesschrecken verfallen, sondern wie die Frau des Manoah aufgeschlossen und dankbar die kreativen Kräfte aufnehmen, die sich ihr bieten. Und sie wird achtsam mit ihnen umgehen, sie wird die Haare ihrer intuitiven Gabe nicht beschneiden, das heißt sich nicht anpassen an kollektive Ängstlichkeit, sondern dem Heiligen, das durch sie wirkt, mit Ehrfurcht begegnen, ja mit Respekt vor sich selbst. Wenn sie wahrnimmt, dass sie eine Notlage ändern kann, wird sie die Courage haben, wie Abigail an allen Konventionen vorbei entschlossen zu handeln, und auch persönliche Risiken auf sich nehmen. Sie wird bei ihrem Wissen, Wollen und Wagen ihre persönlichen Gaben einsetzen, aber nicht für das eigene Wohl, sondern in Demut für das gesetzte Ziel. Darum kann sie schweigen, wo es ratsam ist, verfügt aber auch über die freie, inspirierende Rede, wo es dem Ziel dient. Denn sie kann ihre Energie durch äußerste

Konzentration auf einen Punkt richten. Ihre Intuition sagt ihr, wann der geeignete Zeitpunkt ist, wann der Kairos ihr die Gelegenheit gibt, Heiliges in den Alltag einströmen zu lassen und die Aufmerksamkeit auf Künftiges zu lenken. Dabei braucht sie manchmal nicht einmal zu reden wie die Frau in Bethanien. Ein Ritual im richtigen Augenblick strahlt über Jahrtausende aus. Sie ist unabhängig von der allgemeinen Moral. Wo es ihr sinnvoll erscheint, durchbricht sie mit Humor die konventionellen Schranken, ohne jemand anderen zu verletzen, und schafft dadurch eine neue Konstellation wie Naemi. Einer Prophetin gleich wird sie ab und an auch dann das Wort ergreifen, wenn man ihr keinen Glauben schenkt wie Maria Magdalena, das aber nicht, um Recht zu haben, sondern um den destruktiven Kräften der Todesangst die Energie von Freude, Inspiration und Hoffnung entgegenzusetzen. Ihre Krisenintervention wird auf andere manchmal unverständlich wirken, weil sie aus einer Wahrnehmung heraus handelt, die andere so nicht haben. Manchmal kann es eben genau richtig sein, einen Mann nachts im Bett mit Wasser voll wimmelnder Fische zu überschütten wie in dem Märchen „Von einem der auszog, das Fürchten zu lernen". Sie kann warten, vielleicht auch lange Zeit leiden. Aber wenn sie dann den richtigen Zeitpunkt erkennt, wird sie mutig die elementaren Kräfte von Sonne, Mond und den vier Winden, von weißen Vögeln oder Engeln herbeirufen, und sie werden die Wende herbeiführen, die sie wünscht. So ist sie eine Botin des Lebendigen, des Heiligen und Heilenden, die Freude und Optimismus verbreitet und immer wieder den Kräften widersteht, die das Leben lähmen und an der Entfaltung hindern wollen. Dabei huldigt sie nicht der Ideologie des Machbaren, sondern weiß, dass sie nur in Verbindung mit der im Hintergrund des Kosmos wirkenden geistigen Macht hier und da eingreifen kann, um Liebe und Güte zu verbreiten.

BRIGITTE DORST

Sophia begegnen – die Wiederkehr weiblicher Weisheit

Und in jeder Generation
geht sie in heilige Seelen
ein und schafft Freundinnen
Gottes und Prophetinnen.
(Wsh 7, 27)

Sophia begegnen

Wer ist Sophia? Wie lernt man sie kennen? Wo kann man ihr begegnen? Für mich ist Sophia eine Gestalt, die mich seit vielen Jahren anspricht, inspiriert, erfreut und nicht loslässt – Sophia, die weibliche Weisheit.

Sophia ist ein archetypisches Bild des Weiblich-Göttlichen, ein Gottesbild, das sich im Bewusstsein heutiger Menschen konstelliert, ein uraltes und doch nicht veraltetes Bild – und nicht nur ein Bild, sondern eine wirkende Kraft. Ich begegne ihr in den Aktivitäten mancher Frauengruppen, in den Befreiungskämpfen von Frauen und Männern um Gleichheit und Gerechtigkeit, in zahlreichen spirituellen Gruppen mit politischen, ökologischen und religiösen Anliegen auf lokaler und globaler Ebene.

Bleiben wir zunächst bei ihrem griechischen Namen *Sophia*, unter dem sie in unserem Kulturkreis bekannt ist. *Weisheit*, *weise*, *wissend*, engl. *wisdom*, *wise* – womit ist das Wort verwandt? Das griechische Wort *sophos* bedeutet „weise, verständig, klug, kundig, geschickt, erfahren". Das lateinische *sapientia* kommt von *sapere* = „schmecken, verstehen, erkennen, wissen". Die Wortwurzel *sap/soph* ist verbunden mit dem Sanskritwort *sapati* = „folgen, suchen, Acht haben, ergeben sein, lieben". Weisheit gibt Weisung, orientiert sich an praktischen Lebensbezügen, fragt nach Sinn und Zweck, prüft, ob ein Wissen der Verantwortung für das Leben in seiner Ganzheit dient.

Die göttliche Weisheit hat sich unter vielen Namen und Bildern seit Jahrtausenden ins erwachende Bewusstsein der Menschen hineingespiegelt: Maat, Isis, Ishtar, Sophia, Demeter, Kali, Tara, Kuan Yin usw. Dabei geht es nicht um alte heidnische Göttinnen, sondern um archetypische Kräfte, d. h. wirkmächtige Urbilder der Seele, die bewusst erkannt und angenommen sein und durch das eigene Leben in den Prozess der Evolution der Menschen hineinwirken wollen. So ist eines der erstaunlichsten Phänomene auf der Ebene des kollektiven Bewussten und Unbewussten die Wiederkehr, die Wiederentdeckung, das Wiedererleben weiblicher Gottesgestalten in Träumen, Geschichten, Kunstwerken, Visionen, Imaginationen, Märchen, Bildern und den spirituellen Erfahrungen von Menschen heute, und zwar weltweit.

Sophia und andere weibliche Gottheiten werden nicht verstanden als eine göttliche Übermutter, als Pendant zum allmächtigen Vatergott. Sie werden gesehen als Wirklichkeit hinter vielen Namen, Bildern und Symbolen, als allgegenwärtig in allem Lebendigen, seinsmächtig in jedem Menschen, die Erfahrung der tiefsten Ebenen des Seins.

Göttin-Symbole erfahren Frauen als inspirierend, um ihre Stärke und Selbstachtung wieder zu entdecken und sich von seelischen Beschädigungen und Einseitigkeiten religiöser Sozialisation zu heilen. „Ehre die Göttin in dir selbst, preise dein Selbst und du wirst sehen: Das Selbst ist überall"[1], heißt es in einem Gebetstext. Diese Vorstellung ist Jungs Verständnis des numinosen Selbst sehr nahe.

Frauen brauchen eine Göttin, ein Weiblich-Göttliches, um die zu werden, die sie sein können, so die französische Psychoanalytikerin und Philosophin Luce Irigaray[2].

Von ähnlichen Positionen aus beschäftigten sich auch Jungianerinnen wie Ester Harding, Jean Shinoda Bolen[3] und Ingrid Riedel[4] mit

Frauenmysterien, den Göttinnen in jeder Frau, den Bildern der großen Göttinnen in Mythen und Märchen und den Erfahrungen von Mystikerinnen wie Hildegard von Bingen.

Die Gestalt der Sophia, der weiblichen Weisheit als ein ganzheitliches, auf gute Lebenspraxis, Mitgefühl, Erkenntnis des Herzens und Verbundenheit mit allem Lebendigen ausgerichtetes Gottesbild, hat eine besondere Bedeutung im Bereich der jüdischen und christlichen Religiosität.

Frauen entwickelten – inspiriert vom Sophia-Geist – neue ganzheitliche Formen von Spiritualität in feministischen Liturgien, Jahreskreisfesten, Gruppenmeditationen. Sie finden neue Formen der spirituellen Wegbegleitung sowie des spirituell-politischen Engagements im Bereich der Friedens- und Ökologiebewegung.

Sophia-Spiritualität ist ein Ausdruck befreiter religiöser Individualität, die Männer nicht ausschließt, sondern einlädt, sich auf Erfahrungen einzulassen, die traditionell als weiblich verstanden wurden und auch als Seelenanteile des Mannes entfaltet und gelebt werden wollen. Entscheidend ist der gelebte Bezug zum Transzendenten. Auch C. G. Jung betont, dass die Beziehung zum Transzendenten für die seelische Gesundheit und das Gelingen der Individuation von entscheidender Bedeutung ist.

Sophia und ihre Botschaften in überlieferten Texten

So wie Sophia in heutigen spirituellen Gruppen zu finden ist, begleitet sie die Menschen seit Jahrtausenden. Auf Spurensuche nach Sophia gehen kann man also auch in den zahlreichen Quellen und überlieferten Texten. Sich von diesen Texten ansprechen zu lassen ist eine weitere Begegnungsmöglichkeit mit Sophia, denn sie selbst gibt sich darin zu erkennen und teilt sich mit, sie wartet darauf, dass Menschen sich von ihr ansprechen lassen.

„Strahlend und unvergänglich ist die Weisheit; wer sie liebt, erblickt sie schnell, und wer sie sucht, findet sie. Denen, die nach ihr verlangen, gibt sie sich sogleich zu erkennen ... Sie geht selbst umher, um die zu suchen, die ihrer würdig sind; freundlich erscheint sie ihnen auf allen Wegen und kommt jenen entgegen, die an sie denken. Ihr Anfang ist aufrichtiges Verlangen nach Erkenntnis; das eifrige Bemühen um Erkenntnis aber ist Liebe.“ (Wsh 6, 12–17)

Die schönsten schriftlichen Zeugnisse über Sophia sind in der jüdischen Mystik und in den Schriften des Alten Testaments zu finden. Die Quellen der Sophiologie, der Lehre von der Sophia, sind vor allem die Weisheitstexte des Alten Testamentes, insbesondere das Buch der Sprüche, das Buch der Weisheit und Jesus Sirach. Die Datierungen zum Buch der Sprüche schwanken zwischen der Zeit der Rückkehr aus Babylon, 538 v. Chr., bis etwa 250 v. Chr. Die Textquellen sind vom Sprichwörterschatz des jüdischen Volkes und seiner Nachbarvölker bestimmt, sie weisen ägyptische und auch babylonische Weisheitslehren auf, die in den Jahwe-Glauben integriert wurden.

Zwar finden sich manche Aussagen in den Texten, die patriarchale Denkmuster und Verzerrungen aufweisen und einer feministisch-theologischen Entschlüsselung und Dekonstruktion bedürfen. Die Texte spiegeln jedoch auch Menschheitserfahrungen wider, wie ein gutes Leben gelingen kann und eine Praxis der Lebenskunst entsteht, die Herz und Vernunft, Wissen, Lebenserfahrung und Klugheit verbindet, wenn das Leben von der Weisheit aus gestaltet wird.

Selbstbewusst tritt Sophia in diesen Texten auf und gibt sich zu erkennen:

„Im Anfang, ehe Gott etwas schuf, war ich da.“ (Spr 8, 22)

Sophia ist mitbeteiligt an der Schöpfung. Sie spricht:

„Als er den Himmel baute, war ich dabei,
als er das Gewölbe absteckte über der Urflut,
als er die Wolken droben befestigte
und die Quelle der Urflut stark machte,

als er dem Meer seine Schranken setzte,
als die Wasser seinem Befehl gehorchten,
als er die Grundfesten der Erde legte,
da war ich als Werkmeisterin ihm zur Seite.
Ich spielte auf dem weiten Rund der Erde
und hatte meine Freude an den Menschenkindern."
(Spr 8, 27–31)

Die rechte Lebenskunst erlernt der Mensch nur, wenn er sich Sophia als Ratgeberin wählt – so wie Salomon. Salomon will Schüler, Freund und Gefährte der Sophia sein, ihr Liebhaber, der sie begehrt. So bittet er Gott:

„Gib mir die Weisheit, die an deiner Seite thront." (Wsh 9, 4)

Er erzählt dann, was er von ihr gelernt hat, nämlich:

„Anfang, Ende und Mitte der Zeiten, den Wechsel der Sonnenwenden und den Wandel der Jahreszeiten, den Kreislauf der Jahre und die Stellungen der Gestirne, die Natur der Lebewesen und die Triebe der wilden Tiere, die Macht der Geister und die Gedanken der Menschen, die Unterschiede der Pflanzen und die Kräfte der Wurzeln – alles, was es nur Verborgenes und Sichtbares gibt, erkannte ich, denn die Werkmeisterin aller Dinge, die Weisheit, lehrte es mich." (Wsh 7, 18–21)

Und er weiß:

„Ein unerschöpflicher Schatz ist sie für die Menschen; alle, die ihn erwerben, erlangen die Freundschaft Gottes." (Wsh. 7, 8–14)

Das ursprüngliche Bild der schenkenden, liebenden, mütterlichen Gottheit, die viele Jahrtausende vor Jahwe gekannt und verehrt wurde, scheint auch im Buch Jesus Sirach durch. Auch hier spricht die Weisheit:

„Ich bin die Mutter der edlen Liebe, der Ehrfurcht, der Erkenntnis und der heiligen Hoffnung. Ich werde allen meinen Kindern geschenkt. In mir ist alle Hoffnung des Lebens und der Tugend." (Sir 24, 18)

In unserer heutigen Sprache: Die Gaben der Sophia sind Einsicht in die Verbundenheit alles Lebendigen, in kosmische Rhythmen, ein ökologisches Wissen, nach dem wir heute im Zustand der Entfremdung, der wachsenden Naturzerstörung und globalen Bedrohung mühsam wieder suchen müssen.

Die personal verstandene Weisheit und ihre Güter wurden von den alttestamentlichen Menschen zunächst in ganz konkreten irdischen Glücksvorstellungen geschildert: Es geht um Reichtum, Schätze, Besitz, Gesundheit, Ansehen und Ehre, um Freuden und Glück. All dies wird auch vorgestellt im Bild des Gastmahls, zu dem Sophia einlädt.

„Die Weisheit hat ihr Haus gebaut, ihre sieben Säulen behauen. Sie hat ihr Vieh geschlachtet, ihren Wein gemischt und ihren Tisch gerichtet. Sie hat ihre Mägde ausgesandt und lässt rufen auf den Höhen der Stadt: ... Kommt esst von meinem Brot und trinkt meinen Wein." (Spr 9, 1–3; 5)

Die Parallele zu den späteren Jesusworten ist hier unverkennbar.

Vor allem aber ist Sophia die Lehrerin der Menschen.

„Wenn jemand Gerechtigkeit liebt, im Mühen darum findet er die Tugenden. Denn sie (die Weisheit) lehrt Maß und Klugheit, Gerechtigkeit und Tapferkeit, die Tugenden, die im Leben der Menschen nützlicher sind als alles andere.

Wenn jemand nach reicher Erfahrung strebt: Sie kennt das Vergangene und errät das Kommende, sie versteht, die Worte schön zu formen und Rätselhaftes zu deuten; sie weiß im Voraus Zeichen und Wunder und kennt den Ausgang von Perioden und Zeiten." (Wsh 8, 7–8)

Die Weisheit ist die universale Kraft, die alles bewegt, belebt, Immanenz und Transzendenz des Göttlichen. In einer der schönsten und geheimnisvollsten Beschreibungen im Buch der Weisheit heißt es:

„In ihr ist ein Geist, gedankenvoll, heilig, einzigartig, mannigfaltig, zart, beweglich, durchdringend, unbefleckt, klar, unverletzlich, das Gute liebend, scharf, nicht zu hemmen, wohltätig, menschenfreundlich, fest, sicher, ohne Sorge, alles vermögend, alles überwachend und alle Geister durchdringend, die denkenden reinen und zartesten.

Denn die Weisheit ist beweglicher als alle Bewegung; in ihrer Reinheit durchdringt und erfüllt sie alles." (Wsh 7, 22–24)

Heilwerden mit Sophia

Im Mittelpunkt der Lehren und Ratschläge der Sophia steht vor allem die Sorge um das Wohlergehen der Menschen. Sie gibt Hinweise, was sie tun und lassen sollen, auch zum Heil ihrer Seele.

„So horcht sorgsam auf meine Stimme. Wohl denen, die auf meinen Wegen wandeln. Alle, die mich finden, finden das Leben. Die an mir vorübergehen, verletzen ihre Seele." (Spr 8, 32–36)

Kraftvoll, lebensnah und auf das Heilwerden der Menschen ausgerichtet sind die Worte der Sophia noch immer. Lassen Sie sich einmal auf einen inneren Dialog ein:

„Lass der Traurigkeit
keine Macht über deine Seele,
und quäle dich nicht mit deinen eigenen Gedanken.
Die Fröhlichkeit des Herzens
ist das Leben des Menschen,
und die Freude verlängert dem Menschen das Leben.
Mache deiner Seele Freude und tröste dein Herz,
treibe die Schwermut von dir fort,
denn der dunkle Sinn hat viele ums Leben gebracht,
und die Trauer hilft nichts.
Neid und Zorn verkürzen das Leben,
und die Sorge macht alt vor der Zeit." (Sir 30, 21–24)

Lesen Sie den Text langsam, noch einmal und noch einmal. Lassen Sie Ihre Gedanken darum kreisen und achten Sie darauf, welche Gedanken und Gefühle die Sätze des Textes in Ihnen wecken.

Erschließen Sie für sich den Sinn des Textes: Welche Bedeutung könnten die Sätze für Sie persönlich, für Ihr gegenwärtiges Leben haben?

- Welche Art von Trauer, welcher dunkle Sinn ist lebensfeindlich?
- Womit quälen Sie sich selbst?
- Wie viel Freude haben Sie sich heute schon gegönnt?

- Leiden Sie an Neidgedanken, die Sie nicht anspornen, Ihre eigenen Begabungen zu entwickeln, sondern nur neidisch auf andere starren lassen?
- Gibt es alten Kummer und Zorn auf andere, die Ihr Leben belasten und damit verkürzen? Könnten Sie sich die Freude und die Erlösung von diesen alten Belastungen gönnen?
- Um was sorgen Sie sich zur Zeit am meisten? Gäbe es etwas, das hilfreicher wäre als Sorge?
- Womit können Sie sich selbst in schwierigen Zeiten trösten?
- Wie verhalten sich die Ratschläge der Sophia zu Ihren sonstigen Lebenseinstellungen, Verhaltensmustern und Werten?
- Welche psychologischen Wahrheiten liegen für Sie in diesen Sätzen?
- Welcher spirituelle Sinn könnte in den Sätzen verborgen sein?

Entspannen Sie sich, meditieren Sie den Text noch einmal und horchen Sie auf Ihre eigene innere Stimme als eine Hilfestellung der Sophia, heiler zu werden.

Sophia und die Mystik

Auch wenn die Stimme der Sophia in den patriarchalen Zeiten unter der Herrschaft des Logos aus dem öffentlichen Bewusstsein verdrängt wurde, blieb Sophia nicht stumm und unsichtbar. Vor allem bei den Mystikerinnen und Mystikern finden wir durch den Strom der Zeit immer wieder Zeugnisse, die von Visionen, Botschaften und religiösen Erfahrungen der Sophia berichten, so z. B. bei Boethius, Heinrich Seuse, Jakob Böhme, Gottfried Arnold, Jane Leade, die russischen Philosophen Sergej Bulgakov und Vladimir Solovjew, Teilhard de Chardin.

Stellvertretend sei hier nur an die Sophia-Erfahrungen der Hildegard von Bingen erinnert. Wie die Sophia des Alten Testaments gibt sich Sophia in der mystischen Schau Hildegards zu erkennen, selbstbewusst, in Ich-Form sprechend:

„Ich, die höchste und feurige Kraft, habe jedweden Funken von jedem entzündet, und nichts Tödliches sprühe ich aus. Ich entscheide über alle Wirklichkeit. Mit meinen höheren Flügeln umfliege ich den Erdkreis: Mit Weisheit habe ich das All recht geordnet. Ich, das feurige Leben göttlicher Wesenheit, zünde hin über die Schönheiten der Fluren, ich leuchte in den Gewässern und brenne in Sonne, Mond und Sternen. Mit jedem Lufthauch, wie mit unsichtbarem Leben, das alles erhält, erwecke ich alles zum Leben. Die Luft lebt im Grünen und im Blühen. Die Wasser fließen, als ob sie lebten. Die Sonne lebt in ihrem Licht, und der Mond wird nach seinem Schwinden wieder vom Licht der Sonne entzündet, damit er gleichsam von neuem auflebe.

Auch die Sterne geben aus ihrem Licht, wie wenn sie lebten, klaren Schein. Die Säulen, die das ganze Erdenrund tragen, habe ich aufgerichtet ...“[5]

Sophias Tanz und der Blick vom Weltraum

„Ich spielte auf dem weiten Rund der Erde
und hatte meine Freude an den Menschenkindern.“
(Spr 8, 31)

Sophia, die über dem Erdenrund den Tanz der Schöpfung tanzt, hat einen Blick auf die Erde als Ganzes, und sie hat Freude an dem, was sie sieht, insbesondere an den Menschenkindern, den jüngsten Kindern dieser Erde.

Genau diesen Blick auf die Schönheit und Kostbarkeit unseres Heimatplaneten Erde erlebten auch unerwartet die Astronauten, die vom All aus auf die Erde blicken konnten. Einige von ihnen beschrieben, wie sie durch diese Erfahrung in ihrem Denken und ihren Gefühlen zur Erde verändert wurden, wie sie voll Freude und Ergriffenheit die Schönheit, Einzigartigkeit und Bedrohtheit der Erde wahrnahmen und eine ganz neue, spirituelle Beziehung zur Erde für sie möglich wurde.

Stellvertretend für uns alle entstand so ein neuer Blick auf die Erde und damit ein planetarisches Bewusstsein, das zur Grundlage einer zeitgemäßen, ökologischen Lebenskunst werden könnte, so der Philosoph Wilhelm Schmid:

„Nicht nur in ökologischer, sondern auch in ökonomischer und politischer Hinsicht dringt die gesamte Welt in ihren Wechselwirkungen immer stärker ins Bewusstsein des Einzelnen ein, und unmerklich verändern sich die Strukturen seines Denkens ... Das neue Wissen von der Erde, das planetarische Bewusstsein und die Lebensform der planetarischen Existenz begründen schließlich eine Ethik der Sorge für das Leben auf dem Planeten."[6]

Ökologische Klugheit, Achtsamkeit, Wertschätzung aller Formen des Lebens, die von Albert Schweitzer angemahnte Ehrfurcht vor dem Leben, Nachhaltigkeit und Ressourcenerhalt für die kommenden Generationen – ist dies nicht die heilsame Weisheit der Sophia für unsere heutige Zeit?

MICHAEL VON BRÜCK

Geistestraining durch Achtsamkeit – ein Weg der Spiritualität

Geistestraining durch Achtsamkeit: Dies ist auch der Titel der Übersetzung eines der wichtigsten Suttas aus dem Digha-Nikāya des buddhistischen Pāli-Kanons, wie ihn der deutsche buddhistische Gelehrte Nyaponika geprägt hat.[1] Achtsamkeit (Pāli: *sattipathāna*) ist im Buddhismus der Schlüssel für alle Psychologie, und das ist das Kernstück der buddhistischen Daseinsanalyse überhaupt. Achtsamkeit ist eine Art und Weise des konzentrierten Bewusstseins, in der es sich selbst und alle Außeneindrücke wahrnimmt. Achtsamkeit ist reines Beobachten oder Gewahrsein, ohne dass mentale oder kognitive Projektionen die Wahrnehmung und die mentale Wahrnehmungsverarbeitung trüben würden.

Die normale Aufmerksamkeit des Menschen ist eher diffus. Diese diffuse Präsenz bündelt sich in achtsamer Wahrnehmung, wenn ein Objekt erscheint, registriert und dann begrifflich gedeutet wird. Achtsamkeit ist damit der Kern jeder Wahrnehmungstheorie, jeder Ästhetik. Und da alles, was für den Menschen geschieht, im Bewusstsein repräsentiert bzw. konstruiert wird, ist Achtsamkeit die Pforte des Menschen zu sich selbst und zur Welt. Achtsamkeit erweist sich damit als objekt-zentriert. Sie ist eine wichtige Voraussetzung der meditativen Versenkung, aber gerade so ist sie nicht identisch mit Versenkung (*samādhi*). Denn diese hat letztlich kein Objekt, sie ist ein unbegrenzter Raum von Bewusstheit, der nicht näher beschrieben werden kann, weil jede Beschreibung Definition bzw. Abgrenzung bedeuten würde, während – jedenfalls in tieferen Versenkungsstufen – eine „Raumunendlichkeit“ (wie es im Buddhismus heißt) erzielt wird, die das Bewusstsein an nichts anhaften lässt.

Achtsamkeit kann beschrieben werden als der Ausgangspunkt jeder Spiritualität. Unter Spiritualität verstehe ich dabei nichts Unklares oder Irrationales, sondern den bewussten Umgang mit dem eigenen Bewusstsein in allen Lebensbezügen. Achtsamkeitsübung ist zuallererst eine Schulung der Wahrnehmung. Alle Religionen und Kulturen haben Techniken entwickelt, mit denen Achtsamkeit geübt, gepflegt und stabilisiert werden kann. Übungen des Gebetes, der Meditation, des kultischen Tanzes, des Singens usw. haben alle den Zweck, das Bewusstsein zu fokussieren, entweder auf einen gegebenen Gegenstand, ein Objekt also, oder auf sich selbst, wobei sich im Selbst-Bewusstsein bestimmte Aspekte des Bewusstseins selbst zum Objekt werden.

Alles, was wir tun, und wie wir es tun, ist in unserem Bewusstsein vorgebildet. Wahrnehmungen, Gefühle und Gedanken, die im Augenblick erscheinen, sind geprägt von früheren Wahrnehmungen, Gefühlen und Gedanken sowie von gegenwärtigen Eindrücken. Gegenwärtige Eindrücke werden nach Mustern verarbeitet, die im Verlaufe unserer Lebensgeschichte angelegt worden sind. Davon zu unterscheiden sind genetisch bedingte Wahrnehmungsmuster wie z. B. die Bandbreite möglicher Farb- oder Klangwahrnehmungen. Jedenfalls nehmen wir nichts wahr, „wie es ist", sondern eingefärbt durch den Charakter, den unser Bewusstsein bereits ausgebildet hat. Alles ist „gefiltert". Diesen Filter genau kennen zu lernen, zu verstehen und zu „reinigen", ist eine unabdingbare analytische Aufgabe, wenn wir in unserem Denken, Fühlen und Handeln klarer werden wollen.

Wie kann nun „Achtsamkeit" konkret auf die unterschiedlichen Funktionen des bewussten Lebens einwirken und abgebildet werden? Ich gehe aus von den vier grundlegenden Aspekten oder Funktionen des Bewusstseins, der Wahrnehmung, dem Gefühl, dem Denken und dem intentionalen Handeln. Dabei steht die empfindende Wahrnehmung an übergeordneter erster Stelle. Denn von der Achtsamkeit und Genauigkeit, d. h. von der Konzentration des Bewusstseins auf den gegenwärtigen Augenblick, hängt die ungetrübte und klare Aktion und Reaktion des Bewusstseins ab. Wir können nicht „angemessen" handeln, wenn das Maß von vornherein nicht stimmt und alles nur verzerrt durch den Spiegel unserer Wünsche oder Ängste erscheint. Die Ästhetik im weitesten Sinne, also die neue staunende Wahrnehmung der Menschen, der Dinge, der Natur, der Kunstwerke, der eigenen Bewusstseinsfunktionen usw., scheint mir Möglichkeiten zur Bildung des Menschen zu eröffnen, die noch längst nicht ausgeschöpft sind. Eine veränderte und achtsame Wahrnehmung beeinflusst unmittelbar das Gefühl und die Affekte, die stabiler und kontrollierter werden. Das urteilende Denken wird aufgrund konzentrierter Wahrnehmung nicht nur ausgewogener, sondern es urteilt nicht vorschnell, kann viele Vorurteile als ich-zentrierte Projektionen erkennen und die Folgen einzelner Gedanken und Handlungen umfassender abschätzen als ein Denken, das aufgrund einseitiger Interessen durch Engführungen irregeleitet wird. Das Handeln wird dann entsprechend sein: *vernünftig*, weil alle oder jedenfalls viele unterschiedliche Aspekte einbezogen werden, *besonnen*, weil die Affekte kontrolliert werden, *realitätsbezogen*, weil ichhafte Wunsch- und Angstmuster durchschaut werden.

Ich schlage eine gezielte Bewusstseinsschulung vor, um das Handeln des Menschen neu zu motivieren, zu strukturieren und bewusst zu gestalten. Es geht um den Aufbruch aus fest gefügten und starr gewordenen Mustern des Wahrnehmens, Fühlens, Denkens und Handelns, wobei wir diese Muster oft gar nicht mehr als geworden und damit veränderbar, sondern als „Sachzwänge“ empfinden. Das ist die Falle, denn sie beruht auf einer völlig falschen, statischen Interpretation der Wirklichkeit.

Erst wenn ich erkannt habe, wer ich bin und was meine Potenziale sind, kann ich entsprechend handeln. Ich *werde* nicht *durch* mein Handeln, sondern mein Handeln gestaltet sich nach dem, was ich *bin*. Das, was ich bin, erschließt sich aber erst durch genaue Wahrnehmung der *solidarischen Kreativität*, die in mir lebendig ist, wenn auch meist verborgen. Solidarische Kreativität ist die Erfahrung, dass sich die kreativen und beglückenden Impulse in meinem Leben nicht dem Rückzug auf mich selbst, sondern der Öffnung zu anderen und zu anderem verdanken. Erst wenn ich erkenne, dass mich das Anderssein des Anderen nicht bedroht, sondern bereichert, weil es ein Aspekt meiner selbst ist, kann ich solidarisch sein, nicht unter Druck, sondern in selbstverständlicher Antwort auf das Lebendige in mir. Erst wenn ich weiß, dass der Andere und Ich ein Netz bilden, in dem Eigensein und Anderssein die notwendigen Pole sind, vermeide ich die einseitige Egozentriertheit und werde frei zur Liebe. Das aber ist eine Aufgabe der Bewusstseins- und Herzensbildung, weniger poetisch: der vernünftigen Erkenntnis der interrelationalen Struktur des Menschseins, eine Aufgabe des Erkennens also.

Das alles ist nicht neu. Ein alte Weisheit lautet: Ich bin nicht, was ich tue, sondern was ich bin, gestaltet sich in meinem Tun. Anders ausgedrückt: Sei, und alles andere folgt daraus.

Die Übung von Achtsamkeit und Konzentration kann, muss aber nicht als formale Meditationsübung aufgefasst werden. Meditationsübungen kennen wir aus allen Kulturen, und sicherlich hilft das Meditieren in einer Übungstradition, die sich seit Jahrhunderten bewährt hat. Aber manche Menschen haben dazu aus unterschiedlichen Gründen vielleicht keinen Zugang. Für sie ist es sinnvoll, innezuhalten, die Natur und ein Kunstwerk zu betrachten oder bei den alltäglichen Verrichtungen genau wahrzunehmen, was man eigentlich tut. Dabei ist es wichtig, alle Sinne im genannten Sinne zu erproben und zu sammeln, also etwa den Klang eines rauschenden Baches in allen Details zu vernehmen, sich sodann das Bild des fließenden Wassers einzuprägen, die Augen zu schließen und das Bild im Innern wieder entstehen zu lassen, die Augen wieder zu öffnen und das innere Bild mit dem äußeren zu vergleichen usw. Der Geruch und der Geschmack des Wassers können daraufhin ebenso wie die Berührung mit den Händen und dem Mund genau wahrgenommen werden. Meditation ist Übung der Wahrnehmungsfähigkeit.

Wenn man so will, ist dies eine innerliche Kosmetik (im wörtlichen Sinne, da Kosmos und Kosmetik die *Schönheit* der Welt ansprechen). Achtsamkeits- bzw. Meditationsübungen haben verschiedene Wirkungen, ich möchte nur den Zusammenhang mit unserem Thema noch einmal verdeutlichen. Achtsamkeit erzeugt

- Langsamkeit und Genauigkeit bzw. die Fähigkeit, bei einer Sache und im gegenwärtigen Augenblick zu verweilen. Dies fördert die Intensität der Wahrnehmungen einschließlich des Genusses. Damit wird die Gier nach ständiger Reizstimulation ganz natürlich vermindert, was wiederum den Verbrauch von immer neuen Ressourcen (Personen, Beziehungen, Dingen) minimiert, d.h. der Augenblick oder dieses Erlebnis kann wirklich ausgekostet werden. Statt Quantität lernen wir, Qualität zu genießen. Das wiederum hat unmittelbar zur Folge, dass wir uns selbst intensiver spüren, ganz dabei sind und das Gefühl bekommen, selbst zu leben und nicht gelebt bzw. von außen gesteuert zu werden.
- Eine solche Haltung ist allmählich erlernbar, und sie schafft Selbstvertrauen und die Gewissheit, im Jetzt wirklich zu Hause zu sein. Wir sind dann nicht ständig auf der Flucht vor dem ungelebten Leben, das wir in uns ahnen, und wir lernen Geduld.
- Wenn wir nicht mehr vor dem Leben und uns selbst davonlaufen, können wir Angst und das Anhaften an Vergangenem, von dem wir Sicherheit erwarten, vertrauensvoll loslassen.
- Wenn Angst wirklich abgebaut wird, folgt daraus eine Verminderung von destruktiven Gedanken und Gewalt.
- Wenn Gewalt, in welcher Form auch immer, vermindert wird, können wir begründete Hoffnung haben.

Dieser Bewusstseinsbildungs-Prozess kann sich nun allerdings gerade nicht im gewohnten Paradigma des technologisch Machbaren (schnell und sofort) vollziehen, sondern, traditionell gesprochen, nur durch das geduldige Annehmen von Sterben und Wiedergeburt, d.h. von kreativem Neuwerden, und zwar auf allen Ebenen menschlicher Beziehungen: zu sich selbst, im engeren zwischenmenschlichen Bereich, gesellschaftlich und global. Die Schönheit des Neuwerdens in Achtsamkeit zu genießen bedeutet, verfestigte Seh- und Lebensgewohnheiten loszulassen. Daraus ergibt sich eine tiefere Gewissheit als die, die aus dem Festhalten an Gewohntem erwächst. Die Gewissheit liegt im Geschenk des sich bewegenden Lebens selbst, nicht in der Sicherheit, die wir vergeblich durch Anklammern an Gewohntes und Verbrauchtes suchen.

Im Folgenden werde ich erläutern, wie die Achtsamkeit als Einung aller Bewusstseinkräfte im Zen-Buddhismus praktiziert wird.[2] Im Zen geht es darum, durch unmittelbare Einsicht in die „wahre Natur" der Wirklichkeit bzw. den Grund des Bewusstseins das Wesen des menschlichen Lebens direkt zu erfahren. Selbstdisziplin und achtsamer Umgang mit Lebewesen und Dingen sind Voraussetzung für die Zen-Praxis. Denn die spezielle Praxis der Meditation ist nur ein Aspekt der Lebens-Übung, d. h. jede Aktivität des Menschen wird zur konkreten und kreativen Einübung von Konzentration. Die Praxis besteht zunächst in fokussierter Konzentration (meist auf die Sitzhaltung und den Atem), die die psychosomatischen Energien bündelt, um dann eine nicht-fokussierte Achtsamkeit des Bewusstseins zu erreichen, die nicht an irgendein Objekt mit räumlich oder zeitlich bestimmten Merkmalen gebunden ist, sondern einer über dem Raum ausgebreiteten Wachheit und einer Wahrnehmung der Gleichzeitigkeit aller Erscheinungen entspricht. Ziel der Meditation ist Weisheit; Weisheit bedeutet, jenseits von mentalen begrifflichen und emotional gefärbten Projektionen eine Bewusstheit und Einsicht in die „Wirklichkeit, wie sie ist", zu erreichen. In einem meist plötzlich erlebten Durchbruch zu einer Erfahrung des Geistes seiner selbst (jap. *kenshō*, *satori*) werden alle Widersprüche und Dualitäten aufgelöst, die das rationale Bewusstsein kennzeichnen, und alle Erscheinungen der Welt erscheinen in ihrer Einheit, ohne dass die Vielheit verschwinden würde. Diese Erfahrung zeichnet sich meist durch überdeutliche Klarheit der Wahrnehmung aus, sie wird als befreiend erlebt und ist von tiefen emotionalen Glücks- und Geborgenheitsgefühlen begleitet. Zen glaubt, dass sich dabei dem Bewusstsein das Wesen der Wirklichkeit jenseits der Zeit, jenseits von Leben und

Sterben, eröffnet. Die Erfahrung selbst wird als Tod des Ichgefühls bzw. der alten Identität des Menschen und als Wiedergeburt in einer anderen Bewusstseinsweise erlebt, und Zen deutet tatsächlich die indische Wiedergeburtslehre um in die Vorstellung von der Wiedergeburt im Augenblick des Erwachens zur tiefen Schau des eigenen Wesens. Das ganze Leben wird nun durchdrungen von dieser Erfahrung, wobei die Einwurzelung im Alltäglichen ein Hauptanliegen der Zen-Tradition ist. Solche Einwurzelung im Alltäglichen ist wiederum die Praxis der Achtsamkeit, und im Zen heißt es dazu: Wenn ich sitze, sitze ich, wenn ich esse, esse ich, wenn ich gehe, gehe ich, wenn ich schlafe, schlafe ich ... Das bedeutet, ich bin mit allen Sinnes- und Gemütskräften im gegenwärtigen Augenblick und ganz bei der augenblicklichen Tätigkeit.

Zen unterscheidet sich von anderen Formen des Buddhismus dadurch, dass alle konzeptuellen Unterscheidungen wie z. B. von ruhiger geistiger Konzentration *(śamatha)* und verstehender Einsicht (*vipaśyanā*), von Ruhen des Geistes in sich selbst (*samādhi*) und Weisheit (*prajñā*), wie sie in Indien entwickelt worden waren, als überflüssig aufgegeben wurden. Warum solle man zahlreiche Kleidungsstücke, die am Ende ohnehin abgelegt werden müssten, überhaupt erst anziehen, argumentiert der koreanische Zen-Mönch Muyom (799–888).[3] Stattdessen drückt sich Zen in den chinesischen Ausdrücken Nicht-Denken (*wu-nien*) und Nicht-Bewusstseins (*wu-hsin*) aus, die im indischen Buddhismus keine Vorbilder haben. Dazu heißt es im klassischen Text der Zen-Schule, dem Hochsitz-Sūtra des 6. Patriarchen (*Liu-tsu t'an ching*): „Nicht-Denken heißt nicht denken, selbst wenn man in Gedanken ist."[4] Es kommt also nicht auf eine Gedankenleere an, sondern darauf, dass man die Gedanken vorüberziehen lässt, nicht bei ihnen verweilt, sie nicht für Abbilder der Wirklichkeit hält und sich darauf einlässt. Stattdessen ruht das Bewusstsein achtsam in sich selbst, es ist dabei nicht mehr auf ein Objekt gerichtet, sondern nimmt sich selbst eher als leeren „Raum" wahr, der aber dennoch ganz und gefüllte Präsenz ist. Jedenfalls sind dabei alle Bilder und Begriffe überwunden. Begriffsbilder und Konzepte entstehen ja, wenn Sinneseindrücke zusammengefasst und vom Bewusstsein in wieder erkennbaren Mustern verarbeitet werden. Sie repräsentieren Teilbereiche des Wahrgenommen in einer Gestaltgebung (Begriffe), die vom Bewusstsein selbst hervorgebracht wird. Das Problem sieht nun nicht nur Zen, sondern fast alle Schulen des Buddhismus darin, dass Menschen ihre Gedanken und Begriffsbildungen (skt. *prapañca*, chin. *Hsi-lun*) für das Wirkliche halten und damit die Dinge verfälscht wahrnehmen, nämlich getrennt, in Dualitäten aufgerieben durch Urteile, die Einseitigkeiten und Verstrickungen bewirken. Begriffe sind zwar nützlich, um die Vielfalt der Sinneseindrücke zu ordnen und zu filtern, aber sie präsentieren nicht das, „was ist". Sie erzeugen vielmehr Stereotype und Projektionen, vor allem verhindern sie den Blick auf das Gegenwärtige und spontane Neue in jedem Augenblick, weil alles in Rastern des Gewohnten, Vergangenen und stereotyp Geordneten erscheint. Die Zen-Übung führt dazu, dass das Bewusstsein nicht mehr neuen Sinneseindrücken ausgesetzt wird, die es zu verarbeiten hätte, sondern konzentriert auf sich selbst gerichtet wird, auf einen in ihm selbst wirkenden Strom von achtsamem Gewahrsein. Die Zen-Übung besteht darin, projektionsfrei und direkt wahrzunehmen, frisch und ungetrübt durch die selbst erzeugten Begriffsnetze, damit die Wirklichkeit erscheinen kann, wie sie ist. So heißt es im Hochsitz-Sūtra:

„Die Gedankenkette reißt nicht ab – vergangene, augenblickliche, zukünftige Gedanken folgen einander unablässig. Wenn (diese Kette) in einem Gedankenaugenblick durchtrennt wird, trennt sich der Dharma-Körper vom physischen Körper und inmitten des Gedankenstroms gibt es kein Anhaften mehr an irgendeinem Gedanken. Wenn ein Gedankenaugenblick festgehalten wird, setzen sich daran weitere Gedanken fest. Das ist das Gebundensein. Wenn bei allem die einander folgenden Gedanken nicht anhaften, bist du befreit. Deshalb ist das Nicht-Anhaften die Grundlage."[5]

Das Ideal des Zen besteht im Nicht-Anhaften. Nicht-Anhaften an Gedanken, Gefühlen, Handlungen. Dies lässt sich am ehesten als nicht-fokussierte Achtsamkeit oder als reines Gewahrsein benennen. Diese Haltung teilt das Zen mit allen anderen Formen des Buddhismus, und auch in anderen Strömungen der indischen wie der chinesischen Religionsgeschichte (weite Teile des Hinduismus, Taoismus) galt das Lebensziel der Entwicklung genau dieser Einstellung. Die berühmte Formulierung des japanischen Zen-Meisters Hakuin (1686–1769) „Denke das Nicht-Denken" taucht schon im Pāli-Kanon des frühen Buddhismus auf: „Gestützt auf dies alles (die vier Elemente, Geistesfaktoren usw.) denkt er nicht und denkt dabei doch."[6] Gemeint ist eine klare Bewusstheit und Achtsamkeit, die in sich selbst stabilisiert ist, ohne dass die Aufmerksamkeit einen *Gegenstand* des Denkens dabei festhält und sich durch dieses Festhalten stabilisiert. „Nicht-Denken" ist ein Zustand frei von der Dualität von Ja und Nein, nicht die Abwesenheit von Gedanken – das wäre nur der geistlose Gegensatz zu Gedanken und bliebe auf der Ebene der Dualität –, sondern der freie Fluss des Bewusstseinsstromes ohne Bewertungen, die das eine ergreifen, das andere aber fallen lassen würden. Der in der Zen-Geschichte einflussreiche Text *Hsin-hsin-ming* (jap. *Shinjinmei*), der Seng ts'an, dem 3. Patriarchen des Zen, zugeschrieben wird, setzt darum ein mit dem Wort:

> „Das höchste Tao ist gar nicht schwer,
> doch ohne jedes Auswählen."[7]

Nicht-Denken ist also die Wiederherstellung der natürlichen Klarheit des Bewusstseins, und das nennt Zen die Buddha-Natur. Für Zen ist das Bewusstsein ein Strom von Energie, der sich selbst entfaltet und, wie das Lankāvatāra-Sūtra vergleicht, in den „Wellenbergen" (den Gedanken) fixiert, um sofort weiterzufließen. Hält sich das Bewusstsein an den „Wellenbergen" fest, kann es seiner selbst nicht gewahr werden und sieht nicht den Zusammenhang. Ein anderes Bild geht auf Ma-tsu Tao-i (709–788) zurück[8]: Die vielfältigen Erscheinungen der Welt sind wie Wolken am Himmel, wie sie erscheinen, so lösen sie sich plötzlich auf, ohne dass eine Spur zurückbliebe, d. h. die vielfältigen Dinge und der Einheitsgrund, auf dem sie erscheinen, sind nicht zwei Wirklichkeiten, sondern ganz und gar eins. Oder anders ausgedrückt: Die Zen-Übung will verhindern, dass man den Wald vor lauter Bäumen nicht sieht, und zwar nicht dadurch, dass man die Bäume ignoriert, sondern den Wald *in* der Vielzahl der Bäume wahrnimmt.

Die Übung selbst besteht im stundenlangen regungslosen Sitzen mit aufrechter Wirbelsäule, bei dem der Atem völlig beruhigt wird. Gleichzeitig beobachtet das Bewusstsein achtsam das Auf und Ab von Gedanken und Gefühlen, ohne dieselben zu bewerten. Allmählich kommen alle Bewusstseinsvorgänge zur Ruhe, und nur die geschärfte Achtsamkeit bleibt übrig. Dieser Zustand ist eine hellwache Bewusstheit, in der alle (von innen oder außen kommenden) Eindrücke wahrgenommen werden, wodurch aber die Bewusstseinsruhe weder gestört noch unterbrochen wird. Die Übung ist ein Ausbalancieren von aktiver Konzentration und passivem Loslassen aller Gedanken und Empfindungen. Die Konzentration im Zen ist mithin nicht bloß die Übung, das Bewusstsein über längere Zeit auf einem Objekt beruhigt verweilen lassen zu können, sondern es geht um eine sich einende Bewusstheit, die alle nur möglichen Objekte, die auftauchen können oder auch nicht, in sich vereinigt. Es geht um ein von allem Anhaften befreites Bewusstsein, ganz gleich, ob es an mehreren Objekten nacheinander anhaften oder bei der Anhaftung an einem Objekt verweilen würde. Das bedeutet auch, dass das Bewusstsein weder am Sitzen in Meditation noch am Nicht-Sitzen in Meditation, weder an Übung noch an Nicht-Übung anhaften darf. Es geht genau um die Überwindung dieses Gegensatzes, auch des Gegensatzes von Anstrengung und Passivität. Es handelt sich im Zen um eine aktive Passivität und passive Aktivität. Das Bewusstsein kann eine Balance finden, es ist wie eine dünne Membran zwischen beiden Bereichen des Aktiven und des Passiven, eine gelöste Haltung der Zügel, die weder angespannt sind noch schleifen. Anfangs tendiert das Bewusstsein dazu, in das eine oder andere Extrem zu verfallen. Die Zen-Praxis besteht darin, die stetige Achtsamkeit genau auf dem Punkt jener dünnen Membran halten zu können, wo jeder Eindruck in das Bewusstsein fallen kann, ohne auch nur die geringste Spur zu hinterlassen. Natürlich ist diese Praxis auch eine „Aktivität", aber eine Aktivität des beständigen Sichlösens und Freiwerdens von Aktivität und Nicht-Aktivität.

Was also kann die Übung der Achtsamkeit bewirken? *Aufbruch*, und zwar in allen Dimensionen, die unser Menschsein ausmachen: in der Wahrnehmung, im Fühlen, im Denken und im Handeln. Und dies wiederum in Bezug auf uns selbst, in Bezug auf die nähere soziale Gemeinschaft, in Bezug auf die Politik großer sozialer Gruppen und in Bezug auf die Mitwelt alles Lebendigen. Dies betrifft alle personalen wie gesellschaftlichen Prozesse. Achtsamkeit bedeutet, den größeren Zusammenhang wahrzunehmen, oder anders ausgedrückt: systemisch vernetzt zu denken. Die systemische Vernetzung aller Aspekte verlangt, dass wir ein linear-reduktionistisches Denken intelligent überwinden. Sie verlangt auch, dass langfristige Perspektiven und Strategien als weitaus rationaler begriffen werden denn kurzfristige Lösungen, die meist Scheinlösungen sind. Systemisches Denken bedeutet, Rückkopplungen von Projekt, Tat und Überprüfung in angemessener Geschwindigkeit zu ermöglichen. Unsere heutigen Kosten-Nutzen-Rechnungen sind vorwiegend falsch, weil sie einerseits wesentliche Parameter (wie z. B. die Nachhaltigkeit) ausblenden und andererseits Korrekturen von Fehlentscheidungen viel zu zaghaft umsetzen. Meist werden Fehler aus Hierarchiegründen gar verschleiert, weil Angst unser Denken und Handeln beherrscht. Das ist ein spirituelles Problem, und Angstfreiheit ein Prozess spiritueller und sozialer Reifung, der bewusst geübt werden muss: in den Bildungssystemen, den Wirtschaftssystemen, den politischen Systemen. Der Schlüssel dazu ist die Praxis der Achtsamkeit.

JÖRG ZINK

Von der Kunst des Lassens – der Weg zur Gelassenheit

Es ist deutlich: Eines der Wunsch- und Zielworte vieler heutiger Menschen heißt „Gelassenheit". Wer dieses Ziel erreichen will, hat viele Wege und Methoden zur Auswahl, Wege eines harten Trainings, eines vertieften Umgangs mit sich selbst, auch Wege der östlichen oder der westlichen Meditation. Suchen wir nun auf dem Boden des christlichen Glaubens nach solchen Wegen zu innerer Stille und gelassenem Wirken, so werden wir zwei verschiedenen, ja entgegengesetzten Angeboten begegnen. Den ersten der beiden Wege treffen wir in der abendländischen Tradition der mystischen Spiritualität an, den anderen finden wir, wenn wir dem Wirken des Mannes aus Nazareth zusehen. Der erste, der mystische Weg des Lassens, steht im Zusammenhang eines umfassenden Trainingsprogramms, wie es etwa in der dominikanischen Tradition oder auch in der Frauenmystik des Mittelalters in den Klöstern entwickelt und geübt wurde. Er erscheint in vielen Varianten oder Teilaspekten. Wenn wir aber, was da und dort gesagt wird, systematisieren, so ergibt sich ein klarer und sehr geradliniger Stufenweg.

Er ergeht in mehreren Teilstrecken. Auf der ersten hört der Übende: Sei anwesend. Auf der zweiten: Lege dein Eigenes ab. Auf der dritten: Lebe im Raum der Gegenwart Gottes. Die zweite Teilstrecke, die das Lassen des eigenen Willens anstrebt, meint das, was die Meister die „Gelassenheit" nennen, was aber weit mehr ist als innere Ruhe und Ausgeglichenheit. Ich will es deutlicher sagen: Die drei Teilstrecken führen über je drei Einzelschritte oder Stufen.

So zunächst die erste Teilstrecke: In ihr ist die erste Stufe die Einübung des Schweigens. Gefordert sind Abseitsgehen, Fasten, Gehorchen, Abgeschiedensein. Das Ziel dieses ersten Schritts heißt „tacitas".

Die zweite besteht darin, dass die Gedanken eingesammelt werden von ihrem unruhigen Gehusche hierhin oder dorthin, das Empfinden, die Kräfte und die Wünsche, die auf allen Ebenen des Lebens unserer Seele in ihre vielen Richtungen auseinander streben, so dass eine innere Mitte entsteht. Man spricht hier von „concentratio". Auf der dritten soll das Entgegengesetzte geschehen. Der Mensch ist nun voll von sich selbst. Und es geht darum, alles, was ihn ausmacht, loszulassen. Leer zu werden. Aufnahmefähig für das, was ihn erfüllen soll: die Anwesenheit Gottes. Das Stichwort für das Ziel, das auf dieser Stufe erreicht werden soll, lautet „vacare Deo", leer sein für Gott.

Danach folgt die nächste der drei Teilstrecken, auf denen es um die Neugestaltung des inneren Menschen geht. Die vierte Stufe also ist eine Bemühung mentaler Art. Sie besteht im klaren Denken. Meditation besteht für Christen aller Zeit vornehmlich in einem klaren, rationalen Nachdenken über vorgegebene Texte, in der Einübung ihrer Bilder und Aussagen, und die Namen dafür sind „cogitatio" und „meditatio". Mit dem fünften Schritt geht es nun um den Anfang dessen, was wir „Gelassenheit" nennen. Es geht um das Lassen aller eigenen Willensregungen, die anderes wollen, als was wir von Gottes Willen wissen. Ziel ist die Ruhe des Eigenwillens und der Friede, der aus der Ruhe Gottes in die Seele des Übenden „herüberkommen" soll. Das Ziel wird bezeichnet als „conformitas voluntatis". Der sechste Schritt ist die praktische Einübung dieses Gleichklangs mit dem Willen Gottes durch ein nachdenkliches, leidensbereites Mitgehen auf dem Passionsweg des Christus, dem Kreuzweg mit seinen eigenen vierzehn Stufen. Ziel ist das, was Nachfolge heißt, die „conformitas viae". Die Gleichgestalt des Weges.

Es folgen nun noch die drei letzten Stufen, die oft vorschnell versucht und nur selten erreicht werden, die auch die eigentliche Gefährdungen mit sich bringen, die als Selbstüberdehnung oder Selbstaufblähung erscheinen oder gar als Selbstvergottung. Die siebte Stufe ist die „Schau Gottes" – im Sakrament, in der Schöpfung oder auch in der eigenen Seele, die Anschauung des eigenen Seins in Gott. Wir sind „in Gott“, und Gott ist „in uns“ in dieser reziproken Vorstellung des Einwohnens. Gott und die Seele sind noch getrennt, aber sie sind einander offen. Die Mystik nennt dieses Schauen Gottes, dieses endgültige Anwesendsein vor ihm „contemplatio“ oder auch „visio Dei“. Die achte ist das Einströmen des Geistes Gottes in unseren Geist und unser Herz. Es ist die „Erleuchtung“, die allerdings nicht bedeutet, es werde in unserem eigenen Geist hell und wir würden sozusagen zu unserem eigenen Licht; vielmehr spiegle sich auf unserem Gesicht etwas vom Licht Gottes, von seinem „Angesicht“. Die Meister sprechen von der „illuminatio“. Endlich die neunte und letzte Stufe: Die Einung mit Gott. Der Mensch geht in Gott auf. Gott geht in ihm auf. Es schwindet zwischen Gott und dem Menschen sowohl das Ich als auch das Du. Das Ich geht wie ein Tropfen im Wasser in Gott auf. Gott wandelt sich in unser Sein und Wesen. Dieses eigentliche und letzte Ziel heißt „unio“ oder „unio mystica“.

Was dem übenden Menschen dabei gegeben wird, ist der Friede, die Gelassenheit, die Dankbarkeit für ein in Gott gegründetes und neu gestaltetes Dasein, das Einvernehmen mit Gott oder, wie Jeanne de Guyon sagt, die „sainte indifférence“ des wortlosen Seins in Gott. Der ganze Weg beginnt im Schweigen und Hören, er führt entlang dem, was der Mensch hört, nämlich dem Wort, und findet sein Ziel wieder in der Wortlosigkeit.

Einer der Gründe, warum mich ein solcher Weg nie so recht zu überzeugen vermochte, liegt darin, dass die Berichte über Jesus und seine Lehre solche Anweisungen nicht einmal in Ansätzen kennen, ja dass Jesus auf der ganzen Linie umgekehrt verfährt. Wenn ich davon ausgehe – und ich habe gute Gründe dafür –, dass das Besondere am Christentum nicht in Lehrmeinungen besteht, nicht in Dogmen, nicht in Ritualen, auch nicht in einer Moral irgendwelcher Art, sondern einzig und allein in der schmalen Gestalt des Mannes aus Nazareth und dem, was er den Menschen seines Landes und seiner Zeit, den Armen von

Galiläa, gesagt und gezeigt hat, dann muss, was die inneren Wege angeht, auf denen wir uns religiösen Fragen zuwenden, an ihm und seinem Tun ablesbar sein.

Ich muss hier nicht wiederholen, was ich über sein Markenzeichen, das unverwechselbare, immer wieder gesagt habe – über die Tischrunde, zu der er die Menschen eingeladen hat, unterschiedslos die Gerechten und die Ungerechten, die Getretenen und die Schurken, um mit ihnen ein Fest der Hoffnung und des Aufbruchs zu feiern. Was mir im Augenblick wichtig ist, ist die Frage, was denn Jesus eigentlich mit diesen Menschen getan hat. Was hat er an ihnen in Bewegung gesetzt, was hat er an ihnen geändert? Was nahmen sie mit, wenn sie danach wieder auf der Straße standen? Wenn ich es kurz sagen soll: Er bezog sie in die Gemeinschaft mit ihm selbst ein. Er nahm ihnen ihre Lasten ab. Er gab ihnen Freiheit und Stehvermögen. Er heilte sie. Und er eröffnete ihnen die Freiheit, zu lassen, die Kraft zur Gelassenheit.

Zunächst also: Er holte sie ab, wo sie standen. Viele unter ihnen galten als korrupt und haltlos, als unmoralisch oder verkommen. Von ihnen aber sagte er nicht: Sie sind verkommen, sondern: Sie sind verloren. Damit sagte er gerade nicht, was wir damit meinen, sie seien verdammt in alle Ewigkeit, sondern: Wir haben sie verloren. Wir wissen nicht, wo sie sich aufhalten. Der berühmte Sohn im Gleichnis ist nicht böse, er ist vielmehr verloren gegangen, vermisst. Adresse unbekannt. Es geht also darum, ihn zu suchen. Er steht vermutlich irgendwo verlassen herum in der Steppe seiner Seele. Eine erste Hilfe also erleben die Gäste bei Jesus damit, dass sie von einem gütigen Menschen „gefunden" sind.

Eine zweite Last neben ihrer Verlassenheit bestand in den Zwängen, die sich – teils durch ihr eigenes Verhalten, ihr Versäumen oder Verschulden – immer enger um sie gezogen hatten.

Auch in der Last ihres Ehrgeizes und im Selbstgefühl ihrer Gerechtigkeit. „Legt euere Lasten ab", sagt ihnen Jesus. „Lasst sie vor der Tür liegen, wenn ihr meiner Einladung folgt. Kommt frei und aufrecht und mit leeren Händen." Das Zweite, das sie erleben, ist also eine Entlastung, die wir in unserer musealen Kirchensprache die „Rechtfertigung" nennen und die gewöhnlich mit einem Gewirre von Lehrsätzen unkenntlich gemacht wird.

Ein Drittes, das Jesus an den Menschen getan hat, war ihre Heilung. Etwas vom Sichersten, das wir über Jesus wissen, ist, dass er als Heiler aufgetreten ist. „Sie sind krank. Sie brauchen einen Arzt“, sagt er. Und so werden seine Wunder berichtet, die uns so viel Mühe bereiten. Aber bei ihnen handelt es sich ja nicht um medizinische Protokolle. Nichts, was über Jesus erzählt wird, sagt nur dies: So ist es zugegangen. Vielmehr muss uns deutlich sein, dass alles, ehe es niedergeschrieben wurde, erst durch den Kopf und das Herz eines Menschen gegangen ist, der damit immer auch sagt: Das ist nicht nur irgendwo in Galiläa, das ist auch in mir selbst geschehen. Das hat mich berührt. Das hat mir die Augen geöffnet. Das Ziel der Heilung war die aufrechte Gestalt eines freien, zu eigener Entscheidung fähigen Menschen in einer stützenden Gemeinschaft. Das Wort Therapie bedeutet, genau übersetzt, den gärtnerischen Umgang mit der Erde. Es heißt den Boden bereiten für das, was danach in ihm gedeihen soll.

Ein Viertes war, dass Jesus den Menschen ein neues Bild ihrer selbst gezeigt hat. Er sagte: Ihr seid nicht Abfall. Ihr seid ein Acker. In euch wird eine Saat geworfen. Gebt ihr Raum. Aus ihr wird der Sinn und der Ertrag eures Lebens hervorwachsen. Aus eurem Leben kann etwas Schönes entstehen. Das Reich Gottes will in euch wachsen, und es wird sich am Ende zeigen, dass ihr an dem großen Ziel der Menschheitsgeschichte das Eure mitgewirkt habt. Jesus also beginnt nicht damit, dass die Menschen etwas Bestimmtes zu tun hätten, durch das sie aus dem Sumpf ihrer Lebensgeschichten herauszukommen hätten. Er beginnt vielmehr umgekehrt damit, dass er ihnen ihre Würde zurückgibt, dass er ihnen zeigt, was aus ihnen werden könne, dass er sie ermutigt und befähigt, zu werden, was in ihnen wachsen will.

Ähnlich ließe sich aus der Geschichte des Mannes aus Nazareth noch der eine oder andere Schritt zeigen, den er mit den Menschen ging, ehe er ihnen sagte, was sie zu tun hätten. Er wollte sie zuvor als gesunde, entlastete, geheilte, freie und mutige Menschen sehen, ehe er ihnen irgendeine Moral auferlegte oder, was nicht viel besser ist, ein bestimmtes Ethos. Zugleich aber zeigte er ihnen, dass Gott vertrauenswürdig sei, die Welt also ein vertrauenswürdiges Feld seiner Gegenwart. Und er zeigte ihnen, wie ihr Weg mit dem Tode nicht enden werde, sondern aufs Neue Leben vor ihnen stehe. Erst wo sehr viel klar geworden ist und ein Grundvertrauen sich einstellt, beginnt auch jener erste Weg, der der mystischen Einübung, einen Sinn zu gewinnen. Es kann jenes Zugehen auf die „Gelassenheit" beginnen, den uns der fünfte und sechste Schritt jenes mystischen Weges gezeigt haben.

Denn erst aufgrund dessen, was an mir frei geworden ist, kann ich anfangen, mich selbst ein wenig zu lieben, ohne mir mit meinem eigenen Monument den Weg zu verbauen. Ich kann beginnen, Ja zu sagen zu dem Schicksal, das mir zugemutet ist, beginnen, mich mit allem, was ist, zu verbinden als der Spiegelung meines eigenen Wesens und Schicksals und in dieser Verbindung glücklich zu sein. Beginnen, die Menschen anzunehmen, wie sie sind, ohne über sie zu urteilen. Mir wird dabei rasch deutlich sein, dass eben dies für mich ein Weg zum Glück ist und zur Angstfreiheit. Denn wenn ich nun auf Menschen treffe, die mir auf irgendeine Weise übel zu wollen scheinen, sagt mir mein kreatürlicher Instinkt: Geh auf Abwehr! Und ich werde erkennen, dass ich damit weder an der Situation noch am anderen Menschen etwas ändern werde, ja dass ich nicht einmal verstehen werde, warum mir dieses Feindliche begegnet. Jesus sagt und er drückt damit ein grundwichtiges Lebensgesetz aus: Du verstehst etwas nur in dem Maß, in dem du allem deine Offenheit und deine Güte entgegenträgst. Also verzichte auf Schild und Panzer. Liebe deinen Gegner aus der Maske seiner Gefährlichkeit heraus. Liebe dich von deiner Angst frei. Du wirst nur glücklich werden, wenn du um dein Leben nicht mehr fürchtest. Verbinde dich mit allem, was dich bedroht.

Und das Nächste: Tu das auch mit allem, was sich um dich her ereignet. Lass dich von allem anrühren. Die Liebe und das Glück gelingen, wo du etwas weißt, das dir wichtiger ist als du selbst. Wo dir ein Mensch wichtiger ist als du selbst. Liebe, Freundschaft, Nähe, Vertrauen und die gewisse Leichtigkeit, mit der du all das lieben kannst, sind die zartesten und verletzlichsten Geschenke, die das Leben für dich hat. Und das Glück, das sie bringen, wird solange bei dir bleiben können, als du ihm Raum gibst. Begegne dem Leben insgesamt mit Güte. Güte meint, dass einer es mit dem Leben, wie es ist, gut meint. Und dann sieh mit offenen Augen, was von all dem im Leben der unzähligen Menschen neben dir fehlt. Sieh das tiefe Unglück, in dem viele unter ihnen leben, und geh mit ihnen. Du hast keiner Moral zu gehorchen. Geh vielmehr alle die dunklen Wege mit, auf denen sie, vielleicht mit letzter Kraft, gehen. Geh alle die Wege mit, die ohne Hoffnung gegangen werden. Alle die Wege, auf denen Menschen sich mit falschen Hoffnungen zu trösten suchen. Geh mit in den dunklen Tälern, von denen aus keine Gipfel zu sehen sind. Es ist keine Weisheit, zu meinen, das Glück sei an allen Ecken billig zu kaufen. Die Kirche jedenfalls ist eine durch die Jahrhunderte immer weitergehende gemeinsame Wanderung von Menschen, die ihr Leid tragen können, weil neben ihnen andere gehen, die mittragen. Eine Wanderung hinter dem einsamen Mann her, der ihre Verlassenheit und Hoffnungslosigkeit, ihre Zweifel und Ängste übernahm, als er sie an seinen Tisch lud.

Das alles bedeutet nicht weniger als dass es gilt, das Leben überhaupt zu lieben. Einfach das Leben selbst, unabhängig von den Bedingungen, unter denen es sich abspielt. Es mehr zu lieben als alles auch, was ich darüber denke, was ich davon verstehe, was mir davon gelingt. Und diese Liebe zum Leben wird danach die Bedingung dafür sein, dass mir sein Sinn aufgeht.

Wir sprechen immer wieder davon, wir müssten uns auf etwas „verlassen“ können. Das Wort ist seltsam. „Sich verlassen“. Das heißt: aus sich heraustreten. Von sich weggehen. Das eigene Haus hinter sich lassen, in dem man sich bisher gesichert hat. Das Wort meint: Du gelangst erst auf festen Grund, wenn du nicht mehr auf dir selbst stehst. Wer sein

Leben erhalten will, wird es verlieren, sagt Jesus. Du darfst dein eigenes Leben nicht nur als dein eigenes Haus bewohnen wollen, wenn du dich gewinnen willst. Im Grunde geht es nicht mehr so sehr um ein Tun, sondern um ein Lassen. Gelassenheit entsteht dort, wo ein Mensch vieles, was er tun könnte, unterlässt. Er verlässt sich, wie einer, der eine Stube verlässt. Und er wird sich auf den festen Grund verlassen können, auf dem er dann steht: Das ist die Güte und die Weisheit Gottes. Und so findet er auf dem Boden des Verlässlichen die Gelassenheit, von der die Weisen aller Zeiten gesprochen haben. Gelassenheit ist eine Art anhaltender Geistesgegenwart, die Gegenwart des Geistes Gottes in uns. Sie ist anhaltende Heiterkeit. Wenn es die Gelassenheit eines Christen ist, dann hat sie ihre Kraft aus ihrer Hoffnung, aus ihrer Gewissheit und, vor allem, aus ihrer Bescheidung.

Man könnte geradezu das Ethos, das Jesus uns an die Hand gibt, als ein „Ethos des Lassens" bezeichnen. Jesus sagt und beschreibt damit die Gelassenheit, die er uns wünscht:

Du bist gejagt von deiner Sorge. Lege sie weg. Lass sie. Vertraue.
Du fürchtest dich, den Kürzeren zu ziehen. Lass deine Angst, sagt Jesus. Zieh ihn.
Du hast Angst, dass dir etwas entgeht. Lass das. Lass es dir entgehen.
Du willst siegen. Warum? Lass es. Gib dem Frieden eine Chance.
Du willst Recht haben. Warum? Gönne den Rechthabern, dass sie Recht haben.
Du willst dich wehren. Lass es, sagt Jesus. Halte deine Backe hin.
Du streitest gegen irgendwelche Feinde. Lass allen Streit. Du hast keinen Feind.
Du suchst Macht. Warum? Lebe in Frieden und strahle ihn aus.
Du suchst Ehre und Ansehen. Lass es. Lass dich missachten.
Du prozessierst, wenn du im Recht bist. Lass dein Recht fahren. Suche den Ausgleich.
Du willst oben sein. Die Steinzeit ist vorüber und auch der Faustkeil. Geh den unteren Weg.

Du willst dein Wort mit einem Eid sichern. Warum? Sage schlicht, was wahr ist.

Du willst dich in der Hand haben. Wozu? Lass dich los.

Du bist darauf aus, anderen gegenüber etwas darzustellen. Lass das. Wichtiger ist, dass du deine eigene, dir zugedachte Gestalt findest.

Du wartest auf Lohn. Lass das. Dein Lohn ist bei Gott in guten Händen.

Man hält dich für unwert. Störe dich nicht daran. Deinen Wert bestimmt ein anderer.

Du fragst nach dem Sinn deines Lebens. Lass das vergebliche Sinnieren; liebe und tu, was dir gesagt wird.

Du wirst für einen Träumer gehalten. Störe dich nicht daran. Du hast die Zukunft auf deiner Seite.

Wenn es dir gegeben wird, in dieser unverkrampften Offenheit zu leben, bist du auf dem Weg zur Gelassenheit. Das eben aber ist das Besondere an der Lebensweise, die dem Christen eigen ist: dieses durchgehende „Lass es!“ Sei, was du bist. Sei, was Gott in dir sieht. Ihr Besonderes ist, dass das Tun eines Christen, ohne moralische Vorschrift und ohne ethische Idealvorstellung, aus einem gelassenen Menschen heraus geschieht.

LUISE REDDEMANN

Die Energien innerer Bilder – neue Lebensräume eröffnen

Gäbe es nur eine Wahrheit,
könnte man nicht hundert Bilder zu einem Thema malen.
(Pablo Picasso)

Wolken machen mir Freude. Formen kommen und gehen. Und ich sehe dann Zwerge, Riesen, Feen, Tiere. Ich schaue gerne mit Kindern in die Wolken. Wir erfinden dann gemeinsam Geschichten. Es hat etwas Beruhigendes, dass diese erfundene Welt flüchtig ist, das lässt unserer Imaginationsfreude noch mehr Raum.

Was wäre, wenn das alles unveränderlich wäre? – Es gäbe kein Spiel mehr, die Bilder würden ihre belebende Kraft verlieren.

Es gibt Imaginationen mit dieser quälenden Starre. Imaginationen, die sich nur schwer verändern lassen, denen wir kaum entrinnen können. Meist sind die Inhalte dieser Bilder erschreckend, sie lassen uns erstarren.

Unsere inneren Bilder können mächtig sein, Gerald Hüther[1] hat jüngst aus der Perspektive des Hirnforschers auf diese Macht hingewiesen. Das wirft die Frage nach unserer Verantwortung für die inneren Bilder auf.

Es kann als sicher gelten, dass unangenehme Bilder – und Schreckensbilder – von denen, die es wollen, verändert werden können. Dazu eine kleine Geschichte: Zwei Männer stehen an der Bushaltestelle. Der eine bückt sich immer wieder, hebt etwas Imaginäres auf und steckt es sich in den Mund. Fragt der andere: „Was machst du da?“ – „Ich esse imaginäre Steine.“ – „Aber warum stellst du dir denn nicht vor, dass du Kaviar isst!“

Psychotherapeuten, die sich mit Imagination beschäftigen, scheinen eine relativ klare Vorstellung davon zu haben, was Imagination ist. Dabei scheinen das Visuelle und die Ineinssetzung mit dem Visualisieren zu dominieren. Und wenn wir vom ursprünglichen Wortsinn ausgehen, so scheint das auch nahe liegend.

Es könnte aber sein, dass wir gewinnen würden, wenn wir den Begriff der Imagination auf verschiedenste Formen inneren Erlebens ausdehnten. Das könnte die Frage aufwerfen, ob wir künftig die Fähigkeit zur Imagination in unterschiedliche Kategorien einteilen sollten, die sich an den „Intelligenzen" von Howard Gardner[2] orientieren könnten.

Zum Beispiel sprachliche Intelligenz, wie man sie etwa bei Schriftstellern, aber auch bei Rechtsanwälten und allen Menschen findet, die geschickt mit Sprache umgehen. Wendet man Gardners Kategorien an, so bemerkt man, dass sich eine von sprachlicher Intelligenz geprägte Imaginationsfähigkeit ganz entscheidend von einer von räumlich-sehender Intelligenz geprägten unterscheidet. Würden im ersten Fall beispielsweise Sprachbilder auftauchen, so würden im zweiten Fall eher Vorstellungen und Bilder, die mit Räumen und auch mit Bewegung zu tun haben, von Bedeutung sein. Wieder anders wäre es bei den weiteren Kategorien: logisch-mathematische Intelligenz, musikalische Intelligenz, interpersonale und intrapersonale Intelligenz. Wenn man die Bilder und Vorstellungen der unterschiedlichen Intelligenztypen oder genauer der hervorstechenden Intelligenzmerkmale nach Gardner einbezieht, wird leicht verständlich, warum verschiedene Menschen sehr unterschiedliche Imaginationen verwenden. Bisher sind wir in der Psychotherapie vielleicht allzu sehr daran gewöhnt, nur bestimmte, eher dem Bereich der räumlich-visuellen und musikalischen Intelligenz zugehörige Imaginationen als solche gelten zu lassen. Manche Patienten – mit vermutlich dominanter mathematischer Intelligenz – leben in einer Welt der Formen und Formeln, die wir dann landläufig als „abstrakt" bezeichnen. Die Intensität und Sinnhaftigkeit aber, die manche unserer Patienten damit zu verbinden scheinen, ließen in mir nach und nach die Frage entstehen, ob dies nicht doch auch eine Form des Imaginierens darstellt.

Manche Psychotherapieschule tut sich mit Imagination schwer. Von Freud z. B. sagen Singer und Pope[3], dass Freud zwar klar gewesen sei, „dass man das Unbewusste nur durch konkrete Manifestationen von Imagination ... erreichen kann", jedoch halten sie es für möglich, „dass er ernstlich die adaptive Kraft der menschlichen Imagination unterschätzte." Und: Imagination sei nicht Gegenstand der Psychotherapierichtlinien, schreiben manche Gutachter an Therapeuten, die es wagen, in ihren Berichten etwas von imaginativer Arbeit zu schreiben.

Rabbi Nilton Bonder[4] erzählt in seinem kleinen Buch „Der Rabbi hat immer Recht" von der Weisheit des großen chassidischen Meisters Reb Schneur Salem.

Dieser unterschied vier „Welten":

Die Welt, in der das Erkennbare erkennbar ist.

Die Welt, in der das Erkennbare verborgen ist.

Die Welt, in der das Verborgene erkennbar ist.

Die Welt, in der das Verborgene verborgen ist.

Die chassidische Tradition ist stets voll von Bildern, Anspielungen, Metaphern, alles mentale Akte, die mehr oder weniger auch das Reich der Imagination berühren oder aus ihm stammen. Die vier Aussagen regen zu Imaginationen an. Das „Erkennbare" und das „Verborgene", welche Bilder, Vorstellungen, Räume, Bewegungen, Klänge tauchen dazu auf? Und: Wozu rechnen wir unsere therapeutischen Erfahrungen? Wissenschaft, insbesondere wenn sie neuerdings als evidenzbasiert daherkommt, konzentriert sich zumeist nur auf den ersten Bereich. Jedoch gehört zu jedem Gewussten auch das Nichtgewusste, zum Entdeckten das Unentdeckte, ja das Geheimnis.

In den meisten Therapien und Beratungen kommen alle vier Bereiche mehr oder weniger zum Tragen.

Eine Frau, Mitte sechzig, kommt in Therapie. Sie leidet an Depressionen, solange sie denken kann, sagt sie. Ihr Leben war schwer. Sie hat viele Schicksalsschläge erlitten.

Wie kann ein Mensch das aushalten? – Ihr Glaube habe ihr geholfen, erzählt sie. Aber es sei trotzdem „zu schwer". – „Wie schwer, wenn

Sie es sich als ein Gewicht vorstellen?" – „Zentnerlasten." Die Bilder haben Macht, das spüren wir beide. Das schwere Leben. Die Schicksalsschläge, die Zentnerlasten. „Wenn es wie im Märchen wäre? Es würde ein Wunder geschehen ...?" Sie lächelt. „Dann wäre da ein riesiger Felsbrocken. Und dann käme ein Riese und würde ihn mitnehmen, er könnte darauf sitzen ... Ja, der Brocken wäre ein guter Platz für ihn, um sich auszuruhen ..."

„Und Sie? Was machen Sie ohne Ihren Brocken?" – „Ich würde davonhüpfen". Nun stellt sie sich das vor, hat Lust, es auszuprobieren. Geschichten fallen ihr ein. Aus der Zeit, bevor alles anfing, alles schwer wurde. Da ist sie gehüpft, damals als kleines Mädchen, auf dem Dorf bei den Großeltern. Das hatte sie ganz vergessen. Sie war ein fröhliches Kind. „Das Kind ist ja noch da. Sie spüren es grade." – Da kommt sie noch stärker in ihre Leichtigkeit hinein. – „Es ist also beides: das Schwere und das Leichte." – „Ja, das merke ich jetzt. Es ist nicht verloren. Ich kann es erleben."

Was ist das Wunder? Das Verborgene, das verborgen ist? Dass die Patientin eine Heilkraft in sich hat? Darüber wird viel geforscht und vieles hat inzwischen eine Erklärung gefunden. Und doch bleibt ein Bereich, der schwer erklärbar ist. Wie kann ein kleiner Anstoß, ein minimales Angebot so viel in Gang setzen? Es ist nicht viel geschehen. Einige wenige Bilder. Bewegung. Wie bei den Wolken. Das Kommen und Gehen. In der Welt, in der Verborgenes verborgen ist, scheint das Handeln dem Denken vorauszugehen. So hat die Patientin in der Imagination erst gehandelt. Den Riesen auf den Stein gesetzt, dann ist sie gehüpft. Wie das in ihr geschehen konnte, lässt sich nicht sicher erklären. Wenn wir ihr eine räumliche Intelligenz zutrauen, die sich in ihren Einfällen äußert und die seit Jahrzehnten eingefroren war, dann erklärt sich ein wenig mehr.

Die Eröffnung des neuen Raumes macht sie zur Schöpferin.

In der Psychotherapie könnten *heilsame* „Bilder" und andere imaginative Erfahrungen noch mehr gefördert werden, wir könnten uns an Paracelsus erinnern, der die Imagination für die Heilkraft schlechthin hielt, das, was uns mit unserem göttlichen Kern verbindet.

Es bedarf manchmal eines behutsamen und doch auch entschlossenen Vorgehens, um einer scheinbar unaufhaltsamen Entfaltung unheilsamer Bilder Einhalt zu gebieten.

Eine Frau, Anfang dreißig, ist schon länger in Therapie. Auch ihre Lebensgeschichte ist voll von Schrecken. Diese Patientin ist außerordentlich kreativ. Sie kam mit der Gabe malen zu können bereits in ihre Therapie. Sie beschäftigt sich fast ausschließlich mit ihren Schrecken. Sie meint, das sei notwendig. Stunde um Stunde bringt sie Bilder mit, in denen sie das Grauen darstellt. Auch ihre Therapeutin meint, das müsse so sein. Andererseits fühlt sie sich nach jeder Stunde erschöpft und ausgelaugt. Die Symptome der Patientin nehmen eher zu. Daher sucht die Therapeutin Rat. „Was für eine Vision haben Sie für diese Therapie?“ – „Dass die Patientin wieder in Kontakt kommt mit ihren Stärken. Sie kann so viel, aber das ist alles in Vergessenheit geraten. Wir beide hätten mehr Freude aneinander, würden auch mal lachen ... Doch, das wäre schön ...“ – „Erzählen Sie mir bitte noch mehr von den Stärken Ihrer Patientin ... und von Ihren.“ – „Ich liebe die Natur, gehe lange spazieren, das gibt mir Kraft. – Meine Patientin? Sie liest viel, ist sehr intelligent. Studierte mal Mathematik, das hat sie abgebrochen.“ – „Wie wäre es, wenn Sie sich Ihre innere Weisheit vorstellen würden? Vielleicht ihr in der Natur begegnen würden? Was würde sie Ihnen raten zu tun?“ – „Ich treffe sie auf einer Waldlichtung. Eine alte weise Frau ... Was sagt sie mir? Sie lächelt. Sagt nichts. Seltsam. Jetzt zeigt sie mir eine Tafel, da steht eine mathematische Formel drauf. Was soll das denn? Ach so, die mathematische Begabung der Patientin nutzen. Sie nickt, lächelt. Dann kann sie logisch denken. Klar. Ich könnte an ihre Logik appellieren, dass es nicht hilft, sich nur mit Schlimmem zu beschäftigen. Die Alte nickt mir zu. Es sieht aus, als macht sie mir Mut.“ Die Therapeutin hat die spezifische Intelligenz ihrer Patientin entdecken können und setzt ihre Erkenntnisse in der nächsten Stunde um. Sie bittet die Patientin, die bisherigen Erfahrungen auszuwerten.

Was ist die logische Konsequenz aus dem bisherigen Verlauf? Dass die Beschäftigung mit Schlimmem alles schlimmer macht. Da die Patientin gerne liest, empfiehlt ihr die Therapeutin die Lektüre einiger entsprechender Bücher. Das Blatt wendet sich. Da es der Patientin nun einleuchtet, dass sie ein Gegengewicht zu ihren Schreckensbildern braucht, und da sie ja über starke Fähigkeiten verfügt, sich Bilder vorzustellen und diese zu Papier zu bringen, malt sie nun zu jedem ihrer Schreckensbilder ein Gegenbild. Nach und nach fühlt sie sich besser, hoffnungsvoller.

Die Wende könnte hier die Einladung der Supervisorin gebracht haben, eine Vision für die Therapie zuzulassen.

Wahrscheinlich haben alle Therapeutinnen und Therapeuten Visionen für ihre Patientinnen und Patienten. Aber werden sie genutzt? Werden sie bewusst verfügbar gemacht?

Therapeuten hätten hier auch eine Möglichkeit, ihrem Burnout vorzubeugen.

In der Wirtschaft haben sich Visionen schon länger durchgesetzt. Erfolgreich scheinen Manager zu sein, die ihre Visionen leben. Und die ihre Mitarbeiter ebenfalls einladen, sich Visionen zu gestatten.

Die Leserin/der Leser möge die folgenden Bilder/Metaphern, die dem Buch des Managementberaters Gareth Morgan, „Bilder der Organisation“[5], entstammen, auf sich wirken lassen: Die Organisation als *Maschine*, als *Organismus*, als *Gehirn*, als *Kultur*, als *politisches System*, als *psychisches Gefängnis*, als *Fluss und Wandel*, als *Machtinstrument*. Es ist sicher leicht feststellbar, wie die verschiedenen Bilder ganz unterschiedliche Empfindungen, Assoziationen bis hin zu Körperreaktionen auslösen.

Eine sehr kraftvolle, oft Visionen ermöglichende Imagination ist die der „inneren Weisheit“. Viele sehen diese innere Weisheit als alte weise Frau oder als alten weisen Mann. Aber andere sehen auch das göttliche Kind, hören eine sie inspirierende Musik, fühlen einen Drang sich zu bewegen oder entwerfen eine mathematische Formel und vieles andere. Das Wesentliche scheint mir, dass jemand sich selbst an die Hand nimmt und den Schritt auf diese Weisheit zu macht. Man kann dazu ermutigen, aber getan werden muss der Schritt alleine.

Die innere Weisheit ist die beste Supervisorin, die man sich wünschen kann. Wird sie angesprochen, werden die Kraftquellen deutlicher.

Da tauchen blitzartig Wissen und Weisheit auf, Geschichten, Märchen.

Rituale, wenn sie nicht erstarrt sind, helfen diesen Welten in die Welt. Dazu eine Geschichte, die ich in der Einfachheit und Schlichtheit, ja Naivität des Protagonisten besonders eindrucksvoll finde, es handelt sich um ein Interview mit Michael Herbig[6]. „Über meinen Traum, den ich momentan lebe, kann ich mich überhaupt nicht beschweren. Ich habe mir immer vorgestellt, im Kino zu sitzen und im Abspann zu lesen: Regie: Michael Herbig. Bei meiner ersten Regie hat mir Rick Kavanian eine Happy Hippo-Figur geschenkt. Damals gab es in den Überraschungseiern eine Serie mit einem Filmteam, und er hat mir den Happy Hippo ‚Regie' geschenkt. Den habe ich Alfred (nach Alfred Hitchcock) genannt. Seitdem habe ich den in der Hosentasche. Ohne fange ich auch nicht mit dem Drehen an. Wenn ich Alfred im Hotel vergesse, fahren wir zurück, egal, wo wir sind." Für Uneingeweihte: Michael Herbig ist der Mann, der den erfolgreichsten deutschen Film, „Der Schuh des Manitu", gedreht hat, zwölf Millionen Menschen haben diesen Film gesehen. Er ist Autodidakt, wurde nicht auf der Filmhochschule angenommen, aber er hatte die Kraft, seinen Traum nicht aufzugeben, oder sein Traum gab ihm Kraft. „Mit zwölf wurde mir klar, dass ich Filme machen will." Und als er auf der Filmhochschule abgelehnt wurde: „Irgendetwas sorgt jetzt dafür, dass ich da nicht hingehe." Da scheinen gute innere Bilder am Werk zu sein, die diesen jungen Mann dazu brachten, nicht aufzugeben.

Würde sich eine Wissenschaft, bei der es ausschließlich um das Erkennen des Erkennbaren geht, da mit Erklärungen nicht etwas schwer tun?

Wenn wir Erkennbares genau erkennen, können wir uns und unseren Verstand davon überzeugen, dass es andere Welten gibt, und wir können merken, dass es mehr gibt als das Erkennen des Erkennbaren.

Imagination als die wohl älteste Form der Heilkunde ermöglicht es, verschiedenste Wege zu gehen. Manche stellen sich alsbald als ungangbar heraus, zu steinig, zu schwierig, aber vielleicht auch einmal zu leicht, zu langweilig. Dann wird ein neuer Weg eingeschlagen. Die Imagination verleiht uns Flügel oder bringt uns in Fluss. Es ist daher nicht schwer, einen anderen Weg auszuprobieren. „Lebensträume, Sinnsprachen, Optionen, Gewissen bauen sich nicht vorrangig durch Argumente auf. Sie werden durch *Bilder, Lieder, Erinnerungen und Erzählungen* eingeübt", schreibt Fulbert Steffensky[7] (Hervorhebungen L. R.).

Ein kleiner Junge wird von Alpträumen geplagt. Als Baby war er lange im Krankenhaus. In den Alpträumen erlebt er namenlosen, wortlosen Schrecken. Die Mutter gibt ihm einen Traumfänger. Da kann er ruhig schlafen. Dann ein Besuch. Die Mutter hat vergessen, den Traumfänger einzupacken. Die Großmutter, eine fromme Frau, hat eine Idee. Ihr hilft Maria. Davon erzählt sie ihrem Enkel. Ob auch er sich von ihr helfen lassen will? Doch, das will er. Er bekommt ein Bild ins Zimmer gehängt. Maria, von der er schon weiß, das sie „die Mutter Gottes" ist, wird über seine Träume wachen. Er schläft ruhig.

Was hat „wirklich" geholfen? Seine Fähigkeit, sich Heilsames vorzustellen? Trägt ihn das Vertrauen in Großmutter und Mutter? Seine interpersonale Intelligenz? Die guten inneren Bilder von guten, heilsamen Beziehungen?

Placebo- und Nocebo-Forschung sind ein interessantes Feld für die Erforschung der Wirksamkeit von Imagination. Man spricht von „Glaube". Doch was tatsächlich geschieht, ist, dass jemand sich vorstellt, dass das Mittel, die Intervention, der Arzt hilft. Darum kann der Arzt Arznei sein, darum konnte dem kleinen Jungen der Glaube an Maria helfen. Aber vielleicht gibt es in der Welt, wo Verborgenes verborgen ist, Geheimnisse, die wir selbst mit unserem Wissen über die Heilkraft von Imagination nicht erfassen können.

Wenn man über Imagination nachdenkt, kommt man an Gottesbildern nicht vorbei. Ingrid Riedel hat auf den eklatanten Unterschied in der Erfahrung mit lachenden Buddhas in Ostasien und dem gekreuzigten Jesus im Westen hingewiesen. In Ostasien ist die Kunst völlig anders geprägt als hier. Neben den lachenden Buddhas gibt es noch andere, z. B. Tara, die dortige Ausformung der „großen Mutter“, häufig als sehr sinnliche Frau dargestellt. Hier im Westen steht für die große Mutter Maria, die Mutter Gottes, aber eben auch die Jungfrau. Solche Bilder haben Wirkung, die wir auch in Therapien zu spüren bekommen.

Wenige Patientinnen haben in sich Vorstellungen von vorbildhaften und Orientierung ermöglichenden Frauen, und die Frauenbilder vieler unserer Patienten sind immer noch von den stereotypen Bildern der Heiligen und der Hure geprägt, während ihr Männerbild dem des einsamen Helden entspricht. Wenn diese Imaginationen auch Archetypen sein mögen, so sind sie gleichwohl sehr einseitig und es gilt, auch noch ganz anderen Vorstellungsbildern Raum zu geben. Tara z. B. ist auch die Kämpferin, die Heilerin wie die Zerstörerin. Sie ist heldenhaft und sanft. Wieder anders sind die Bilder der alten Weisen im Gegensatz zur bösen alten Hexe.

Imagination kann eine heilsame und eine zerstörerische Kraft sein. Da unsere inneren Bilder gleichzeitig bestehen und auch wahrgenommen werden können, kann das Heilsame und das Unheilsame auch gleichzeitig bestehen. Insoweit bildet Imagination unsere Wirklichkeit genauer ab als Sprache, die Gegensätzliches nicht gleichzeitig, sondern nur hintereinander beschreiben kann.

Wenn wir jetzt und in der Zukunft gefordert sind, uns in der Vielfalt der Möglichkeiten besser zurechtzufinden, kann eine imaginativ immer wieder neu zu erschaffende und erschaffene Welt uns helfen, deren Reichtum zu erkennen und uns weniger vor ständigem Wandel zu fürchten. Ja, mehr noch, Imagination ist Voraussetzung unserer Schöpferkraft und unseres Erfindungsgeistes.

GISELA RIESS

Sich vom Inneren herausfordern lassen – die wegweisende Kraft von Träumen

Die Bewusstseinserweiterung ist eines der großen Geschenke unserer Träume. Wir können erleben, wie sich unsere Weltsicht und unsere Wertvorstellungen verändern, Schwerpunkte sich verlagern, unsere Schattenaspekte ein ungeheures Potential in sich bergen, das zur Erweiterung unserer Persönlichkeit dienen will.

Wir bekommen neue Angebote des Denkens, des Fühlens und des Handelns. Unsere Beziehungen erscheinen in einem anderen Licht und können sich so aus einem anderen Geist neu gestalten. Wir erleben, dass wir unter der inneren Führung einer tiefen Weisheit stehen, die das Optimale für uns im Sinne hat und uns bei seiner Verwirklichung unterstützen will. Und so ist es eine große Freude mitzuerleben, wie sich unser alltägliches Bewusstsein erweitert, neue Informationen und Weisungen empfängt durch verschlüsselte, symbolische Erlebnisgeschichten, durch klare eindeutige Sätze und Bilder oder auch durch wissende, weise Gestalten, die uns eine Botschaft vermitteln, die es dann allerdings auch umzusetzen gilt.

Zu Beginn meines „Traumweges“ hatte ich folgenden Traum:

Ich stehe in der Nähe eines Moorsees in einer urwüchsigen Waldlandschaft unter einem hoch aufragenden Laubbaum mit weit ausladender Krone, fest an den kräftigen Stamm gelehnt, mit den Füßen auf dem uralten knorrigen Wurzelwerk, das sich weitläufig über der Erde erstreckt. Mein Herz ist schwer, voller Spannungen. Ich seufze und bin ratlos, wie ich das riesige Pensum bewältigen soll, das vor mir liegt.

In dem Augenblick beginnt die Erde zu beben und das starke Wurzelwerk sich wie lebendige Schlangen auf und nieder zu bewegen. Ich drohe, den Halt zu verlieren.

Da höre ich plötzlich eine laute Stimme aus der Krone des Baumes zu mir sprechen: „Du musst es machen wie die Kopfjäger."

Ich schaue hinüber auf den Moorsee. Und da sehe ich aus dem dahinter liegenden Dickicht immer mehr Kopfjäger auftauchen, jeder mit einem Schrumpfkopf vor der Brust, und wie sie beginnen, im Kreis den Moorsee zu umwandern.

Ich bin tief beeindruckt von der Stimme und der vor mir sich vollziehenden Zeremonie, ohne zu begreifen, was das bedeutet.

Diesen Traum hatte ich in einer Zeit schwerer Erschütterung, in der meine Reise nach innen entlang meiner Träume begann, welche mich in immer tiefere Regionen der Wirklichkeit und der Weisheit der Seele hineinführten. Die Träume wurden so meine Führer, Lehrmeister und Begleiter in die „Anderswelt", in die „Traumzeit" jenseits unserer bewussten Wirklichkeit. In diesem Sinne habe ich später viele Menschen mit ihren Träumen auf ihrer Abenteuerreise in ihre inneren Welten begleitet.

Diesen Einstiegstraum habe ich zunächst nicht verstanden. Erst nach und nach offenbarte sich mir sein verborgener Sinn und seine Weisheit durch das tiefere Erfassen seiner Symbolik.

Der Baum mit seinem kräftigen, weit ausladenden Wurzelwerk, das tief in die Erde hinein verankert ist, mit seiner üppigen Laubkrone, die sich weit in den Himmel ausdehnt, mit seinem kräftigen Stamm, der jedem Sturme trotzt: Er ist ein Symbol für unsere allumfassende, sich in verschiedene Dimensionen und Bewusstseinsräume entfaltende Existenz als Mensch. Wir wissen von den alten Schamanen, dass sie über diesen Schamanenbaum sowohl in die Oberwelt als auch in die Unterwelt reisen konnten, um verloren gegangene Seelen zu suchen, wieder heimzuholen und sie mit dem Heilsuchenden wieder zu verbinden.

Die Stimme der Weisheit aus dem Baum gab mir die Gewissheit und das Vertrauen, dass dieses oft schwierige Wachstum von höherer Ebene begleitet ist.

Der Moorsee ist wie eine Öffnung unseres archaischen Schöpfungsurgrundes, der durch die rituelle Umschreitung der Kopfjäger als heiliger Bezirk geehrt wird. Er ist wie ein Einstieg in die Unterwelt.

Die Kopfjäger sind magisch Wissende, tief verbunden mit Mutter Erde. Aus ihr erwächst im mythologischen Sinne alles Leben und wird wieder in sie zurückgenommen, um sich aus ihr neu gebären zu lassen.

In den kriegerischen Unternehmungen der Kopfjäger war der errungene Kopf eines Feindes nicht nur eine Trophäe als Zeichen des Sieges. Indem diese durch einen rituellen Prozess den Kopf schrumpfen ließen und so haltbar machten, glaubten sie, den Rachegeist des Feindes zu bannen und sich gleichzeitig seiner Macht, seines Wissens und seiner Seele zu bemächtigen; denn nach altem Glauben sitzt die Seele des Menschen im Kopf.

Für mich war von besonderer Bedeutung, dass die Kopfjäger in meinem Traum ihren errungenen Schrumpfkopf vor der Brust, vor ihrem Herzen tragen als Symbol seiner Einverleibung.

Psychologisch gesehen könnte das zum einen die Integration des bekämpften feindlichen Schattens bedeuten als ein notwendiger Prozess auf dem Individuationsweg. Zum anderen aber, dass das eigentliche, erweiterte Bewusstsein – hier symbolisiert durch den Kopf, nach dem die Kopfjäger strebten – ein Herzbewusstsein ist: ein ganzheitliches Erfahrungswissen durch die Qualität des Herzens, ein Bewusstsein, das heil macht, das weise macht, das schöpferisch macht, das liebend macht.

Später erlebe ich mich noch einmal in dieser Moorlandschaft, in Begleitung meines Lehrers. Meine Aufgabe ist es, in den moorigen See hineinzusteigen. Mein Lehrer steigt vor mir hinein, um mir Mut zu machen. Und ich sehe, wie sich um ihn das Muster eines Rades bildet und das Wasser sich aus dem moorigen Dunkel in leuchtendes Grün wandelt. In einer neuen Szene steige ich nun auch voller Vertrauen in das moorige Wasser und erlebe, wie sich um mich herum ein Rautenmuster bildet und das Wasser sich auch in ein leuchtendes Grün umwandelt.

Die Verwandlung des Wassers vom moorigen in ein klares grünes Heilwasser geschieht dadurch, dass wir jeweils hineinsteigen in die Tiefe des Urgrundes und den Moorsee nicht nur umschreiten wie die Kopfjäger. Ich bin also mitten im Prozess, und er ist gesegnet.

Ich erfahre etwas darüber, wodurch Verwandlung geschehen kann: durch Vertrauen und Mut, in die eigenen Tiefen hinabzusteigen.

Das Rad ist ein uraltes Symbol für die Sonne. Sie ist das Zentrum, und die Speichen des Rades sind ihre Strahlen. Die Sonne gilt auch als Symbol für strahlendes männliches Bewusstsein. So entspricht das Rad hier sehr treffend dem Seinszustand meines Lehrers.

Das Muster, das sich um mich herum bildet, ist ein Rautenfeld.

Die Raute gilt auch als Symbol des weiblich-schöpferischen Prinzips, als Öffnung zum unerschöpflichen mütterlichen Urschoß der Erde.

Der Weg führte also zunächst in diese Tiefen meiner Seele, und so geschah es auch in meinem Leben.

Es ist wichtig, auf die Weisheitsaspekte in unseren Träumen zu achten. Sie sind daran zu erkennen, dass sie klar, eindeutig und überzeugend sind und keiner Deutung bedürfen. Wie sich eine höhere Weisheit in unserem Leben „inkarnieren" und sich in die Welt hinein gestalten kann, erlebte ich selber in einem Traum:

„Ich bin als Assistentin in einer gynäkologischen Praxis eines Professors. Der nächste Patient ist seltsamerweise ein alter Mann, eine eindrucksvolle Gestalt, sehr groß, schlank, mit langem weißen Haar und Bart, in einem langen weißen Gewand und, was das Verwunderliche ist, mit einem dicken Bauch. Er kommt zur Entbindung. Ich denke, wie soll das zugehen – das geht doch nur mit einem Kaiserschnitt. Während ich auf den Professor warte, erlebe ich mich plötzlich selber auf einer Liege liegen. Über mich gebeugt steht der hochschwangere Mann und führt mir eine sehr lange Spritze in die Weichstelle zwischen Daumen und Zeigefinger bis hinein ins Handgelenk. Ich spüre meine Sinne schwinden. Und als ich wieder zu mir komme, ist sein Kind durch mich geboren."

In diesem Traum diene ich mit meinem weiblichen Leib als Gefäß, aus dem sich die höhere Weisheit – hier symbolisiert durch den ganz in Weiß erscheinenden weisen alten Mann – gebiert und in Teamarbeit in die Welt gebracht wird, um sich hier zu entfalten und zu wirken.

Wenn wir in unserer alltäglichen Arbeit an unseren persönlichen Aspekten einigermaßen in Frieden mit uns selbst und ausgeglichen sind, oder aber auch in Krisenzeiten, können sich in unseren Träumen potentiell neue, erweiterte Räume, andere Bewusstseinsräume eröffnen. Wir erkennen sie an einer ungewöhnlichen Intensität des Erlebens, der Farben, der Klarheit, an veränderten Energie- und Gefühlsschwingungen und an einer besonderen Art der Kommunikation.

In Träumen werden wir auch belehrt: Zum Beispiel bekomme ich in einem Traum „Manuale" zu einem Computer, um sein System klarer zu verstehen. Dazu wird mir erklärt, was meine Aufgabe sei: die Sichtbarmachung der inneren Arbeit, das Verstehen des inneren Programms im Computer, d. h. unseres Bewusstseinssystems, und das dann zu lehren.

In einem anderen Traum wird mir gesagt, ein wichtiger Teil meiner Arbeit sei es, Ebenen und Kanäle zu öffnen für neue Energien und Erfahrungen – und der „Transfer" von einer Ebene auf eine andere über die Kraft der Liebe aus dem Herzen.

Hier erlebe ich die Verbindung zu meinem Einstiegstraum mit dem Kopf als Sitz des Bewusstseins über dem Herzen. Ich möchte für mich und meine Arbeit auch noch unser tiefsitzendes Bauchwissen mit einbeziehen, das uns über unsere Gefühle eine klare Hinweise und Orientierung geben kann.

Eine besondere Art der Energiearbeit erlebte ich in einem Traum, in dem ich mit einer befreundeten Heilpraktikerin zusammen vor der Schranke einer „Energieumwandlungsstation" eingesetzt bin, um einer großen Menge Menschen, die bereit sind, auf eine nächsthöhere Ebene zu gehen, eine Energieanhebung zu ermöglichen. Wir bekamen dazu auch eine Anleitung.

In solchen Träumen wird uns eine Aufgabe gezeigt, die wir nachts nach meinem Erleben auch tatsächlich vollziehen und die relevant ist für unsere Tagesarbeit.

Ein weiterer Traum zu unserer möglichen nächtlichen Heilarbeit ist folgender:

Ich fahre mit meiner befreundeten Heilpraktikerin auf einem großen Dampfer, eine Art „Mutterschiff", auf einem breiten Fluss in einer Urlandschaft immer tiefer ins scheinbar unbewohnte dschungelartige Hinterland hinein. Über unserem Schiff schwebt ein großes „K". Das signalisiert den Ureinwohnern, die dort verborgen wohnen, dass wir mit einem „Heilschiff" unterwegs sind, um an ihnen, falls sie es benötigen, Heilarbeit zu tun. Sie erkennen das an dem „K". Tatsächlich stehen an bestimmten Stellen Gruppen von Menschen, die auf unsere Hilfe warten. Wir beiden Frauen lösen dann jeweils unser kleines Schiff, über dem ein großes „M" schwebt, vom Mutterschiff ab und fahren hinüber ans Ufer, wo wir unsere Heilarbeit tun, jede auf ihre besondere Weise. Wir sind ein gut aufeinander abgestimmtes Team. Danach begeben wir uns wieder zu unserem Mutterschiff und setzen die Fahrt fort.

Was das große „K" und „M" bedeuten könnten, darüber rätsele ich noch immer und habe nur Vermutungen.

Träume sind in sich heilsam. Der Kontakt mit unserer Seelentiefe, der im Traum geschieht, verbindet uns mit der in uns wohnenden Heilkraft. Das ist eine Erfahrung, die jeder machen kann, wenn er seine Träume als die andere Wirklichkeit in sein Leben mit einbezieht und erlebt, wie sie uns spiegeln, alte Denk- und Verhaltensmuster aufdecken, Beziehungen beleuchten, Korrekturen vornehmen, neue Sichtweisen und Lösungsmöglichkeiten anbieten.

Und wir können im Traum auch direkt Heilbehandlung erfahren wie einst im Tempelschlaf im antiken Epidaurus, wo den Heil- oder Ratsuchenden nachts im Traum der Arztgott Asklepios erschien als bärtiger Mann, als schöner Jüngling, als Kind im Kapuzenmantel oder in seiner theriomorphen Gestalt als Schlange oder Hund. Die Heilung geschah jeweils im Traum durch das bloße Erscheinen des Heilgottes, durch Berühren des kranken Körperteils, Aufzeigen eines Heilmittels oder durch die Beantwortung einer Frage durch einen Orakelspruch, der dann von einem Priester gedeutet wurde.

Hinter dieser Heilmethode lag die Überzeugung, dass Heilung durch die Eingebung von Träumen möglich sei.

Aus der Fülle von Träumen, die ich mit Träumenden angeschaut habe, möchte ich die Heilangebote, die uns auch heute unsere Seele im Traum zur Verfügung stellt, als „alternative Heilmethoden" vorstellen, die uns zum Teil auch real vertraut sind und im Traum von verschiedenartigen Heilerinnen und Heilern ausgeführt werden, u.a. auch von einer tibetischen Priesterheilerin oder einem Maya-Schamanen.

Da wird Akupunkturmassage angewandt, um Blockierungen aufzulösen und die Energien wieder ins Fließen zu bringen, wobei die Träumerin den Prozess durch bewusstes Visualisieren der fließenden Energie und durch bewusstes Atmen unterstützen soll.

Chi Gong-Übungen werden gezeigt und empfohlen.

Eine oft wiederholte Heilweise ist das Baden in grünem Heilwasser oder in einem wohltuenden Bad mit Essenzen, z. B. „Zitrus-Magnesium". – Mit Bachblütenessenzen wird gearbeitet, mit Düften und vor allem mit Farben, oft kombiniert mit Edelsteinen.

Einer Frau wird ein handgroßer Pyrit zum therapeutischen Heilen geschenkt. Außerdem soll sie mit Farben arbeiten, z. B. mit dem Rosa vom Rosenquarz, dem Hellblau des Aquamarin und mit dem Rot des Feueropals. Eine Träumerin wird mit einem leuchtenden Sonnengelb eingesalbt und bekommt eine Essenz aus Ginseng.

In einem von einer Träumerin als besonders erlebten Traum wird ihr von einem übergroßen schwarzen Vogel mit seiner Flügelspitze ein Kristall auf ein krankes Organ in Höhe ihrer Hüfte gelegt, während über und an ihrem Kopf unsichtbare, aber spürbare Wesen arbeiten, von denen ein starkes Kraftfeld ausgeht.

Es ist spannend, sich nach solchen Träumen auch tatsächlich mit der Farbenlehre, der Edelsteinkunde, mit Aromen und anderen Essenzen zu beschäftigen, mit ihrer Symbolik und Wirkweise.

Oft wird Energiearbeit an den verschiedenen Chakren und mit ihren Farben gemacht. Auch das ist heute ein sehr interessantes Gebiet in der Heilarbeit.

Vielfach geschieht im Traum auch Heilung durch Handauflegen, manchmal sogar an einem besonderen Ort, z. B. in einer Pyramide oder in einem unterirdischem Raum.

Selbst alte schamanische Heilrituale finden in heutigen Träumen ihre Anwendung: Da steht ein großer Bär aufrecht hinter einer Träumerin als „Heilende Präsenz", wie sie sagt. Es kommt zur Begegnung und einem heilsamen Gespräch.

In einem Traum werden alte verbrauchte und kranke Körperteile und Organe herausgenommen und durch neue ersetzt.

Bei einer Träumerin wird aus dem Mund- und Halsbereich alles festgesetzte Komplexhafte bei vollem Bewusstsein herausoperiert, das Umfeld gereinigt und mit einer Kompaktmasse aus heilendem organischem Material ausgefüllt, welches dann nach einiger Zeit wieder herausgenommen wird.

Eine Träumerin wird auf eine Weise massiert, dass das blutige Innere ihres Körpers sichtbar wird. Ein Kalb wird geschlachtet und ihr ganzer Körper mit seinen blutigen Innereien eingehüllt. Dann werden einzelne Organe des Tieres auf die entsprechenden Organe der Träumerin gelegt und so ein Prozess der Blutreinigung, des Blutaustausches und der Bluterneuerung durch das Tierblut eingeleitet.

Erwähnen möchte ich hier noch eine besondere Art von Träumen, die sehr heilsam und tröstend sind und von Träumenden als sehr real erlebt werden, in denen Trauernde ihren Verstorbenen begegnen. Diese erscheinen oft in einem veränderten Zustand, geben ihren Angehörigen ein Zeichen oder vermitteln ihnen eine Botschaft, meist über ihr Wohlergehen auf der anderen Seite.

Diese „Begegnungsträume" haben eine andere Qualität als übliche

„Erinnerungsträume“, in denen man vom Verstorbenen träumt, wie man ihn zuletzt erlebt oder aus früheren Zeiten in Erinnerung hat.

Träume sind Schöpfungen unserer Seele. Sie bergen in sich eine hohes Potential an Schöpferkraft und verbinden uns mit dem heilsamen schöpferischen Urgrund unserer Seele, der in die archaischen Tiefen des kollektiven Unbewussten reicht und zugleich in die geistigen und kosmischen Höhen anderer Dimensionen. Aus diesem schöpferischen Quellgrund empfangen wir als erlebbaren Ausdruck unsere Träume, ihre Botschaften, unsere Intuition und Inspiration. Träume ermöglichen uns einen Zugang zu unseren Ressourcen und verborgenen Schätzen. Mit Hilfe der gestaltenden Sprache können wir die psychischen Energien und ihre heilsamen, schöpferischen Kräfte in unser Bewusstsein heben und in unsere Lebensgestaltung integrieren.

Dieser individuelle Prozess aber führt uns folgerichtig in die Gemeinschaft all derer, die unterwegs sind auf verschiedenen Wegen zu einem gemeinsamen Ziel, wie immer wir dieses auch definieren mögen.

Ich selber erlebte diesen Weg und dieses Ziel in einem Traum in Nepal, in einem Land zu Füßen des herrlichen Himalaya-Gebirges, in dem ich mit einer Gruppe unterwegs war, um das Land zu erkunden und seine Menschen zu erleben:

Wir sind auf einer Pilgerfahrt zum Gipfel eines hohen, kegelförmigen, bewaldeten Berges. Unser Pfad ist unwegsam. Es wird uns bedeutet, dass es vor sehr langer Zeit bestimmt und niedergeschrieben worden ist, dass wir als Gruppe lange auf diesen Weg vorbereitet wurden und jetzt dieses letzte Stück unserer Pilgerfahrt gemeinsam gehen werden. Wir kennen das Ziel noch nicht. Je höher wir kommen, umso mehr lichtet sich der Weg, und wir erkennen erst jetzt, dass hier auch andere Gruppen sternförmig von verschiedenen Seiten her ihren eigenen Weg des Aufstiegs machen. Auf dem Gipfel des Berges, auf einem weiten Plateau, treffen wir alle zusammen und sind überwältigt von einem eindrucksvollen, strahlenden Heiligtum, einer Stätte der Verehrung und des Segens.

Wir lassen uns alle auf dem Platz um dieses Heiligtum herum nieder, packen unsere Picknicksachen aus und feiern gemeinsam die Ankunft an diesem geheiligten Ort. Es wird ein großes Fest.

So schließt sich ein Kreis. Der individuelle Weg, begleitet von Träumen, führt in erweiterte Bewusstseinsräume und in die Gemeinschaft.

Wenn wir uns der weisen Schöpferkraft unserer Seele, wie sie sich in unseren Träumen offenbart, anvertrauen und uns von ihr führen lassen, entfaltet sich unser inneres Potential, in dem die Keime und Kräfte zum Heilwerden und zu einem erfüllten Leben verborgen liegen.

CHRISTA HENZLER

Den Gefühlen Farbe geben – die heilende Wirkung des Malens

„In dem Maße, wie es gelang, die Emotionen in Bilder zu übersetzen, d. h. diejenigen Bilder zu finden, die sich in ihnen verbargen, trat eine innere Beruhigung ein."[1] C. G. Jung spricht hier von der Fähigkeit des Menschen, zu imaginieren. Wir können in inneren Bildern Stimmungen, körperlichen Empfindungen und Gefühlen wie z. B. Schmerz und Angst einen Ausdruck geben. Dabei werden wir kreativ, sind nicht mehr nur Erleidende eines seelischen oder körperlichen Zustandes, sondern öffnen uns für schöpferische Impulse aus den tieferen Quellen des Unbewussten. Imagination als bewusst eingesetzte Methode kann uns helfen, einen tieferen Bezug zu uns selbst zu finden, erstarrte oder rigide Bewusstseinshaltungen aufzugeben und so lebendige Veränderungen zu initiieren. Über innere Bilder finden wir Zugang zu dem Schöpferischen in uns, zu unseren inneren Ressourcen und Selbstheilungskräften.

Als besonders hilfreich für die aktive Auseinandersetzung mit inneren Bildern hat sich das *spontane Malen* erwiesen. Voraussetzung für die freie Entfaltung unserer Kreativität beim spontanen Malen ist allerdings eine wertfreie Haltung, das heißt, wir müssen uns von der Vorstellung, „schön und gut malen zu wollen", befreien. Erst durch ein Loslassen von engen Vorstellungen, wie ein Bild auszusehen habe, kann sich das innere Bild entfalten. Malen aus dem Unbewussten ist von künstlerischem Können völlig unabhängig. Malen kann jede und jeder, gleich dem schöpferischen Kind, das selbstvergessen spielt und dabei aktiv ist.

Besonders in Lebenskrisen erweist sich das Malen aus dem Unbewussten als hilfreich, also in Situationen, denen wir nicht ohne weiteres entfliehen können und die bedrohlich erlebt werden. Es entsteht ein innerer Druck, der die inneren Bilder, gleich einem Geburtsvorgang, nach außen drängt. Oftmals ist es dann so, dass aus dem Unbewussten bisher Verdrängtes aus der Kindheit auftaucht, Angst und Verzweiflung mischen sich mit Hoffnung, Zuversicht, Neugier und Erwartung. In diesem Spannungsfeld entstehen dann neue Bilder, die einen inneren Entwicklungsprozess vorantreiben, wie wir dies in dem folgenden Beispiel einer Maltherapie sehen werden.

Es geht um die 39-jährige Lena, die innerlich so sehr unter Druck geraten war, dass sie psychotherapeutische Hilfe suchte. Während der zweieinhalb Jahre dauernden Analyse entstand eine Bilderserie, die eindrücklich ihren inneren Entwicklungs- und Heilungsprozess widerspiegelt. Leider war es nicht möglich, die Bilder in Farbe wiederzugeben, zumal die stärkste affektive Wirkung eines Bildes durch dessen Farbgebung hervorgerufen wird.[2]

Entstanden sind die Bilder überwiegend durch das Malen ihrer Träume. Oftmals hatte Lena auch Träume, die sie sehr ängstigten und die sie dann in der Sitzung im Sinne einer Aktiven Imagination weitergeträumt und anschließend gemalt hat.

Es ist grundsätzlich eine gute Methode – auch außerhalb einer Therapie –, Träume, die einem unverständlich erscheinen, zu malen. Während des Malens „träumt sich der Traum weiter". Oftmals ist es dann so, dass wir während des Gestaltungsvorganges anfangen zu verstehen, was der Traum und die darin vorkommenden Symbole für unseren aktuellen Lebenshintergrund bedeuten könnten. Auch Lena machte diese Erfahrung.

Eine Auswahl von fünf Bildern soll im Folgenden exemplarisch den Prozess verdeutlichen. Es wird sich zeigen, wie durch das Malen aus dem Unbewussten ein intensiver Heilungs- und Entwicklungsweg vorangetrieben werden kann und sich dieser in den Gestaltungen eindrucksvoll widerspiegelt.

Lena drohte zu Beginn der Therapie, im Sumpf der Depression und tiefer Selbstzweifel zu versinken. Sie fühlte sich insgesamt unglücklich:

Sie war unglücklich mit sich, mit ihrer Lebenssituation, sie erlebte sich ohne Heimat, innerlich wie äußerlich, hatte schon zahlreiche Umzüge hinter sich, lebte mehrere Jahre im Ausland südlich und nördlich auf dem Globus, verfügte über mehrere Ausbildungen ohne sich in einer wirklich niederzulassen und hatte mehrere unbefriedigende Beziehungen hinter sich. Aufgesucht hat mich Lena jedoch, nachdem sie über Monate immer wieder an einer Bronchitis erkrankte, die chronifiziert war und sie insgesamt körperlich sehr schwächte und ihr schließlich Probleme am Arbeitsplatz brachte. Den letzten Anstoß zu einer Psychotherapie gab allerdings ein Alptraum, alarmierend und aufschreckend, unter dessen starker Wirkung sie noch tagelang wie unter einem Bann stand. Sie erlebte sich nach dem Traum dünnhäutig, war schreckhaft, fühlte sich unterschwellig bedroht und reagierte auf kleine Irritationen des Alltags direkt panisch. Dieser Traum mit seiner aufschreckenden Wirkung ist als Initialtraum zu verstehen und wurde zum Ausgangspunkt für Lenas Reifungs- und Heilungsprozess. Er soll hier kurz skizziert werden:

„Ich stehe in einem Garten und sehe vor mir ein Gartenhaus. Ich gehe auf das Gartenhaus zu und öffne es. Drin ist der Boden voll Wasser, es gibt Terrarien, auch kaputte, in denen Fische verenden, und vor allem sehe ich ein grausiges Krokodil, das dort wohnt, jederzeit ausbrechen könnte und dem fruchtbare Erde zu fressen gegeben wird. Voll Panik schlage ich die Tür zu und wache auf."

Die Panik, die der Traum in Lena auslöst, haftet ihr immer noch an und kommt bei mir in Form einer unruhigen und gleichzeitig angespannten Körperhaltung, von flachem Atmen und ruhelosem Blick an. Das Krokodil ist es, was in Lena diese unterschwellige Panik auslöst. Lena versucht, sich zu distanzieren, sie wisse doch, es sei doch „nur ein Traum", aber gleichzeitig sei es ungeheuerlich, dass dem Krokodil die fruchtbare Erde zu fressen gegeben wird, dieses „Urviech" sei sehr gefährlich. Mit diesem Traum muss therapeutisch gearbeitet werden, es geht jetzt darum, Lena zu „entängstigen". Von daher scheint es natürlich nicht angeraten, diesen Traum unter dem Eindruck der Panik im Sinne einer Aktiven Imagination[3] weiterzuträumen. Wir ahnen, welche starken Energien in diesem Krokodil gebunden sind. Eine direkte Auseinandersetzung mit diesem würde Lena überfordern, die Gefahr einer Ich-Fragmentierung wird durch die unterschwellige Panik angezeigt, in der sich Lena seit dem Traum befindet. Hier ist also therapeutische Vorsicht geboten. So lasse ich Lena eine Möglichkeit imaginieren, dieses Krokodil an einen Ort zu bringen, wo es dem Traum-Ich nicht mehr gefährlich werden kann und dieses dann zu malen. Schon in der Imagination tritt eine deutliche Entspannung ein. In die nächste Sitzung bringt Lena dann das folgende Bild mit:

Krokodil im Käfig

Diesen Käfig mit dem Krokodil zu malen, tut Lena ausgesprochen gut. Sie fühlt sich nun sicherer. Das Krokodil als Ur- und Untier ist ein Tier, das in seiner Ausdruckskraft für derbe Gefräßigkeit und primitive Aggression stehen kann und symbolisch verstanden wird als das ungeordnete Chaos unserer unbewussten Instinktwelt. Menschen, die jemals

Krokodile in freier Wildbahn beobachtet haben, erschauern vor diesen riesigen Mäulern, sind tief beeindruckt von der Kraft und Schnelligkeit, die diese Tiere auszeichnen, wenn es darum geht, etwas Lebendes zu schnappen und zu verschlingen. Aeppli spricht von einer dumpfen, bösen Lebenseinstellung in der Tiefe des kollektiven Unbewussten.[4] Lena spürt, dass sich in ihr eine Kraft verbirgt, die zerstörerisch wirkt und bei näherer Auseinandersetzung sehr gefährlich werden kann. Das Krokodil lebt in einem Gartenhäuschen, da gehört es nun einmal wirklich nicht hin. Es bekommt gute Erde zu fressen, d. h. also alles Fruchtbare, was sich im Leben von Lena entwickeln und wachsen könnte, wird von einer tiefen unbewusst-archaischen Stelle aus blockiert. Das Malen ermöglicht Lena, sich dem Ungetüm anzunähern bei gleichzeitiger sicherer Distanzierung: „Beim Malen des Käfigs um das Krokodil herum lässt endlich die innere Panik nach, die ich seit dem Traum spürte."

Das Thema der Aggression und der oralen Bedürftigkeit scheint auf. Sie erzählt, wie oft sie sich ohnmächtig fühle, wenn eigentlich eine aggressive Reaktion angezeigt sei, sie könne sich nicht wehren, für sich selbst eintreten. Dann werde sie rigide – z. B. im beruflichen Kontext – oder sie falle in sich zusammen, dies mehr in privaten Kontakten. Oftmals fühle sie sich matt und energielos.

Das nächste Bild ist wieder eine malerische Umsetzung eines Traumes, von dem sie nur noch folgendes Bild erinnert:

„Ich komme in ein (Wohn-)Zimmer, in dem eine Frau ein verkrüppeltes und behindertes Kind im Arm hält und dieses festhält, so sehr es auch zappelt. Es ist eine starke Frau mit einer klaren Ausstrahlung. Ein knorriger Ast ist der einzige Schmuck im Raum."

Lena ist im Traum sehr erstaunt darüber, dass man so ein Kind gern haben könnte, sie lehnt es instinktiv ab.

In einem weiteren Traum spiegelt sich dieser Zustand in einem Bild wider, in dem sie sich in einem alten Gebäude, am Rand eines Abgrunds befindet, wo es kein Zurück und kein Vorwärts mehr gibt. Hier erwies sich das Weiterträumen wieder als sehr hilfreich. Indem Lena diesen Traum in der Sitzung aktiv weiterträumt, findet sie einen Weg heraus aus dieser Ausweglosigkeit: Sie entdeckt eine zwar steile und sehr lange, aber begehbare Leiter, schreitet diese vorsichtig hinab und kommt in einem „fruchtbaren, wild gepflegten Garten“ an. Unten angekommen „lehne ich mich völlig erschöpft an einen Baum. Der Gärtner nähert sich respektvoll und bietet mir einen Apfel zur Stärkung an.“ Dieses Bild malt Lena.

Frau am Apfelbaum

Dadurch, dass Lena einen Ausweg aus diesem düsteren Traum gefunden hat, kann der Gärtner auftauchen als eine männliche Figur, die für ihre wieder entdeckte und in der Imagination erlebbare Handlungsfähigkeit stehen kann, eine Handlungsmöglichkeit, die Lena, wie wir weiter sehen werden, aus einer psychischen Stagnation herausführt. Mit dem roten Apfel in der Hand, der Frucht, die als das Beziehungssymbol schlechthin gilt – denken wir nur an das Urbild von Adam und Eva aus der Bibel –, findet hier Lenas tiefer Wunsch, dass sich ein Mann ihr auf diese Weise respektvoll nähern möge, einen Ausdruck. Eine leise erotisierende Spannung liegt in der Luft. Es ist ein Hoffnungsbild, ein stilles, verborgenes Versprechen liegt in dem Apfel als leise beginnende Hoffnung auf eine Beziehung.

In den darauf folgenden Wochen gerät Lena zunehmend unter Druck. Sowohl an ihrer Arbeit als auch privat gibt es massive Konflikte, die in ihr einen enormen Spannungszustand hervorrufen. Lena findet in sich keine Ruhe mehr, kann sich nur sehr schwer entspannen und neigt dazu, sich entweder zu viel zuzumuten oder regressiv zurückzuziehen. In der Therapie sprechen wir viel über ihre äußere Situation, über die Bewältigung von konkreten Konflikten mit ihren Kolleginnen, mit Freunden. Lena hat oftmals einen gehetzten Blick, wirkt wieder wie zu Anfang der Therapie: immer leicht panisch. In Anlehnung an die Übungen aus der Traumatherapie nach Reddemann[5] schlage ich Lena vor, sich imaginativ einen guten inneren Ort zu suchen und diesen zu malen. Dies dient dazu, sich innerlich zu orten, in Krisenzeiten zu verankern und in sich selbst wieder einen sicheren Bezug zu finden.

Mein idealer Platz

„Ich begann mit dem Baum, dann wollte ich mir etwas zum Anziehen geben, so kam das Kleid. Ich sollte nicht frieren, so kam die Jacke. Ich sollte mich unter dem Kleid sicher fühlen, so kam die Unterwäsche. Ich sollte nicht alleine sein, so kam die Katze. Ich sollte nicht hungern, so kam der Korb mit Essen und Trinken. Ich traute mich nicht, Platz zu nehmen, so kam die einladende Frau und so weiter ..."

Hier ist also weder ein Traum noch eine Imagination Ausgangspunkt für das Bild, lediglich eine bewusste Vorstellung. Wichtig war hier der Gestaltungsvorgang. Während des Gestaltungsvorgangs gerät Lena in eine Art tranceähnlichen Zustands. Das kann dann geschehen, wenn wir uns dem Prozess des Malens und damit dem inneren Bilderfluss, der sich gestaltend nach außen drängt, wirklich ganz überlassen. Wir sind schöpferisch im wahrsten Wortsinn, schöpfen aus uns und gestalten gleichzeitig. Wir befinden uns in einem Zustand der Ich-Passivität, einem Zustand, in dem wir uns gehen lassen, überlassen, loslassen, in dem wir geschehen lassen. Regressive und progressive Kräfte wirken in heilsamer Weise aufeinander ein. In diesen Zustand geriet Lena und war nach dem Malen zutiefst beglückt über das Ergebnis. Das Bild des inneren guten Ortes trägt in sich die Funktion einer Stärkung und Stabilisierung des Ich-Komplexes. Eine ruhige, gelassene und einladende Atmosphäre breitet sich aus. Gleichzeitig spricht das am rechten Bildrand sichtbare Auto von einer beginnenden Autonomieentwicklung.

Angeregt von dieser positiven Erfahrung malt Lena weiter. Bewusst gestaltet sie in den folgenden Wochen weitere Bilder des inneren guten Ortes und arbeitet damit an ihrer inneren Stabilität und Ausgeglichenheit. Es geht ihr psychisch wieder besser. Zunehmend wird deutlich, dass Lena sich selbst in fürsorglicher Weise mehr zuwenden kann. Dies spiegelt sich z. B. in einem Traum wider, in dem ein neugeborener Säugling sie anlächelt.

Mehrere Monate ist Lena gesundheitlich nun schon ohne Beschwerden. Da passiert es, dass sie wieder an einer Bronchitis erkrankt. Jetzt reagiert sie jedoch nicht mehr in dieser verzweifelten und sich selbst gegenüber hart fordernden Weise wie früher. Lena ist bereit, sich auf symbolischer Ebene mit der Erkrankung auseinander zu setzen. Sie ist neugierig auf sich geworden. Sie klagt über einen starken Druck auf der Brust und so schlage ich Lena vor, ein Bild zu diesem Druck aufsteigen zu lassen und dies gestalterisch umzusetzen. Jetzt beginnt ein heftiger Prozess, in dessen Folge, dicht aufeinander, sechs Bilder entstehen. Zwei davon möchte ich hier vorstellen:

Schwarze Gestalt drückt auf Frau

In dem Bild „Schwarze Gestalt drückt auf Frau" sehen wir eine deutliche Szene, die an eine Vergewaltigung denken lässt oder zumindest an eine Situation, in der eine Frau von einem Mann in einer bedrohlichen Situation beherrscht wird und ihm aufgeliefert scheint. Der Druck auf der Brust bekommt also hier bildnerisch „ein Gesicht" und wird so zu einem Gegenüber, mit dem Lena in den folgenden Bildern anfängt zu ringen. Schnell hintereinander entstehen mehrere Bilder, einem kathartischen Prozess ähnlich, in denen sie beginnt, sich malerisch aktiv zu wehren gegen eine offenbar männlich erlebte Übermacht und Übergriffigkeit.

Täter ist begraben

Im Sinne eines gestalterischen Probehandelns ringt Lena den Gegner nieder, überwältigt ihn und tötet ihn schließlich im letzten Bild „Täter ist begraben".

Am Ende dieses Prozesses spricht Lena das erste Mal von einem wirklichen Täter. Jetzt findet der erlebte Druck auf ihrer Brust eine biographische Anbindung: Lena wurde über mehrere Jahre als Kind von ihrem Vater sexuell missbraucht. Obwohl Lena den Missbrauch immer bewusst erinnert hatte, bringt sie erst jetzt den Druck auf der Brust mit dieser Erfahrung in Verbindung. Der Täter musste symbolisch getötet werden. Dazu braucht es eine gute Portion Aggressivität, die Ausdruck findet in einer wilden Haarmähne (in einem flammenden Rot gemalt). Das Haar gilt symbolisch als Sitz der Kraft. Mit dieser Kraft kann sie den befreienden Schwerthieb durchführen, der im linken unteren Bildraum durch einen frisch aufgeworfenen Grabhügel dringt, dem getöteten Täter durch die Brust. Eine neu gewonnene, gesunde Aggressivität kommt zum Zug. Die Katze als inneres Begleittier ist Lena dabei sehr wichtig, ein Tier, das sowohl aggressiv als auch weich und anschmiegsam auf unverwechselbare Art Autonomie und Anhänglichkeit in sich vereint. Bei diesem „Tötungsakt" allerdings trennt Lena die Figur des Vaters in einen „Täteranteil" und einen „Vateranteil", und das ist etwas sehr Wesentliches, denn Lena liebte ihren Vater und gleichzeitig hasste sie ihn. Nicht der Vater als solcher darf umgebracht werden, sondern der Teil vom ihm, der übergriffig und verletzend das Kind für die eigenen Bedürfnisse ausgenutzt hat.

Nach diesem befreienden Malprozess kommen bei Lena starke Gefühle ins Fließen. Es entstehen weitere Bilder, die der Not, der Angst und dem Schmerz des Kindes, das sie damals war, ungeschminkten Ausdruck geben. Darüber findet Lena Anschluss an das verletzte Kind in ihr selbst, wie dies zu Anfang nicht möglich schien. Sie wirkt nach diesem Malprozess freier, unbekümmerter und wesentlich vitaler, sie hat wieder Zugang zu ihren Gefühlen gefunden. Interessanterweise hat sich seitdem – es sind mittlerweile fast zwei Jahre vergangen – ihre körperliche Problematik fast ganz aufgelöst. Lena hat einen Weg aus der Opferrolle herausgefunden, hat über das spontane Malen nicht nur zu ihrer ursprünglichen Kreativität zurückgefunden, sondern ist insgesamt zur Gestalterin ihres Lebens geworden.

Lenas Entwicklungs- und Heilungsprozess macht deutlich, dass durch das spontane Malen blockierte Gefühle wieder ins Fließen kommen können, Selbstvertrauen, Lebens-Kompetenz und Selbstwirksamkeit werden gefördert und unterstützt. In diesem Sinne ist das Malen aus dem Unbewussten grundsätzlich eine Möglichkeit – auch ohne therapeutische Begleitung –, sich eigenständig mit den tieferen Schichten unserer Psyche auseinander zu setzen und Zugang zu finden zu unseren schöpferischen Ressourcen.

MARIANNE SCHIESS

Kämpfen oder vertrauen – sterben lernen

Kommt der Tod am Lebensende,
tritt an deine Tür,
was wirst du ihm schenken, welche Gabe?
Ich werde mein Leben
erfüllt und gereift ihm geben.
Mein Geschenk wird nicht wertlos sein,
kommt der Tod an meine Tür.
Tagore, Gitanjali 114

Die rüstige, betagte Schwiegermutter einer Bekannten hat eines Tages ihre Kinder mit ihren Familien zum Essen eingeladen. Bei diesem Essen hatte sie sich zur Verwunderung der versammelten Familie für immer verabschiedet, und in der darauf folgenden Nacht ist sie friedlich im Schlaf gestorben. So möchten auch wir sterben: einschlafen am Ende eines langen, gesunden Lebens, nachdem wir alles geordnet und uns von unseren Lieben verabschiedet haben. Doch wir wissen nicht, wie wir aus der Welt gehen werden: herausgerissen und in den besten Jahren oder altersmüde, bei klarem Bewusstsein oder verwirrt, mit Widerstreben oder den Tod herbeisehnend. Da wir dies nicht wissen können, ist auch das Sterben nicht eigentlich lernbar, und das ist wohl gut so. Betrachten wir jedoch das Sterben als einen Abschied, den endgültigen Abschied, bietet uns das Leben genügend Übungsmöglichkeiten. Manches ist schon darüber geschrieben worden, wie wir das Loslassen im Alltag einüben können.

Auch ich weiß nicht, wie ich sterben werde, aber ich weiß, dass der Tag nicht mehr fern ist: Eine fortgeschrittene Krebserkrankung begrenzt meine Lebenszeit. Von meinem Umgang mit dieser Situation möchte ich hier berichten, indirekt vom Sterben lernen, vor allem aber vom Leben lernen mit dem Wissen, in absehbarer Zeit zu sterben.

Etwas Wichtiges gilt es vorauszuschicken: Ich schreibe in einer bestimmten Phase meines Krankheitsprozesses, in einer bereits mehrere Jahre dauernden ruhigen Zeit, nach dem Schock der Diagnose und nahe der Zeit der Schmerzen und der Abhängigkeit. Und: Es geht um *meinen* Umgang mit diesem Schicksal, das viele Menschen trifft. Die sehr bewusste Annäherung an das Sterben ist nicht für alle der richtige Weg. Jeder, der in die Extremsituation einer lebensbedrohenden Krankheit gerät, muss sie auf seine ganz persönliche Art bewältigen, sonst entfremdet er sich seiner Bestimmung. Nur der eigene, durch Anlagen und Biographie geprägte Weg ist der „richtige" Weg, der dann auch ein Gefühl von Sinnhaftigkeit vermittelt. Es geht mir darum, zum Nachdenken anzuregen und Mut zu machen, diesen eigenen Weg zu suchen.

Am 1. Januar 2000 wünschte ich mir einen Leitgedanken für das neue Millenium aus dem I Ging. Ich warf das Zeichen 61, „Innere Wahrheit", das überging in das Zeichen 11, „Der Friede". Am 3. Januar ertastete ich einen Knoten in der Brust. Abklärungen folgten, er erwies sich als bösartig, und schließlich bekam ich die Diagnose „metastasierender, das heißt unheilbarer Krebs". Diese Diagnose kam völlig unerwartet, und doch konnte ich rückblickend manches als unbewusstes Wissen um die tödliche Erkrankung verstehen. Insbesondere erinnerte ich mich daran, dass das I-Ging-Zeichen „Der Friede" in mir gleich die Frage ausgelöst hatte, ob ein solch tiefer Friede, wie er dort beschrieben ist, im Diesseits überhaupt möglich sei oder nicht vielmehr auf den Tod verweise. Nun stehen diese beiden Zeichen als Leitbild über meiner letzten Lebensphase. Ich kann mir kein schöneres vorstellen. Das Zeichen 61 „deutet auf die Freiheit des Herzens von Voreingenommenheiten, so dass es fähig ist zur Aufnahme der Wahrheit".

Und im Zeichen 11 vereinigen Himmel und Erde ihre Kräfte „in inniger Harmonie“.

Die Diagnose traf mich in einer Zeit, da ich mich beruflich und dadurch auch finanziell in einer prekären Situation befand und allein lebte, nachdem ich einige Jahre zuvor meinen Lebensgefährten durch eine unheilbare Krebserkrankung begleitet hatte. Die Schwierigkeiten erschienen mir unermesslich. Dazu kam von allen Seiten die Botschaft: „Du musst jetzt gegen den Krebs kämpfen!“ Ich ahnte, dass „Kampf“ nicht die geeignete Metapher für meinen Umgang mit dem Krebs war. Zudem konnte ich im Krebs nie einen Feind sehen. Ich leide an ihm, und er ist mir unheimlich in seiner zerstörerischen Art. Trotzdem: Krebszellen sind Zellen meines Körpers, wenn auch entartete. Weil ich ein Teil der Natur bin, bin ich anfällig dafür. Dies vermittelt mir ein tiefes Gefühl des Verbundenseins mit allem Lebenden, mit allen Leidenden im Besonderen.

In meinem bisherigen Leben hatte ich viel kämpfen müssen – wollte ich auch noch meine letzte Lebenszeit in einem ständigen Kampf stehen? Es war wohl diese Frage, die zusammen mit der Aussichtslosigkeit, meine Situation mit nur rationalen Überlegungen zu bewältigen, einen inneren Prozess auslöste. Gleich einem Aha-Erlebnis stand eines Tages die Erkenntnis vor mir, dass ich nicht kämpfen würde: Zu kostbar waren meine Energien. Ich würde dankbar die Möglichkeiten der konventionellen Medizin nutzen, vor allem aber – mit Unterstützung der anthroposophischen Medizin – das Heilsein fördern. Das Ja zur gegebenen Situation machte mich frei dafür, meinen Weg in Offenheit und zuversichtlich zu gehen, ohne die stresserzeugende, unrealistische Überzeugung, dass ich gesund werden könne, wenn ich nur richtig wolle.

Es war nicht die erste Erfahrung eines inneren Prozesses, der mir Ruhe in einer großen Krise brachte. Ich machte sie bereits in der Zeit der Trauer über den Tod meines Lebensgefährten, wenn jeweils ein innerer Sturm tobte und mich plötzlich eine Ruhe überkam und sich große Dankbarkeit einstellte für das, was mir mit der gemeinsamen Zeit geschenkt worden war. Inzwischen habe ich gelernt, auf diese innere

Hilfe – auf Gottes Hilfe – zutiefst zu vertrauen. Jedes Mal, wenn mich ungünstige Untersuchungsergebnisse daran erinnern, dass die Krankheit fortschreitet und die Zeit der starken Beschwerden immer näher rückt, folgen Tage der Verunsicherung, die aber stets abgelöst werden von einem Gefühl großer Dankbarkeit, dass ich noch leben darf, und noch immer gut leben darf. Was das Kommende betrifft, glaube ich, dass da Einer ist, der mein Fallen „unendlich sanft in seinen Händen hält", wie Rilke in seinem Herbstgedicht so tröstlich formuliert.

Das Alter ist mir zu einer hilfreichen Metapher für meine letzte Lebensspanne geworden. Ich hege ein sehr positives Bild vom Alter, auch vom hohen Alter, in dem sich körperlicher Zerfall und Abhängigkeit einstellen. Es ist nicht nur die Zeit des Loslassens, es ist auch die Zeit des Übergangs vom Haben zum Sein, um mit Erich Fromm zu sprechen, die Zeit der Liebe zum Leben im Hier und Jetzt, ohne Streben nach Dauer. So manche schwierige Erfahrung kann ich in einem positiven Licht sehen und konstruktiv angehen, wenn ich sie unter der Metapher des Altwerdens verstehe.

Die kontinuierliche Abnahme der Kräfte etwa gehört zu den einschneidenden Erfahrungen, der sich alle alternden Menschen stellen müssen. Manche sträuben sich allzu lange gegen diese Tatsache und machen sich damit das Leben schwer. In bedeutend kürzerer Zeit als bei den meisten alternden Menschen reduziert sich meine Leistungsfähigkeit. Mich den abnehmenden Kräften in einer Weise anzupassen, dass ich mich nicht überfordere und doch noch verwirkliche, was möglich ist, sehe ich als große Herausforderung. Letztlich geht es um die Kunst, mit dem Leben zu fließen, mit dem Wollen am gleichen Ort zu sein wie die körperliche Befindlichkeit, was mir eine optimale Lebensqualität ermöglicht.

Ich habe bei der 90-jährigen Frau L. – meiner ehemaligen Nachbarin, die ich bis zu ihrem Tod besucht habe – die zunehmende Abhängigkeit miterlebt, die ihr lange sehr zu schaffen machte. Erst als sie in den letzten Lebensmonaten auf den Rollstuhl angewiesen und fast vollständig von den Pflegepersonen abhängig war, kam die Wende, und sie konnte das Umsorgtwerden genießen. Ich war berührt von ihrem Strahlen und der glücklichen Zufriedenheit in dieser allerletzten Lebenszeit. Das Abhängigwerden wird auch für mich eine harte Schule sein. Ich hoffe sehr, dass es mir noch früher als Frau L. gelingen wird, die Abhängigkeit vom Pflegepersonal zu akzeptieren und Hilfeleistungen als Zuwendung zu erfahren.

Erst im Alter sind wir den Zwängen der Leistungsgesellschaft nicht mehr unterworfen. Die Kunst des Seins, das Leben im Hier und Jetzt zu erlernen und zu genießen, das ist die Chance des Altwerdens. Frau L. hat mich einmal angerufen, was sie sonst selten getan hat: Sie wollte mir unbedingt erzählen, was für einen wunderbaren Sonnenuntergang sie eben von ihrem Altersheimfenster aus gesehen habe. Jetzt erlebe ich diese kleinen Wunder der Natur mit derselben Intensität, ich habe, wie Frau L., das kindliche Staunen wieder erlernt, das in der Hektik des beruflichen Alltags großteils verloren gegangen ist.

Frau L. hatte mich gebeten, für sie beim Bestattungsamt die Bestattung im Gemeinschaftsgrab zu regeln. Inzwischen habe ich für mich dieselbe Regelung getroffen. Nach ihrem Tod durfte ich bei der Urnenbeisetzung anwesend sein. Es war ein schöner Frühlingstag, ein kleines Loch war in der Wiese ausgehoben, die als Gemeinschaftsgrab dient, davor glänzte die kupferne Urne im Sonnenlicht. Der Pfarrer, vom Sigrist im Elektromobil herbeigefahren, sprach einige Worte, der Sigrist öffnete anschließend die Urne, schüttete die Überreste von Frau L. in die Vertiefung, und jeder streute eine Hand voll Erde darüber: Erde zu Erde ... – Ja, so möchte ich gerne begraben sein, wieder als Nachbarin der liebenswürdigen Frau L., die gleichen Gräser nähren. Und meine Freunde werden am Grab über den im Elektromobil herbeichauffierten Pfarrer sicher genauso schmunzeln wie ich damals.

Ich bin ein ausgesprochen introvertierter Typ. C. G. Jung hat einmal geschrieben, dass Menschen dieses Typus sich in der ersten Lebenshälfte oft in gewisser Weise unangepasst verhalten, da Innenwelt und existentielle Fragen sie von einer optimalen Anpassung an die gesellschaftlichen Forderungen dieser Zeit abhalten, während sie für die zweite Lebenshälfte besser gerüstet sind als Extravertierte. Diese Beobachtung trifft auch auf mich zu. Nicht nur in der zweiten Lebenshälfte, sondern auch in meiner Krankheit, so habe ich das Gefühl, ernte ich die Früchte meiner Lebensform: Die Innenwelt, die im Verlauf einer lebensbedrohenden Erkrankung zunehmend ihr Recht fordert, ist mir vertraut. Der Gedanke, im Sterben infolge hoher schmerzlindernder Morphiumdosen dahinzudämmern oder in einem Koma mein Leben zu beenden, erschreckt mich nicht, da ich der festen Überzeugung bin, dass in dieser Zeit noch Wichtiges geschehen kann in Vorbereitung auf den bevorstehenden Tod.

Dennoch hat mich die Außenwelt stets angezogen. Ich hatte immer ein großes Bedürfnis, durch Wissen die Menschen mit ihren vielfältigen Charakteren und Lebensformen, aber auch die Natur immer besser zu verstehen. Ähnlich gehe ich mit meiner Krankheit um: Ich interessiere mich dafür, beschaffe mir vertiefte Sachinformationen und setze mich bewusst damit auseinander. Damit führe ich fort, was ich mein Leben lang getan habe: das Leben durch Verstehen zu bewältigen. Das Wissen macht mich handlungsfähig in Bezug auf die Mitbestimmung bei all den schwierigen therapeutischen Entscheidungen, es hilft mir auch beim Umgang mit den vielfältigen Begleiterscheinungen der Krankheit und den Nebenwirkungen der Therapien.

So habe ich mein Leben bis zu meiner Erkrankung vor allem mit Hilfe der intellektuellen und geistigen Tätigkeit bewältigt. Dass mein Körper mitspielte, setzte ich voraus. Durch die Erkrankung ist er plötzlich ins Zentrum gerückt. Er würde allmählich seine Funktionen aufgeben und mir viel Leiden bereiten. Sollte ich mich daher verstärkt auf die geistige Welt hin orientieren, meinen kranken Körper, wie man so schön sagt, überwinden?

Rückblickend betrachte ich es als einen Glücksfall, dass sich mir – nachdem ich meinen Platz in einer Gymnastikgruppe für Krebsbetroffene an eine Neueintretende abgeben musste – die Gelegenheit bot, eine meditative Bewegungstherapie, die Heileurythmie, zu erlernen. Zunächst dominierte Skepsis, denn ihr anthroposophischer Hintergrund ist mir fremd. Heute kann ich sie aus meinem Tagesablauf nicht mehr wegdenken, jeden Morgen stimme ich mich damit auf den Tag ein und erfahre täglich die erstaunliche Wirksamkeit der zentrierenden, Körper, Seele und Ich harmonisierenden Übungen. Noch nie hatte ich einen so guten Bezug zum Körper wie jetzt, da er bedroht ist.

Von der Bedeutung der Menschen auf meinem letzten Lebensweg habe ich noch nicht gesprochen. Nicht, dass ich ihre Bedeutung unterschätze. Ganz im Gegenteil, es wäre mir kein so zuversichtliches Leben möglich, wenn ich mich verlassen fühlen würde.

Allerdings stellen sich mir die Aufgaben der letzten Lebensphase anders als denjenigen, die von einem geliebten Menschen begleitet werden, den sie zurücklassen müssen. Ich bin kinderlos, lebe allein, Eltern und Lebenspartner sind den Weg bereits gegangen, den ich noch vor mir habe. Sie haben mir wichtige Erfahrungen über das Sterben ermöglicht. Und der Übergang ist leichter, wenn die geliebten Menschen ihn schon vollzogen haben. Auch wenn ich nicht an eine persönliche Wiederbegegnung glaube, so ist es eine tröstliche Vorstellung, dass sie mich erwarten werden.

Ich lebe zwar allein, aber getragen von einem Freundeskreis, der mir immer die Treue gehalten hat und auf den ich mich verlassen darf, im Notfall ist er für mich da. Insbesondere die Freundinnen des innersten Kreises bilden ein Sicherheitsnetz in meinem Leben mit der Krankheit. Ich habe sie untereinander in Verbindung gebracht, damit sie, die alle in familiäre und berufliche Verpflichtungen eingespannt sind, sich in Notfallsituationen absprechen können. Noch müssen sie sich nicht konkret um mich kümmern, noch besteht ein gegenseitiges Geben und Nehmen, sie nehmen Anteil an meinem Leben, freuen sich mit mir, bangen mit mir, so wie ich teilhabe an ihren Freuden und Sorgen. Im Zentrum des Netzes steht meine vertrauteste Freundin, die mein Sterben begleiten wird und die, mit meinen Vollmachten versehen, alles regelt, was mir nicht mehr möglich ist. Sie ermöglicht mir, ruhig zu sterben.

In der Zeit meiner Krankheit habe ich neue Freundschaften geschlossen: In einem Blindenaltersheim freut sich eine Bewohnerin auf meine regelmäßigen Besuche. Sie schließt mich, wie die junge, allein stehende Mutter aus Lateinamerika, der ich den Einstieg in unsere Sprache und Kultur erleichtere, in ihr Gebet ein. Es ist ein unbezahlbarer Dank für eine sinngebende Tätigkeit, die mich bereichert.

Mit der unheilbaren Erkrankung ist mir das Planen und Träumen in eine offene Zukunft hinein nicht mehr möglich. Ohne Ziele gibt es aber beim Blick in die Zukunft nur die eine Perspektive, den Tod. Bewusst habe ich ein geliebtes Hobby, das Reisen, dazu verwendet, kurzfristige beglückende Ziele in die nahe Zukunft zu setzen, immer mit der Offenheit dafür, dass die Krankheit mir einen Strich durch die Rechnung machen kann. Mit Hilfe des Internets konnte ich Reisen planen, die meiner gesundheitlichen Situation und meinen begrenzten finanziellen Mitteln gerecht wurden. Und so bin ich noch in Sibirien zur Zeit der Mitternachtssonne vom Eismeer den Jenissej zweitausend Kilometer hinaufgefahren, habe anlässlich einer winterlichen Schifffahrt entlang der norwegischen Küste bis an die russische Grenze das Polarlicht erlebt, habe in Kalifornien die Wüste blühen sehen und mich anlässlich einer Nilfahrt von der ägyptischen Landschaft und den unglaublichen Kunststätten der alten Ägypter überwältigen lassen. – Nie hätte ich zu Beginn meiner Erkrankung von solch unvergesslichen Erlebnissen zu träumen gewagt, beglückender Nahrung für die nahe Zeit, in der ich nur noch in der Erinnerung werde reisen können.

Der Religionspsychologe William James hat in seinem Buch über die Vielfalt religiöser Erfahrung Religiosität unter anderem dadurch charakterisiert, dass sie einen neuen, mit Dankbarkeit verbundenen Geschmack am Leben vermittle. Von einem neuen Geschmack am Leben und einer bewussten Dankbarkeit für jeden neuen Tag berichten viele an einer lebensbedrohenden oder tödlichen Krankheit leidende Menschen, wenn es ihnen gelingt, ihr Schicksal anzunehmen. Es ist, als ob das Akzeptieren, dass Vergänglichkeit zum Leben gehört, uns dazu befreit, die Schönheit der Natur besonders intensiv wahrzunehmen und uns ihr zugehörig zu erleben. Als ob eine Art Paradigmenwechsel geschieht, der bereits erwähnte Übergang vom Haben zum Sein. Das Leben verliert seinen Geschmack des Alltäglichen, die Erfahrungen werden in gewisser Weise archetypisch.

Auch in meinem Fall hat das Wissen um den vorzeitigen Tod dem Leben diesen neuen Geschmack vermittelt. Es stellen sich Augenblicke des Staunens ein – nicht nur an meinen fernen Reisezielen, auch in der vertrauten Umgebung –, die ich ohne Übertreibung als mystisch bezeichnen kann. Ich möchte kein falsches Bild erwecken, ich schwebe nicht in entrückten Sphären, um der schwierigen Realität zu entgehen. Es handelt sich um eine innere Erfahrungsweise, die manchmal schwächer, manchmal stärker im Alltag spürbar ist. Sie verhüllt nicht das Wissen um die von uns als zerstörerisch erfahrene Seite der Natur und um das Entsetzliche, das Menschen einander antun, sie entbindet mich auch nicht von meinen sozialen Verpflichtungen.

Manchmal möchten Bekannte wissen, wie ich mir das Leben nach dem Tod vorstelle. Wenn ich mich in meditativen Momenten gedanklich an die Todesstunde annähere, verspüre ich die Ahnung eines intensiven Gefühls des Heimkommens, die mir die Angst vor dem Tod weitgehend nimmt. Was danach sein wird? Es wird alles ganz anders sein, als ich mir in meiner menschlichen Beschränktheit denken kann. C. G. Jung betrachtet es aber als ein menschliches Bedürfnis, sich eine Vorstellung vom Jenseits zu erschaffen. In diesem Sinne stelle ich mir vor, dass das, was bleibt, eine Form von Energie ist. Ich wäre glücklich, wenn den Menschen nach meinem Tod ein bisschen mehr positive Energie zugänglich wäre. Wenn ich unbemerkt, da unfassbar, hier und dort einem Menschen in schwerer Zeit ein Lächeln auf den Mund zaubern könnte, dann hätte sich mein Leben gelohnt.

FULBERT STEFFENSKY

Segnen und gesegnet werden – vom Wert eines Rituals

1960 war ich zum ersten Male in Israel. Damals als Deutscher in diesem Land zu sein, war durchaus nicht selbstverständlich. Ich freundete mich mit einem Israeli an, einem Mann meines Alters, der in Auschwitz gewesen war. Es war eine der raschen, intensiven Freundschaften, in denen die Partner nicht nur sie selber waren; sie standen auch für ihre Herkunft, der eine aus dem Land der Opfer, der andere aus dem Land der Täter. Jener neue Freund musste nach Deutschland, und es ergab sich, dass wir die Reise zurück nach Düsseldorf gemeinsam machen konnten. Kurz vor der Landung zog der Freund sein Notizbuch aus der Tasche, riss ein Blatt heraus, schrieb etwas darauf und steckte es mir zu. „Gott behüte dich!“, hatte er darauf geschrieben. Er hat mir seinen Segen gegeben. Dieser Zettel liegt heute noch bei mir auf dem Schreibtisch. Was hat dieser Mensch getan, der übrigens von sich selbst sagte, er sei Atheist? Was habe ich von ihm erfahren?

Zunächst hat er unsere neue Freundschaft und unseren Abschied nicht stumm gelassen. Er hat sie ins Wort und in eine Geste gerettet. Er hat sie inszeniert, und er hat ihr eine poetische Gestalt gegeben. Die Wünsche, die dieser Mensch für mich hatte, blieben nicht in seinem Herzen eingekerkert. Sie blieben nicht innerlich, ohne Namen und ohne Figur. Ihre Kraft und ihre Langlebigkeit fanden sie, indem sie als Wort und als Geste nach außen traten. Die Äußerung rettet die Innerlichkeit; die Form rettet den Inhalt – mehr noch: Die Form konstituiert den Inhalt. Die Figur rettet das Leben. Dies sage ich gegen einen bürgerlich-protestantischen Subjektbegriff, in dem das Wesentliche und Eigentliche des Menschen als Herz, als Inneres und als Innerlichkeit gedacht ist. Die Äußerung, die Geste, die Darstellung seien eher entbehrliche Äußerlichkeit, zufälliges Gefäß des Eigentlichen, wichtig seien der Geist und das Herz. Vielleicht hält sich in dieser Auffassung ein Stück der leibfeindlichen Traditionen.

Der israelische Freund hat seine Wünsche nicht stumm gelassen. Er hat ihnen im Segen eine Gestalt gegeben. Für diesen Segen bedient er sich einer Sprache, die nicht seine eigene ist. Er hat sie sich geliehen. Er bezeichnet sich selbst als Atheisten, und er schreibt: „Gott behüte dich!“ Er macht sich widersprüchlich. Er steht nicht hinter dieser Sprache; sie ist nicht gedeckt und verantwortet durch seinen eigenen religiösen Glauben, aber er spricht sie. Dazu eine kleine Gegengeschichte: Während des Golfkrieges haben Studierende aus dem Fachbereich Theologie regelmäßig Andachten in einer Hauptkirche in Hamburg gemacht. In ihrer eigenen und in der alten Sprache haben sie ihren Zorn, ihre Klage und ihre Wünsche ausgedrückt. An einem Punkt hatten wir Streit miteinander: Sie erklärten, sie könnten am Ende der Andachten den Segen nicht geben. Hinter der Fülle dieses Wortes und dieser Geste könnten sie nicht stehen. Die Situation habe ihre Hoffnung und ihre Sprache beschädigt, und es sei besser und redlicher, in segenslosen Zeiten keinen Segen zu geben. Sie wollten mit ihrem Glauben und ihrem Herzen verantworten, was sie tun, und dieser Glaube war gestört. Sie wollten mit sich selber in Übereinstimmung bleiben, auch in ihren Zweifeln.

Der Freund macht es anders. Er ist Atheist und als solcher nicht in Übereinstimmung mit den Worten, die er spricht, und er spricht sie. Der Segen ist eine Form der Äußerung des Glaubens und der Hoffnung wie vielleicht keine andere, in der zwei Menschen von sich selber absehen, der Segnende und der Gesegnete. Der Gesegnete: Er erlaubt sich den Sturz in das Versprechen der Geste und des Wortes. Einmal nicht zweifeln müssen; einmal nicht fragen müssen, wo das Versprechen seinen Ort der Erfüllung hat; wenigstens an dieser Stelle nicht bestehen müssen auf dem eigenen Zweifel, auf der eigenen Halbheit; auf dem Leben, das durch sich selber nicht gerechtfertigt ist. Einmal die

Fülle nicht erringen müssen, wie sie Jakob dem Fremden abgerungen hat. Das ist nicht leicht, denn es ist schwer, sich trösten zu lassen. Der Segen ist die dichteste Stelle der christlich-jüdischen Glaubensäußerung, weil dort dramatisiert wird, was Gnade ist: nicht erringen müssen, wovon man wirklich lebt; sich nicht bannen lassen durch die eigenen Zweifel, durch die Zersplitterung des eigenen Lebens. Ich muss nicht nur ich selber sein, ich stürze in den Abgrund des Schoßes Gottes, und ich weiß nicht, was ich tue.

Ebenso sieht der Segnende von sich ab, wie der Freund von sich abgesehen hat, als er die Sprache sprach, die ihm nicht gehörte. Er steht nicht für das Versprechen, das er gibt. Er spielt ein Spiel, dessen Regeln und dessen Ausgang er nicht garantiert. Vielleicht ist das die Demut der Segnenden: Sie erschaffen die Welt nicht. Sie spenden etwas, was sie nicht haben. Ihre eigene Blöße hält sie nicht davon ab, aufs Ganze zu gehen und Gott als Versprechen zu geben, selbst wenn sie an ihm zweifeln. Sie sind schlechte Buchhalter. Sie bilanzieren nicht und geben nicht nur, was sie haben. Sie beschränken sich nicht auf die unpoetische Redlichkeit, die sagt, was sie verantworten kann; gibt, was sie hat; nur das verspricht, was sie halten kann. Fallen lässt sich also nicht nur der Gesegnete; fallen lässt sich auch der Segnende in die Sprache und in den Gestus, die größer sind als ihr Herz.

Der Segen nennt Gott. Wer Gott nennt, braucht nicht selber Gott zu sein. Wer an das Leben glaubt, braucht das Leben nicht selber zu fabrizieren. Er muss nicht Autor der Welt und ihrer Zusammenhänge, nicht vollständiger Macher des Lebens sein. Das heißt natürlich nicht, dass der Mensch entwichtigt ist und davon dispensiert, das Leben zu wärmen und ihm zu sich selber zu verhelfen. Aber er muss nicht Garant des Lebens sein und dieses selber immer auf den eigenen Schultern tragen. Nicht immer stark, gesund, unfehlbar, unanfechtbar und allmächtig, kann er auch schwach, berührbar und gebrochen sein. Er kann sterben, ohne dass die Welt zusammenbricht. Ein Mensch muss nicht für die Ganzheit stehen, weder für die eigene noch für die Ganzheit der Welt. Wer Gott nennt, braucht weder sich selbst noch der Welt ständig in der Attitüde des Machers gegenüberzustehen. Er ist fähig, darauf zu verzichten, das Leben herbeizuzwingen. Das ist die Voraussetzung einer tiefen inneren Gewaltlosigkeit. So ist der Segen nicht irgendein religiöser Brauch. Er ist die Grundgeste des Christentums und des Judentums.

Der Segen als die Annahme des Nicht-Selbst-Gemachten hat es nicht leicht in einer Zeit, in der die macherischen Fähigkeiten des Menschen ins Immense gewachsen sind und in der die pathische Begabung zugleich verkümmert ist. Der Mensch fühlt sich – zumindest in der westlichen Welt – allein als Macher gerechtfertigt. Sein Selbstverständnis bricht zusammen, wo er sich nicht mehr als Macher erfahren kann oder wo er als Macher an seine Grenze stößt. Kann man in dieser Zeit mit der eigenen Grenze leben, mit der eigenen Gebrochenheit? Kann es geglückte Niederlagen geben, und kann man auf etwas anderes hoffen als auf die eigene Stärke? Es hat einmal eine Zeit gegeben, in der die Menschen darauf verzichteten, mit sich selber auszukommen; in der die Menschen wussten, dass die Schwäche und die Begrenztheit zu ihnen gehören wie die eigene Schwester; in der sie wussten, dass sie aus Begrenztheit, Leiden und Schwäche lernen können, „pathos-mathos" haben sie gesagt – Leiden ist Lernen *(Aischylos)*. Kann das sein in einer Kultur, in der die einzige Lebensrechtfertigung und Lebenshoffnung in der Selbstfabrikation besteht? Vielleicht wird deutlich, dass im Segen eine ganze Anthropologie verdichtet ist: empfangen, was man nicht erarbeitet hat; spenden, was man nicht hat. Das ist das große Spiel der Freiheit von allen Selbstherstellungszwängen.

Ich komme zu meinem israelischen Freund und seiner Geste zurück. Wodurch wurde sie ihm ermöglicht? Einmal natürlich durch die Freundschaft, die zwischen uns entstanden war. Liebe und Schmerz sind die Mütter der großen Gebärden und einer Sprache, die ausgreift ins Land des Gelingens. Liebe und Schmerz führen sich auf. Sie kommen nicht mit dem reinen Schweigen aus, auch nicht allein mit dem Wort. Das Wort selber bleibt nicht nur Aussage, es wird gestisch, es wird Symbol, es wird Bild.

Aber ich vermute auch, dass dem Freund die Geste gelang, weil er eine Formel benutzte: „Gott behüte dich." Diese Formel haben viele vor ihm gesprochen, vielleicht sein Vater, als die Nazis ihn von ihm trennten; vielleicht jener Rabbi in seiner Familie, der in einem russischen Pogrom ermordet wurde. Eine Formel ist immer besser als sie scheint, weil die Toten sie mit ihren Tränen, mit ihren Seufzern und mit ihren Wünschen gewaschen haben. In den Segensgesten, in der Handauflegung, im Kreuzzeichen ist die Zärtlichkeit aller gesammelt, die sie vor uns benutzt haben. Die vor uns tragen unsere Wünsche und unseren Glauben. Und selbst wenn unser Glaube als Segnende und zu Segnende schwach ist, so können wir ihn doch spielen in den Masken der Formeln, die uns die Toten hinterlassen haben. Jede Formel sagt mir: Du bist nicht allein, du fängst nicht an, du musst dich nicht mit dir selbst begnügen, nicht mit der eigenen Sprache und nicht mit dem eigenen Wort.

Die Formel hat einen anderen Vorteil: In ihr ist mehr verschwiegen als ausgesagt. Und der Freund, der den alten Satz spricht, weiß nicht so genau, was er sagt. Sie hat darin etwas Keusches: Ich bin geschützt vor der Blankheit und der unpoetischen Elaboriertheit der Sprache. Die Formel ist mehr Musik als entwickelter Gedanke, mehr Verschlüsselung als Aussage. Aber sie ist nicht inhaltsleer. Denn wir beide wissen ja, was sie verschlüsselt: unsere Freundschaft. Ich wende mich damit gegen die Pest gedanklicher Elaboration von Gesten und Formeln. Wir kennen das: „Wenn ich dir jetzt die Hand auflege, dann bedeutet das, dass ich dir Glück wünsche für deinen Weg; dass du gut ankommen und zurückkommen sollst; dass du den Gefahren entgehst ..." Die Erklärung vertreibt die Poesie aus der Geste, das Geheimnis und das Schweigen, das zumindest an der Stelle des Segens kostbarer ist als alle Beredtheit. Vielleicht ist auch das ein Erbe unserer bürgerlich-protestantischen Auffassung, zu meinen, es sei die Qualität einer Sache in ihrer Ausgeredetheit und verbalen Ausgeleuchtetheit gewonnen: als sei das Leben nur in der Desymbolisierung gerettet. Das Halbdunkel der Formel ist ein Schutz für die Menschen und ihre Beziehungen. Hätte der Freund seinen Satz „Gott behüte dich“ elaboriert, so wäre es für ihn und für mich wahrscheinlich peinlich und unerträglich gewesen.

Ich schätze die Formel auch deswegen, weil ich beim Segen nicht denken will, nicht als Segnender und nicht als Gesegneter. Ich möchte mich einschmiegen in die wiegende Bewegung der Formel, mich fallen lassen in ihr Bild und in ihre Rhythmen. Ich möchte also nicht gespannt und aufmerksam sein, nicht an dieser Stelle. Dazu brauche ich aber einen Gestus oder ein Wort, das ich kenne, das sich schon oft wiederholt hat und das mir nicht die Mühe der Bewusstheit abverlangt. Ich brauche einen pathischen Raum, also einen Raum, in dem ich empfangen, annehmen, versinken kann. Ich will keinen originellen Segen. Es fällt aber dem auf sich selbst bestehenden Menschen schwer, nicht originell zu sein. Deswegen wird die Formel ersetzt durch das eigene Wort, wechselt die Gestalt des Segens, wird er umformuliert, und die neuesten auf dem Markt befindlichen Segensworte werden gesammelt. Das fordert zu viel Aufmerksamkeit und Kritik ab. Der Segen ist die Stelle, an der ich das Recht habe, von mir abzusehen und von mir wegzugehen, auch von meiner Bewusstheit, auch von meiner Kritik.

Noch einmal denke ich an das Beispiel des israelischen Freundes. Es überzeugt vielleicht deswegen, weil hier eine Lebenssituation mit einer Geste übereinstimmt. Unsere junge Freundschaft und der Schmerz des Abschieds machen die Geste jenes Segens einleuchtend und authentisch. Unsere innere Bewegung und die Geste passen zueinander, die Form ist nicht nur Zeremoniell, sie ist unmittelbar.

Aber es gibt andere Situationen, in denen die Form viel weniger Ausdruck des bewegten und unmittelbaren Lebens ist; in denen der Segen uns nicht ergreift, wie mich die Geste des Freundes ergriffen hat. Wenn wir Kinder früher in die Schule gingen, machte uns unsere Mutter jedes Mal ein Kreuzzeichen auf die Stirn. Sie tat das keineswegs in der Ergriffenheit, in der der Freund mich gesegnet hat; auch wir Kinder waren nicht bewegt, wie ich bewegt war bei der Geste des Freundes. Es geschah alles eher beiläufig, es gehörte zum Morgen fast wie das Butterbrot. Wenn aber eines von uns Kindern krank war oder wenn eines für länger Abschied nahm, dann war meine Mutter eine wirkliche Künstlerin und tat es nicht beiläufig. Sie war ganz in ihrer Geste, mit ihrer Sorge, mit ihrer Liebe, mit ihrer Trauer. Der Segen war wie eine Wüstenpflanze, die tot erschienen und nun aufgewacht war, nachdem sie das Wasser der Trauer und der Sorge bekommen hatte. Dies aber war nur möglich, weil meine Mutter es lange geübt hatte; weil sie die Uneigentlichkeit und die Formelhaftigkeit der Geste lange ausgehalten hat. Weil sie es lange mit halbem Herzen getan hat, konnte sie es in der Stunde des Abschieds mit ganzem Herzen tun. Die Form war nicht mehr Zeremoniell, sondern die Seele war in sie geflossen. Es ist in der lange geübten Form ein Moment der Uneigentlichkeit, eben der Formelhaftigkeit, das ihre Wahrheit nicht zerstört, vielmehr die Situation des Ernstes vorbereitet und erst möglich macht. Man kann sie nicht erst im Ernstfall erfinden. Man kann die notwendige Geste nicht erst dann erfinden, wenn man sie braucht, wie der Moment des Ertrinkens sehr ungeeignet ist, um schwimmen zu lernen. Es ist ein falscher Begriff von Redlichkeit, für alle Worte und Gesten sich immer das ganze Herz abverlangen zu wollen und diese zu unterlassen, wenn die Ganzheit nicht möglich ist und wenn man sie nicht spürt. In keinem Entwurf spiritueller Selbstgestaltung war es erlaubt, die Geste, das Wort, die Übung zu unterlassen, nur weil man fühllos war und weil man mit seinem Herzen der Geste nicht nachkam. Bei unseren spirituellen Versuchen sind die Erfahrungs- und die Erlebniskategorie überwertig geworden. Gerechtfertigt scheinen Wort und Geste, wenn sie als erfüllt, stimmig und als unmittelbar authentisch erfahren werden. Aber der Mensch lebt nicht nur heute. Seine Gesten und Formen sorgen für morgen, und man ist sich in der Geste selber voraus. Denn die Geste ist im öden, trocknen und alltäglichen Leben ein Vorspiel des Ernstfalls und der Fülle. Es gibt also nicht nur das Ideal der erfüllten Redlichkeit und der Übereinstimmung eines Wortes und einer Geste mit dem eigenen Herzen. Es gibt auch die Aufgabe, sich selber zwiespältig zu machen; mit einem Wort oder einer Gebärde über die eigene Öde und die eigenen Zweifel sich selbst vorzugreifen und in das Ganze hineinzulangen, in dem man noch nicht ist. Man kann das Ganze schon spielen, wo man erst ein Halber ist. Es ist eine fatale Selbsttreue, wenn man immer nur spielen, ausdrücken und sagen will, was man ist, und man sich den Vorgriff auf das, was man sein kann und sein wird, nicht erlaubt.

Einige Male habe ich nun schon bestimmte Auffassungen und Vorstellungen vom Segen und von anderen religiösen Gebärden unpoetisch genannt. Ich habe von unpoetischer Redlichkeit gesprochen, von unpoetischer Bewusstheit, von der unpoetischen Erklärungssucht, von der unpoetischen Desymbolisierung. Ich tue das deswegen, weil ich glaube, dass die religiöse Sprache wie die Sprache der Liebe ein Spezialfall der Poesie ist. Religiöse Sprache ist also mit den Regeln der Poesie zu beurteilen, die religiöse Geste mit den Regeln poetischer Dramatisierung. Wer poetisch redet, der beabsichtigt nicht, und er verzichtet auf die Frage der Wirkung seiner Rede. Er rechnet nicht, magisches Denken dagegen berechnet: Wie und wo wirkt der Segen? Übrigens ist nicht nur die Magie berechnend. Auch die Aufgeklärtheit des Menschen kann die unpoetische und kaufmännische Frage nach der Wirkung stellen und den Segen ablehnen, weil seine über ihn hinausgehende Wirkung nicht ersichtlich ist.

Vor der Magie habe ich, da ich nicht mit protestantischer Muttermilch aufgewachsen bin, wenig Angst. Sie enthält manchmal mehr Wahrheit als die pure Aufgeklärtheit. Ich möchte vor allem Theologinnen und Theologen um Geduld mit der Sprache der Menschen bitten. Eine Sprache ist so gut und so schlecht, wie die Lebensumstände der Menschen gut oder schlecht sind, auch die religiöse Sprache. Wo Menschen verängstigt leben, wo ihre Lebensumstände rigide und eng sind, da wird auch ihre religiöse Sprache und Gebärde rigide, eng und vielleicht Magie-nahe sein. Man soll nicht mit dem Knüppel theologischer Aufgeklärtheit Menschen aus ihren engen Häusern treiben und sie auf der Straße lassen. Die Geknechteten haben nicht nur wenig Geld, sie haben auch eine geknechtete Sprache. Also Erbarmen mit dem Volk!

Ich wünsche mir von unseren religiösen Gebärden, dass sie ein Spiel um ein Thema sind. Dass sie Spiel sind: dass sie also nicht nur leblose Verhängtheiten sind; dass die Menschen ihnen gegenüber frei und demütig zugleich sind, um sie übernehmen und sie verändern zu können. Man soll ihnen gegenüber von Wiederholungszwängen und von Neuheits- und Jeweiligkeitszwängen frei sein, frei wie im Spiel der Liebe und der Poesie.

Ich wünsche mir, dass die Gebärden ein Thema haben: Die Geste hat ihre Leidenschaft nicht durch sich selber. Sie hat ihr Feuer als Dramatisierung großer Wünsche und Sehnsüchte. Der Segen ist mit Lebenssituationen verbunden: mit Abschieden und Ankünften, mit Tod und Geburt, mit Heirat oder mit Schuld oder Krankheit. Das themenlose Interesse an der Geste ist mir in seiner alten und in seiner neuen Form problematisch. Ob wir Sprache und Gebärde der Sehnsucht wiedergewinnen können, das hängt davon ab, ob wir große Sehnsüchte haben.

EIN LEBEN IN FÜLLE

Ingrid Riedel zum 70. Geburtstag

Christa Henzler: „Ich lebe, weil ich lebe"

Es war 1944 in der Stadt Schweinfurt. Eine Frau mittleren Alters mit einem Säugling auf dem Arm und einem neunjährigen Mädchen an der Hand steht vor einem Riesentrümmerhaufen, das einmal ihr Haus gewesen war – es war nach der Bombennacht, in der große Teile der Stadt Schweinfurt dem Erdboden gleichgemacht wurden. Jene Frau mit den zwei kleinen Kindern steht vor diesem Trümmerhaufen und sagt zu ihrer neunjährigen Tochter: „So, die Sorg' wären wir jetzt auch los ..." Das neunjährige Mädchen war Ingrid Riedel. Diese kleine Episode, dieser knappe Satz ihrer Mutter angesichts von Zerstörung, Verlust und kollektivem Wahn, mitten im Krieg also, drückt sicher etwas von dem Unverwüstlichen aus, was die spätere Ingrid Riedel geprägt und zu einer beeindruckenden Persönlichkeit hat werden lassen. Sechzig Jahre später wird Ingrid Riedel in einem Vortrag angesichts der globalen Bedrohung unserer Welt den Menschen Mut machen, den „Geschmack am guten Leben"[1] wieder zu finden. Sie bekommt rauschenden Beifall, setzt sie doch mit ihren Themen ein Gegengewicht gegen Angst und Resignation, gegen Verzweiflung und Hoffnungslosigkeit.

Ingrid Riedel ist 1935 in Schweinfurt geboren, in eine Zeit hinein, die kollektiv geprägt ist von dunkler Kriegsahnung. Ihr Elternhaus ist liberal, es gibt schon zwei Schwestern, später werden noch zwei Brüder hinzukommen. Kaum des Lesens und Schreibens kundig, fängt sie an, selbst phantasievolle Geschichten zu schreiben. Zehnjährig hält sie ihre ersten Lesungen unter den Kindern, in einer Kiesgrube damals noch, was schon die spätere Autorin ahnen lässt. Der Raum der Phantasie ist es also, in dem sie als Kind zu Hause ist, dieser Raum ist es auch schließlich, der es ihr mit der Liebe der Eltern ermöglicht, die schlimmen Kriegsjahre, in denen sie neben allem Schrecken auch noch alleine evakuiert werden musste, zu überstehen.

So ist es das Leid des Kindes während der Kriegsjahre, das die jugendliche Ingrid Riedel nach dem Leben in seinen großen Zusammenhängen fragen lässt. Ihr elementares Interesse galt von daher menschlichen Grundfragen, denen sie – so hoffte die Achtzehnjährige – in einem Studium der Theologie näher zu kommen suchte. Zwar wurde ihr in diesem Studium so mancher Wissensdurst befriedigt, den tiefer gelegenen Lebensfragen jedoch sah sie sich noch nicht genügend nahe gekommen. So wundert es nicht, dass dem Theologiestudium ein zweites folgen musste, das ihrer Liebe zur Literatur, zum geschriebenen Wort Rechnung trug, das Studium der Germanistik und der Literatur mit dem Schwerpunkt der Kommunikationswissenschaften und dem Zusatzfach der Sozialpsychologie. Von diesem Studium erhoffte sie sich, eine breitere Basis zu finden für ihre berufliche Verwirklichung. Und weil Ingrid Riedel nie in ihrem Leben etwas Halbes gemacht hat, schloss sie beide Studien mit einem Doktorat ab. Nach Tätigkeiten in der Jugendarbeit an einer höheren Fachschule für Jugend- und Sozialarbeit nahm Ingrid Riedel die Stelle als Studienleiterin an der Evangelischen Akademie in Hofgeismar an. Für ungezählte Menschen waren die Tagungen und Kurse, die sie dort organisiert und durchgeführt hat, sehr wichtig. In den 70er und frühen 80er Jahren wurden unter den Studenten und Studentinnen in Kassel die „Riedel-Tagungen“ zum Geheimtipp – sie wurden als „berühmt-berüchtigte Tagungen“ dringendst weiterempfohlen, „berühmt“, weil sie Themen aufgegriffen haben, die den jungen, aber auch älteren Semestern unter den Nägeln brannten, „berüchtigt“, weil so manche Themen „engere Geister“ im kirchlichen Umfeld „das Fürchten lehrten“, wie es im Märchen heißt. Die Themen, die so viele Menschen anlockten, spannten sich von Literatur und Kunst bis zu neuen soziokulturellen und subkulturellen

Strömungen, z. B. wie sie die Studentengeneration damals bewegte im Spannungsfeld zwischen Spiritualität und Politik: die Friedens- und Umweltbewegung, aber auch die beginnende Meditationsbewegung und die Auseinandersetzung mit der aufkommenden Sehnsucht nach Bewusstseinserweiterung und den entsprechenden Experimenten. Auch Ingrid Riedels Tagungsstil zog die Menschen an, er war experimentell, unkonventionell und äußerst kreativ. Sie verstand es, jeder Tagung, die sie organisierte und durchführte, eine festliche Note zu geben – für viele waren es regelrechte Happenings, da sie eine gelungene Verbindung von ernsthaftem Diskurs, lebendigem Dialog und dionysischer Festlichkeit darstellten.

In dieser schöpferischen Phase fing sie mit dem Schreiben an, auch studierte sie noch in Zürich am C. G. Jung-Institut, um sich zur Analytischen Psychotherapeutin ausbilden zu lassen, was schließlich die Basis für eine neue Lebensphase bildete: jene der Psychotherapeutin, der Lehranalytikerin, Ausbildnerin, Dozentin und Supervisorin an inzwischen zwei Jung-Instituten, in Zürich und Stuttgart, der Professorin an der Johann-Wolfgang-von-Goethe-Universität Frankfurt, wo sie im Fachbereich Religionspsychologie lehrt, und der wissenschaftlichen Leiterin der Internationalen Gesellschaft für Tiefenpsychologie (IGT). Auch entwickelte sie eine Maltherapie für Gruppen auf der Basis der Psychologie C. G. Jungs.[2] Seit 1984 lebt sie in Konstanz als approbierte Psychotherapeutin mit eigener Praxis.

Ausgehend von der Theologie, in der sie als junge Frau den Lebens-Sinn suchte, erkannte sie, dass die Sprache der Religion eine symbolische Sprache sei. „Wenn man religiöse Inhalte als objektive Lehrinhalte versteht, dann werden sie lebensfremd und haben dennoch keine echte Objektivität. Das war die Quintessenz aus der Theologie, die ich gezogen habe: dass die religiöse Sprache eine Sprache der Seele ist, also nicht objektivierbar und von daher symbolisch zu verstehen." So begann Ingrid Riedel, Symbolik zu erforschen, Bild- und Farbsymbolik, die Symbolik der Träume[3], der Mythen und Märchen, der Weltreligionen und auch der Literatur und der Kunst. Zu Anfang entstand die Trilogie

„Farben“[4], „Formen“[5] und „Bilder“[6]. Schon in ihrer theologischen Doktorarbeit ging es um das Bild (Titel: „Das worthaltige Bild“), also im Grunde um das Bild als Sprache. „Eine Trennung zwischen Wort und Bild ist verengend, das Wort braucht das Bild und das Bild das Wort.“ So entstanden, um nur einige zu nennen, Märcheninterpretationen unter dem Titel: „Tabu im Märchen. Die Rache der eingesperrten Natur“[7] oder „Die weise Frau – in uralt-neuen Erfahrungen“[8], in denen sie sich mit dem Schatten unserer Kultur – nämlich der „eingesperrten Natur“, auch der weiblichen Natur – auseinander setzt: „Es sind immer die tieferen Geheimnisse der Natur, vor allem der weiblichen Natur, die von einem falsch verstandenen Christentum weggesperrt oder von einer nur profitorientierten Politik und Wirtschaft verraten werden.“

In diesem Sinne wird dann auch Ingrid Riedels Buch „Die gewandelte Frau“[9] eine Auseinandersetzung mit der Lebensmitte, eine Sinndeutung der Wechseljahre, mit denen das Leben nicht nur etwas nehmen, sondern auch etwas geben möchte, nämlich den Mut zu einer authentischen und unabhängigen Weiblichkeit, die sich noch weniger als bisher von Erwartungen des Mannes und der Gesellschaft bestimmen lässt. Dem Leben in einer Gesellschaft, die hauptsächlich auf Jugend und verwertbare Schaffenskraft setzt, stellt Ingrid Riedel also andere Werte gegenüber: Nachhaltigkeit, innere Werte, Werte, die sich an der Mitmenschlichkeit orientieren. Mitte der neunziger Jahre schließlich, in ihrer fortgeschrittenen zweiten Lebenshälfte also, greift sie schließlich ihr altes spirituelles Interesse wieder auf: Sie entdeckt Hildegard von Bingen, jene mittelalterliche Mystikerin, die 900 Jahre nach ihrer Zeit uns heutigen Menschen immer noch viel zu sagen hat. Ingrid Riedels Interesse an Spiritualität und an dem Weiblichen haben sich verbunden in ihrer Faszination von der Gestalt der Hildegard: spirituelle Erfahrung und Naturerfahrung[10], Therapeutisches und Künstlerisches, bildhafte Visionen und Musik, Naturwissenschaft und Mystik begegnen sich in Hildegard, die für Ingrid Riedel ein Bild und Vorbild umfassender weiblicher Spiritualität ist, das sie zu ihrem Buch „Hildegard von Bingen – Prophetin kosmischer Weisheit“[11] inspirierte.

Ingrid Riedel setzt hohe Maßstäbe an ein wirklich gelingendes Leben, das sich nicht verschwendet an Unwichtiges, das auf Wesentliches setzt, nicht zuletzt auf die Fähigkeit zur Freundschaft, die in ihrem Leben zum Wesentlichsten zählt: „Die Wiederentdeckung der Seele in Mensch und Natur, und damit so etwas wie die Wiederbeseelung der Welt wurde mir immer wichtiger. Nur beseelt erscheint sie mir liebens- und schützenswert. Dabei erscheint mir ein vertieftes Verständnis von Liebe, die uns über die egozentrische Enge und das Habenwollen hinausführt, unerlässlich. Es geht mir um einen Wiederanschluss des einzelnen Menschen an das ‚größere Ganze', des mitmenschlichen und mitgeschöpflichen Daseins und Seins im Kosmos. Im Laufe des Lebens habe ich den Wert des Lebens, gerade angesichts unserer Sterblichkeit, immer intensiver entdeckt, so dass sich die Sinnfrage schließlich als falsch gestellte Frage erwies. Heute würde ich, wie die Rose bei Meister Eckart auf die Frage: ‚Warum blühst du?', antworten: ‚Ich blühe, weil ich blühe.' So ist die Sinnfrage heute für mich beantwortet: ‚Ich lebe, weil ich lebe.'"

Verena Kast: Ein gutes Leben

Ingrid Riedel hat in ihren Büchern und in ihren Vorträgen immer wieder Anregungen für ein gutes Leben gegeben und damit zum Ausdruck gebracht, dass Leben gelingen kann, dass Menschen sich immer wieder auf ein potentielles Heilsein beziehen können, trotz aller Verhinderungen und Schicksalsschläge.

Wer schreibt, deutet in den Texten auch sich selber, denkt über das eigene Leben nach, formuliert immer wieder Aspekte der eigenen Weltanschauung. Der Hinweis darauf, dass das Leben auch gut sein kann, dass es reich ist, wenn man den Reichtum sieht und ihn auch akzeptieren kann, ist ihr wichtig. Inspirationen für ein gutes Leben, darauf ist sie sensibilisiert, sie nimmt diese im Fluge auf. Deshalb sind ihr auch Menschen wichtig, die Inspirationen für ein gutes Leben verwirklichen.

Am liebsten wäre ihr wohl, ein Netzwerk von Menschen mit inspirierenden Gedanken zu haben, die sich gegenseitig anregen und deren Wirkung in die Welt hinaus ausstrahlen könnte. Was läge da näher, als eine Festschrift mit dem Titel „Inspirationen für ein gutes Leben. Heil sein – heil werden" zum 70. Geburtstag von Ingrid Riedel zu gestalten?

Runde Geburtstage fordern uns geradezu heraus, über das Leben nachzudenken, über die Vergangenheit, über die Zukunft. Und je älter man wird, umso eher fragt man sich, ob das Leben bejahenswert war, und was noch aussteht. Über ihr Leben sinnierend, darüber, dass es schon so lange währt, dass es reich war und dass sie sich noch so wohl fühlt, sagte kürzlich Ingrid Riedel: „Am Schlimmsten wäre es, wenn ich den Eindruck hätte, ein nicht geglücktes Leben zu haben. Aber diesen Eindruck habe ich schon jetzt nicht ..." Ein geglücktes Leben, ein gutes Leben. Im griechischen Wort für Glück, der *eudaimonia*, verbinden sich die Worte *eu* = gut und *daimon* = ein Geist, ein Dämon, ein Schutzgeist. Glücklich ist, wer einen guten Dämon hat, der ihm wohlgesinnt ist, ein gutes Schicksal. Das ist aber nicht nur ein Geschenk: Wohlgesinnt ist der Dämon, wenn er sich bei diesem Menschen wohl fühlt, wenn dieser Mensch sich so verhält, wie es für den Dämonen am besten ist, wenn er „tugendhaft" handelt, so, dass es für das Leben als Ganzes auch taugt. Als glücklich und tugendhaft galt den Griechen, wessen geistige und körperliche Kräfte sich ungehindert entfalten konnten, zur eigenen Freude und zur Freude der anderen.

Ingrid Riedel hat einen ihr wohlgesinnten Schutzgeist. Sie vermittelt das Vertrauen, das gute Leben werde schon vorbeischauen, man müsse nur im rechten Moment die Hand danach ausstrecken. Dass das Leben ihr etwas geben will, davon ist sie überzeugt, und das kann sie auch gut annehmen. Eine Lebenskunst, die sie beherrscht: zu erahnen, wann das Schicksal es gut meint und sich dann auch einzulassen. Es ist aber auch eine Haltung auf Wechselseitigkeit hin: Das Leben kann auch froh sein, dass es Ingrid Riedel gibt, die sich einsetzt für das Leben, für die Lebendigkeit, für die Sinnsuchenden und tut, was ihr notwendig erscheint.

Mit siebzig Jahren sitzt Ingrid Riedel stundenlang auf einem Liegestuhl unter einem Baum, bewegt sich mit dem Schatten, schreibt in ihrer sorgfältigen, minutiösen Schrift an einem Text, korrigiert, überschreibt, bis sie es kaum mehr lesen kann, ist unglücklich, ist glücklich.

Beim Essen, beim Wein – Genüsse, die sie durchaus zu schätzen weiß – wird die Arbeit kurz bewertet. Sie freut sich gern, und sie erfreut auch andere gern. Sie freut sich darüber, dass in der Welt sichtbar wird, was sie erarbeitet hat. „Man kann in diesem Alter die Ernte einfahren" – das ist eine Bemerkung, die sie immer wieder macht, und diese ist mit Freude, Stolz und Dankbarkeit verbunden. Ingrid Riedels Blick geht über die Bestandsaufnahme und die Vergangenheit hinaus in die Zukunft: Sie hat durchaus noch Pläne für Bücher, die sie noch schreiben möchte.

Eigentlich will sie seit vielen Jahren alles etwas geruhsamer angehen, mehr dem eigenen Rhythmus gemäß leben, und manchmal gelingt es ja auch. Und dann faszinieren sie wieder die vielen Rufe nach ihr aus der Welt: neue Patienten und Patientinnen, neue Lehranalysandinnen, denen sie noch etwas mitgeben möchte. Noch immer hat sie Freude an ihrer Energie, ihrer Schaffenskraft, ihren Einfällen. Schöpferisch zu sein ist für sie eine Quelle der Zufriedenheit. Noch immer ringt sie um das richtige Maß: Noch immer gibt es mehr Wünsche und Absichten als Zeit! Immer ist es ein Ringen mit etwas, das sie übersteigt. Für sie gilt der Satz von Ingeborg Bachmann: „Innerhalb der Grenzen aber haben wir den Blick gerichtet auf das Vollkommene, Unmögliche, Unerreichbare, sei es der Liebe, der Freiheit oder jeder reinen Größe. Im Widerspiel des Unmöglichen mit dem Möglichen erweitern wir unsere Möglichkeiten."[1]

Sehr wichtig sind Ingrid Riedel Beziehungen, vor allem auch Freundschaften. Braucht eine Freundin sie, auch wenn sie gerade keine Zeit hat, so nimmt sie sich die Zeit dafür, ja, sie benimmt sich sogar so, als hätte sie alle Zeit der Welt. Mit Ernst und Humor, mitschwingendem Verständnis, gelegentlich verbunden mit einer zarten Ironie, gelassen und engagiert zugleich, lässt sie sich in ein Gespräch ein, das oft neue

Hoffnung gibt. Sie erhält dafür aber auch ein tragfähiges Beziehungsnetz, auf das sie sich in einer freudigen Selbstverständlichkeit verlässt.

Dieses Buch ist ein Blumenstrauß, mit dem wir Ingrid Riedel sehr herzlich zum 70. Geburtstag gratulieren wollen und ihr weiter gute, schöpferische Jahre wünschen: Freunde und Freundinnen haben für sie geltende Inspirationen für ein gutes Leben formuliert, in der Hoffnung, sie mögen Ingrid aber auch viele andere inspirieren. Frau Walter vom Herder Verlag hat das Ganze zu einem Strauß gebunden. Mein Dank gilt ihr für dieses nicht ganz einfache Unterfangen, und auch allen, die so freudig und fruchtbar auf diese Buchidee eingegangen sind.

Anmerkungen und Literatur

Verena Kast
Inspirationen für ein gutes Leben. Heil sein – heil werden

Anmerkungen:

1 Pieper, Annemarie, Glückssache. Die Kunst gut zu leben, München 2003, S. 191.
2 Ebd., S. 225.
3 Kast, Verena, Aufbrechen und Vertrauen finden. Die Kreative Kraft der Hoffnung, Freiburg i. Br. 2001.
4 Riedel, Ingrid, Geschmack am Leben finden. Eine Entdeckungsreise mit allen Sinnen, Freiburg i. Br. 2004, S. 185.

Verena Kast
Das Beste wünschen – sich befreunden

Anmerkungen:

1 Aristoteles, Nikomachische Ethik, hg. von Paul Gohlke, Paderborn 1966.
2 Kast, Verena, Die beste Freundin. Was Frauen aneinander haben, Stuttgart/München 1992, ^{8}2003.
3 Dies., Der Schatten in uns. Die subversive Lebenskraft, Zürich/Düsseldorf 1999, ^{3}2001, ^{3}2004.

Barbara Mettler-v. Meibom
Wertschätzung – eine verwandelnde Kraft

Literatur:

Furman, Ben, Ahola, Tapani, Twin Star – Lösungen vom anderen Stern. Zufriedenheit am Arbeitsplatz als Zwilling des Erfolgs, Heidelberg 2004.
Hammond, Sue Annis, The Thin Book of Appreciative Inquiry, Plano/Texas 1998.

Hinze, Dieter F., Führungsprinzip Achtsamkeit. Der behutsame Weg zum Erfolg, Heidelberg 2001.

Mettler-v. Meibom, Barbara, Die kommunikative Kraft der Liebe, Petersberg 2000.

Müri, Peter: Dreidimensional führen mit Verstand, Gefühl und Intuition. Handbuch des Modernen Managements, Band 1: Grundlagen, Thun/Schweiz 1990.

Anmerkungen:

1 Chopich, Erika J., Paul, Margaret, Aussöhnung mit dem inneren Kind, Berlin 1990.
2 Ebd., S. 51.
3 Ebd.

Mathias Jung
Einander anerkennen – ein Weg zum Glücklichwerden

Anmerkungen:

1 Jung, Matthias, Der Zauber der Wandlung. Harry Potter oder Das Abenteuer der Ichwerdung, Lahnstein 2004.
2 Schellenbaum, Peter, Die Wunde der Ungeliebten, München 1997, S. 58.
3 Erikson, Erik, Identität und Lebenszyklus, Frankfurt/Main 1959, S. 42.
4 Ebd., S. 43.
5 Man könnte an Harry Potters Entwicklungsdrama die Bindungstheorie von John Bowlby und Mary Ainsworth durchkonjugieren: Bowlby, John, Frühe Bindung und kindliche Entwicklung, München 1982; Ainsworth, Mary, in: ebd., S. 72.
6 Kast, Verena, Trotz allem Ich. Gefühle des Selbstwerts und die Erfahrung von Identität, Freiburg i. Br. 2003, S. 209.
7 Dies., Paare. Beziehungsfantasien oder Wie Götter sich in Menschen spiegeln, Stuttgart 1984, S. 1.
8 Jung, Matthias, Seneca. Wege zur inneren Freiheit, Lahnstein 2002, S. 105.
9 Ebd., S. 106.
10 Lévinas, Emmanuel, Das Ich kann nicht vertreten werden. Die Ethik als die Verantwortlichkeit für den Anderen, in: Frankfurter Allgemeine Zeitung, 15.04.1995 (siehe hierzu auch: ders., Totalität und Unendlichkeit. Versuch über die Exteriorität, München 1987).
11 Riedel, Ingrid, Zu Werten motivieren. Vom Umgang mit Werten in der Psychotherapie, in Egner, Helga (Hg.), Neue Lust auf Werte. Herausforderung durch Globalisierung, Düsseldorf 2001, S. 136.

[12] Ebd.
[13] Ebd., S. 145.
[14] Ebd., S. 147.
[15] Ebd., S. 148 (vergleiche dazu auch: dies., Geschmack am Leben finden. Eine Entdeckungsreise mit allen Sinnen, Freiburg i. Br. 2004).
[16] Dies. (Hg.), Zeit zum Lachen – Zeit zum Weinen. Emotionen, die das Leben intensiver machen, Freiburg i. Br. 2003, S. 202.

Christine Findeis-Dorn
Miteinander sprechen – eine universale Sprache des Herzens

Anmerkungen:

[1] Bohm, David, Der Dialog. Das offene Gespräch am Ende der Diskussionen, Stuttgart 1998.
[2] Rosenberg, Marshall, Gewaltfreie Kommunikation, Paderborn 2001; ders., Seils, Gabriele, Konflikte lösen durch gewaltfreie Kommunikation, Freiburg i. Br. 2004.
[3] Hartkemeyer, Martina, Hartkemeyer, Johannes F., Dhority, Lynn F., Miteinander Denken. Das Geheimnis des Dialogs, Stuttgart 1999, S. 78–95.

Gertrude Deninger-Polzer
Wege aus Leid und Unheil – überraschende Entdeckungen in Mythen

Anmerkungen:

[1] Vgl. Das Gilgamesch-Epos, eingef., rhythm. übertr. u. m. Anm. vers. v. Hartmut Schmökel, Stuttgart/Berlin [7]1989, 10. u. 11. Tafel, S. 95 ff. Es entstand im Zweistromland von Euphrat und Tigris etwa zwischen 2000 und 1800 vor unserer Zeitrechnung.
[2] Ebd., 10. Tafel, S. 88.
[3] Ebd., 7. Tafel, S. 74; 84.
[4] Ich habe diese Erzählung nach dem nepalesischen Märchen „Satyawan und Sawitri“ zusammengefasst: Vgl. Unbescheid, Günter (Hg.), Märchen aus Nepal, München [2]1989, S. 117 ff. Der ursprüngliche, viel ausführlichere Mythos findet sich im hinduistischen Versepos „Mahabharata“ (entstanden zw. 400 v. und 400 u. Z.): Vgl. van Buitenen, J. A. B. (Hg./Übers.), The Mahabharata, Chicago/London 1975, Bd. 2, S. 760 ff. Dort heißen die Helden Satyavat und Savitri.
[5] Ebd., S. 173.
[6] Vgl. Das Mahabharata. Ein altindisches Epos, nach dem Sanskrit-Text

übers. u. zs.-gef. v. Biren Roy, aus dem Engl. übertr. v. E. Roemer, Düsseldorf/Köln 1961, S. 149 ff.

7 Vgl. The Markandeya Purana, übers. u.m. Anm. vers. v. F. Eden Pargiter, B. A., Calcutta 1904, Bd. l, XIV und XV, S. 76 ff. Eine deutsche Nachdichtung von Fr. Rückert findet sich in Indische Geisteswelt, eingel. u. hg. v. Helmuth v. Glasenapp, Baden-Baden o. J., S. 94–98. Die „Puranas" (Erzählungen aus alter Zeit) sind epische Werke mit didaktischem Charakter – was unser Text deutlich erkennen lässt –, die etwa zwischen 300 und 800 u. Z. entstanden sind.

Ina Rösing
Sich heilen am Bösen – die Wirksamkeit von symbolischen Handlungen

Anmerkungen:

1 Rösing, Ina, Abwehr und Verderben. Die Schwarze Heilung. Nächtliche Heilungsrituale in den Hochanden Boliviens, Mundo Ankarari Band 3, Frankfurt [1]1990, [2]1993.
Dies., Die Schließung des Kreises: Von der Schwarzen Heilung über Grau zum Weiß. Nächtliche Heilungsrituale in den Hochanden Boliviens, Mundo Ankari Band 4, Frankfurt 1991.

2 Dies., Die heidnischen Katholiken und das Vaterunser im Rückwärtsgang. Zum Verhältnis von Christentum und Andenreligion, Schriften der Philosophisch-historischen Klasse der Heidelberger Akademie der Wissenschaften, Band 21, Heidelberg 2001.

3 Dies., Dreifaltigkeit und Orte der Kraft: Die Weiße Heilung. Nächtliche Heilungsrituale in den Hochanden Boliviens, Mundo Ankari Band 2, Buch I und Buch II, Nördlingen [1]1988, Frankfurt [3]1995.

4 Sandner, Donald, Navaho Symbols of Healing. New York 1979, S. 14 ff.

5 Ebd., S. 17.

6 Ebd., S. 246.

7 Ebd., S. 247.

Verena Kast
Sich begeistern lassen – Kunst erleben

Anmerkungen:

1 Jawlensky, Brief an einen Käufer vom 20.12.1919, in: Gaisbauer, Hubert (Hg.), Alexej von Jawlensky. Leidenschaft und Erkenntnis. Gesichte – Köpfe – Meditationen (Katalog der Ausstellung), Wien 1997.

2 Brief vom 8.3.1932 an Galka, in: ebd.

Jörg Rasche
Kleine Ewigkeiten – das Zauberreich der Musik

Anmerkungen:

1 Z. B. in: C. G. Jung. Gesammelte Werke, Bd. 3, § 582.
2 Eliade, Mircea, Ewige Bilder und Sinnbilder, Frankfurt a. M. 1998, S. 100.
3 Rasche, Jörg, Das Lied des grünen Löwen. Musik als Spiegel der Seele, Düsseldorf 2004.
4 Taubes, Jacob, Vom Kult zur Kultur, Paderborn 1996, S. 224.
5 In: Kirchliche Dogmatik, zit. n. Taubes, a. a. O., S. 225.

Brigitte Dorst
Sophia begegnen – die Wiederkehr weiblicher Weisheit

Literatur

Brinton-Perera, Sylvia B., Der Weg zur Göttin der Tiefe. Die Erlösung der dunklen Schwester: eine Initiation für Frauen, Interlaken 1985.
Dorst, Brigitte, „Du schenkst mir Träume und Bilder von dir ...“. Zur psychologischen Bedeutung weiblicher Gottesbilder, in Schlangenbrut 71, 2000, S. 14–17.
Dies., Wiederkehr der Göttin und Abschied vom Vatergott. Anima und Animus als Spiegelungen in weiblichen und männlichen Gottesbildern, in Wege zum Menschen 49.5, 1997, S. 281–295.
Dies., Über das Leiden von Frauen am patriarchalen Gott, der Kirche und den Kirchenmännern, in Wege zum Menschen 44.8, 1992, S. 437–449.
Matthews, Caitlin, Sophia – Göttin der Weisheit, Düsseldorf 1993.
Schaup, Susanne, Sophia. Das Weibliche in Gott, München 1994.
Stopczyk-Pfundstein, Annegret, Sophias Leib. Entfesselung der Weisheit, Heidelberg 1998.
Whitmont, Edward C., Die Rückkehr der Göttin, München 1989.

Anmerkungen:

1 Starhawk, Der Hexenkult als Ur-Religion der Großen Göttin. Magische Übungen, Rituale und Anrufungen, Freiburg 1987, S. 28.
2 Irigaray, Luce, Göttliche Frauen, in: dies., Genealogie der Geschlechter, Freiburg 1989, S. 93–120.
3 Bolen, Jean S., Göttinnen in jeder Frau. Psychologie einer neuen Weiblichkeit, München 1996.
4 Riedel, Ingrid, Hildegard von Bingen. Prophetin der kosmischen Weisheit, Stuttgart 1994.
5 Hildegard von Bingen, Welt und Mensch. De operatione dei, zit. n. Rie-

del, Ingrid, Hildegard von Bingen. Prophetin der kosmischen Weisheit, Stuttgart 1994, S. 131.

6 Schmid, Wilhelm, Philosophie der Lebenskunst, Frankfurt 1998, S. 403.

Michael von Brück
Geistestraining durch Achtsamkeit – ein Weg der Spiritualität

Anmerkungen:

1 Nyanaponika, Geistestraining durch Achtsamkeit, Konstanz 1984, S. 26 ff.

2 Dazu ausführlich: Brück, Michal von, Zen. Geschichte und Praxis, München 2004.

3 Muyom, Musolt'o-ron, Abhandlung über den Sprachlosen Bereich, zit. n. Buswell, Robert E., The „Short-cut" Approach of K'an-hua Meditation. The Evolution of a Practical Subitism in Chinese Ch'an Buddhism, in: Gregory, Peter N. (Hg.), Sudden and Gradual. Approaches to Enlightenment in Chinese Thought, Honolulu 1987, S. 330.

4 Liu-tsu t'an ching T 48.338c5, PH. Yampolsky, The Platform Sutra of the Sixth Patriarch, Abschn. Nr. 17, New York 1967, S. 138.

5 Ebd. Die beiden Körper („dharmakàya" und „nirmaṇakāya") bezeichnen den befreiten Geist des Buddha (Dharmakörper) und den materiellen, zeitlich und räumlich begrenzten Körper der Erscheinungswelt. An einzelnen Gedanken anzuhaften und das Bewusstseins mit diesen Gedanken zu identifizieren (den Strom bzw. das Meer für die einzelnen Wellen zu halten), wäre der gleiche Fehler, wie den begrenzten Formkörper mit dem unbegrenzten Dharma-Körper zu identifizieren.

6 Aṅguttara Nikāya, S. 324f.

7 T. No. 2010, engl. Übersetzung von Daisetz Teitaro (Daisetzu) Suzuki, Essays in Zen Buddhism Bd. I, S. 182–87.

8 Lievens, Bavo (Hg.), The Recorded Sayings of Ma-tsu, Teil 4, Lewiston 1987, S. 91.

Luise Reddemann
Die Energien innerer Bilder – neue Lebensräume eröffnen

Anmerkungen:

1 Hüther, Gerald, Die Macht der inneren Bilder. Wie Visionen das Gehirn, den Menschen und die Welt verändern, Göttingen 2004.

2 Gardner, Howard, Intelligenzen. Die Vielfalt des menschlichen Geistes, Stuttgart 2002.

3 Singer, Jerome L., Pope, Kenneth S., Anwendung der Imaginations-

und Phantasietechniken in der Psychotherapie, in: dies. (Hg.), Imaginative Verfahren in der Psychotherapie, Paderborn 1986.

4 Rabbi Nilton Bonder, Der Rabbi hat immer Recht. Die Kunst, Probleme zu lösen, Zürich 2001.

5 Morgan, Gareth, Bilder der Organisation, Stuttgart 2002.

6 Interview mit Michael Herbig in: Die Zeit, Nr. 30 vom 15.7.2004, S. 54.

7 Steffensky, Fulbert, Damit die Träume nicht verloren gehen. Religiöse Bildung und Erziehung in säkularen Zeiten, in: Gebauer, Karl, Hüther, Gerald, Kinder suchen Orientierung. Anregungen für eine sinnstiftende Erziehung, Düsseldorf/Zürich 2002, S. 68–84.

Christa Henzler
Den Gefühlen Farbe geben – die heilende Wirkung des Malens

Anmerkungen:

1 Jaffé, Aniela (Hg.), Erinnerungen, Träume, Gedanken von C. G. Jung, Zürich/Düsseldorf 1971, S. 181.

2 Vgl. Riedel, Ingrid, Farben, Stuttgart 1999, S. 7–14.

3 Vgl. Jaffé, a. a. O., S. 174–203.

4 Aeppli, Ernst, Der Traum und seine Deutung, München 1984, S. 385.

5 Reddemann, Luise, Imagination als heilsame Kraft, Stuttgart 2001.

Nachwort
Ein Leben in Fülle
Ingrid Riedel zum 70. Geburtstag
Christa Henzler: Ich lebe, weil ich lebe

Anmerkungen

1 Riedel, Ingrid, Geschmack am Leben finden. Eine Entdeckungsreise mit allen Sinnen, Freiburg 2004.

2 Riedel, Ingrid, Henzler, C., Maltherapie, Zürich 2004.

3 Riedel, Ingrid, Träume. Wegweiser in neue Lebensphasen, Zürich 1997.

4 Dies., Farben. In Religion, Gesellschaft und Psychotherapie, Zürich 1983, überarbeitete Auflage 1999.

5 Dies., Formen. Tiefenpsychologische Deutung von Kreis, Kreuz, Dreieck, Quadrat, Spirale und Mandala, Zürich 1985, überarb. Aufl. 2002.

6 Dies., Bilder. In Therapie, Kunst und Religion, Zürich 1988.

7 Dies., Tabu im Märchen. Die Rache der eingesperrten Natur, Olten/Freiburg i. Br.1985.

[8] Dies., Die weise Frau. In uralt-neuen Erfahrungen, Olten/Freiburg i. Br., 1989.

[9] Dies., Die gewandelte Frau. Vom Geheimnis der zweiten Lebenshälfte, Freiburg i. Br. 1998.

[10] Dies., Beseelte Orte. Plätze der Natur. Stätten der Kultur. Räume der Spiritualität, Zürich 2001.

[11] Dies., Hildegard von Bingen. Prophetin der kosmischen Weisheit, Zürich 1994.

Verena Kast: Ein gutes Leben

Anmerkungen:

[1] Bachmann, Ingeborg, Die Wahrheit ist den Menschen zumutbar, in: dies., Gedichte, Erzählungen, Hörspiele, Essays, München 1964, S. 296.

Die Autorinnen und Autoren

Arnold Bittlinger, Dr. phil., Theologe und Analytischer Psychologe, Tätigkeiten in verschiedenen kirchlichen Diensten, u.a. im Weltkirchenrat (Genf). Dozent am C. G. Jung Institut Zürich, Psychotherapeut in eigener Praxis, Autor zahlreicher Bücher.

Michael von Brück, Dr. theol., Professor für Religionswissenschaft an der Universität München. Ausbildung zum Yoga- und Zenlehrer in Indien und Japan. Autor zahlreicher Publikationen und Bücher zum Buddhismus, Hinduismus und interreligiösen Dialog.

Gertrude Deninger-Polzer, Dr. phil., Professorin (em.) für Vergleichende Religionswissenschaft und Religionsphänomenologie, lehrt an der J. W. Goethe-Universität Frankfurt und der TU Darmstadt. In Frankfurt ist sie auch stellvertretende Vorsitzende der Universität des 3. Lebensalters (Seniorenuniversität).

Brigitte Dorst, Dr. phil., Diplom-Psychologin, Professorin an der Fachhochschule Köln, Leiterin des Instituts für Geschlechterstudien, Psychoanalytikerin (C. G. Jung) in eigener Praxis, Leiterin des Sophia-Zentrums für Meditation und spirituelle Psychologie in Münster, im Vorstand der C. G. Jung-Gesellschaft Köln.

Christine Findeis-Dorn, Germanistin/Musikwissenschaftlerin M. A., Sprechwissenschaftlerin DGSS, Dialog-Begleiterin (Facilitator). Selbstständig tätig als Dozentin, Trainerin, Coach im eigenen Unternehmen TRIALOG Mainz.

Christa Henzler, Psychologische Psychotherapeutin in eigener Praxis in Konstanz. Ausbildung in Analytischer Psychologie am C. G. Jung-

Institut Zürich. Freie Seminar- und Fortbildungstätigkeit zur Maltherapie nach C. G. Jung.

Mathias Jung, Dr. phil., Philosoph und Gestalttherapeut, arbeitet als Einzel-, Paar- und Gruppentherapeut am Gesundheitszentrum Dr.-Max-Otto-Bruker-Haus in Lahnstein/Koblenz. Autor zahlreicher Bücher.

Verena Kast, Dr. phil., Professorin an der Universität Zürich, Psychotherapeutin, Dozentin am C. G. Jung-Institut in Zürich, Vorsitzende der Internationalen Gesellschaft für Tiefenpsychologie. Autorin zahlreicher Bücher.

Barbara Mettler-v. Meibom, Dr. phil., Professorin an der Universität Duisburg-Essen, Psychosynthesetherapeutin in freier Praxis. Mit dem Consultingbüro Communio – Kommunikations- und Kooperationsberatung tätig als Prozessbegleiterin, Coach und Trainerin. Zahlreiche Publikationen.

Jörg Rasche, Dr. med., Facharzt für Psychotherapeutische Medizin, Psychoanalyse, Psychotherapie. Dozent am C. G. Jung-Institut Berlin, Sandspieltherapeut DGST, Musiker. Vorsitzender der Deutschen Gesellschaft für Psychologie (DGAP). Zahlreiche Veröffentlichungen und Konzert-Vorträge.

Luise Reddemann, Dr. med., Fachärztin für Psychotherapeutische Medizin, Lehranalytikerin und Supervisorin. Langjährig leitende Ärztin der Klinik für psychotherapeutische und psychosomatische Medizin des Ev. Johannes-Krankenhauses Bielefeld. Autorin zahlreicher Bücher.

Gisela Rieß, Diplom-Psychologin mit Zusatzausbildung zur Psychoanalytikerin am C. G. Jung-Institut in Zürich. Arbeit in der Kinder- und Jugendpsychiatrie in Marburg. Bis 2003 dort auch in eigener psychotherapeutischer Praxis tätig. Seminartätigkeit, Supervision, Fortbildungen und Ausbildungskurse zum „Traumberater" mit Helmut Hark.

Ina Rösing, Dr. phil. habil, Professorin an der Universität Ulm. Psychologin, Wissenschaftssoziologin, Psychotherapeutin. Direktorin des Instituts für Anthropologie, Klinik med. Fak.) Universität Ulm. Autorin zahlreicher Bücher.

Marianne Schiess, Studium der Ethnologie, anschließend Ausbildung am C. G. Jung-Institut Küsnacht. Arbeit als Psychotherapeutin bis 1992, danach Fachlektorin für Psychologie. Herausgeberin zahlreicher Bücher.

Theodor Seifert, Dr. rer. nat., promovierte in Psychologie, arbeitet als Psychotherapeut und Lehranalytiker. Leitende Tätigkeit im psychologischen, klinisch-psychotherapeutischen Aus- und Fortbildungsbereich. Autor zahlreiche Publikationen und Bücher.

Fulbert Steffensky, Dr. theol., Professor (em.) Universität Hamburg,. Nach dem Studium der kath. und ev. Theologie lebte er zunächst 13 Jahre als Benediktinermönch in Maria Laach, bevor zum lutherischen Bekenntnis konvertierte. Autor zahlreicher Publikationen und Bücher.

Hans-Georg Wiedemann, Dr. theol. Pfarrer (em.) Schwerpunkt: Seelsorge, Sexualberatung und Lebensberatung, u. a. tätig in der Männerarbeit der EKD. Veröffentlichungen zu den Themen Homosexualität, Sexualethik, Männer-Freundschaft, Drittes Lebensalter.

Christine Wieland-Held, Dipl. Rhythmiklehrerin, heilpädagogische Zusatzausbildung, tätig in der Lehrerfortbildung und beim Kinder- und Jugendpsychiatrischen Dienst des Kantons Zürich. Freiberufliche Tanzpädagogin.

Hildegunde Wöller, evangelische Theologin, bis 2000 Lektorin im Kreuz Verlag Stuttgart. Zuvor tätig in der kirchlichen Rundfunkarbeit und im Sender Freies Berlin. Freiberufliche Tätigkeit in Publizistik und Erwachsenenbildung. Veröffentlichungen im Bereich christlicher Glaube, feministische Theologie, Tiefenpsychologie.

Jörg Zink, Dr. theol., Bibelübersetzer, Autor zahlreicher theologischer und spiritueller Bücher, Fotograf, Filmemacher und Sprecher in Rundfunk und Fernsehen.